W0371306

Hippokrates

Die Autorin:

Hilde Sabine Reichel,

geboren in München. Ausbildung zur Krankengymnastin in München mit Examen 1960. 1973 niedergelassen in eigener Praxis in München. Seit 1986 Fachliche Leiterin der VPT-Akademie in Fellbach-Schmiden bei Stuttgart. Seit 1994 Schulleiterin der staatlich anerkannten Physiotherapeutenschule der VPT (Verband Physikalische Therapie). Intensive Lehrtätigkeit mit Schwerpunkt im Bereich Manuelle Therapie, PNF und Rückenschule. Zahlreiche Publikationen, insbesondere zum Thema Rückenschule sowie Fachbeiträge zu speziellen krankengymnastischen Themen.

Regina Groza-Nolte,

Ausbildung zur Kneipp- und medizinischen Bademeisterin, anschließend zur Krankengymnastin mit Staatsexamen 1986 in Bad Wörishofen. Niedergelassen in eigener Praxis seit 1988 in Wernau. Seit 1992 Lehrkraft für Rückenschule an der VPT-Akademie in Fellbach-Schmiden. Seit 1994 Fachlehrerin an der staatlich anerkannten Physiotherapeutenschule des VPT für die Fächer KG-Grundlagen, -Techniken, Schlingentisch und Bewegungsbad. Zahlreiche Lehrgänge und Fachvorträge im Bereich der Elektrotherapie.

Hilde Sabine Reichel · Regina Groza-Nolte

Physiotherapie

Band 2 Praxis

608 Abbildungen

2. Auflage

Hippokrates Verlag · Stuttgart

Die Deutsche Bibliothek - CIP-Einheitsaufnahme

Ein Titeldatensatz für diese Publikation ist bei
Der Deutschen Bibliothek erhältlich.

Anschrift der Verfasserinnen:

Hilde Sabine Reichel
VPT-Akademie
Fachliche Leiterin
Stauferstraße 13
70736 Fellbach-Schmiden

Regina Groza-Nolte
VPT-Akademie
Stauferstraße 13
70736 Fellbach-Schmiden

Wichtiger Hinweis: Wie jede Wissenschaft ist die Medizin ständigen Entwicklungen unterworfen. Forschung und klinische Erfahrung erweitern unsere Erkenntnisse, insbesondere was die Therapie anbelangt. Soweit in diesem Werk eine Applikation erwähnt wird, darf der Leser zwar darauf vertrauen, dass Autoren, Herausgeber und Verlag große Sorgfalt darauf verwandt haben, dass diese Angabe dem Wissensstand bei Fertigstellung des Werkes entspricht.
Für Angaben über Applikationsformen kann vom Verlag jedoch keine Gewähr übernommen werden. Jeder Benutzer ist angehalten, durch sorgfältige Prüfung und gegebenenfalls nach Konsultation eines Spezialisten festzustellen, ob die dort gegebene Empfehlung oder die Beachtung von Kontraindikationen gegenüber der Angabe in diesem Buch abweicht. Jede Applikation erfolgt auf eigene Gefahr des Benutzers. Autoren und Verlag appellieren an jeden Benutzer, ihm etwa auffallende Ungenauigkeiten dem Verlag mitzuteilen.
Geschützte Warennamen (Warenzeichen) werden nicht besonders kenntlich gemacht. Aus dem Fehlen eines solchen Hinweises kann also nicht geschlossen werden, dass es sich um einen freien Warennamen handelt.

ISBN 3–7773–1787–X

Printed in Germany 2001
Satz: AM-Werbung, Stuttgart
Druck: Rondo Druck, Ebersbach

Inhalt

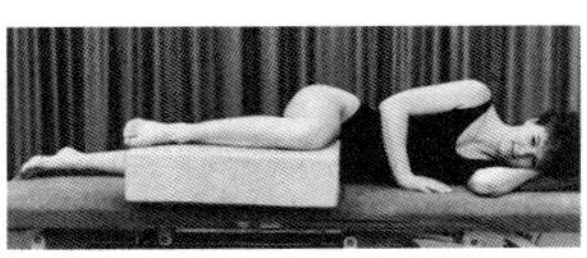

Inhalt

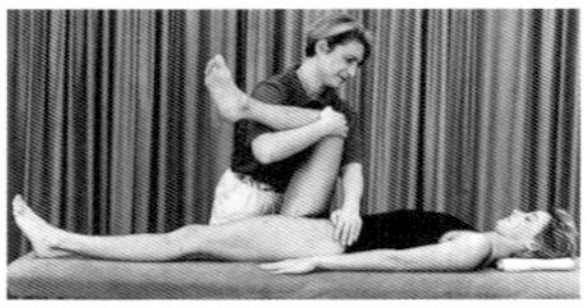
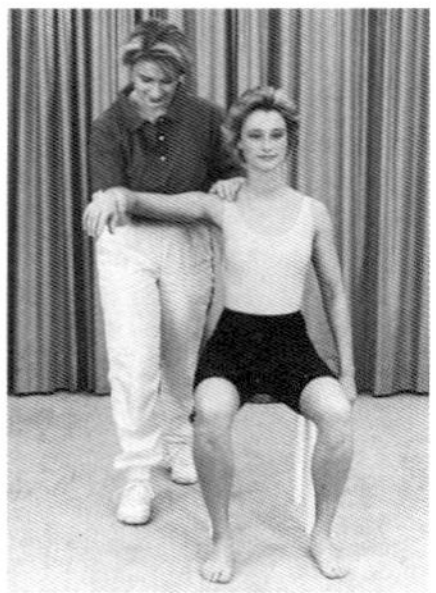
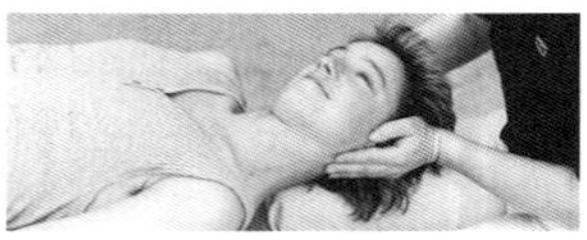
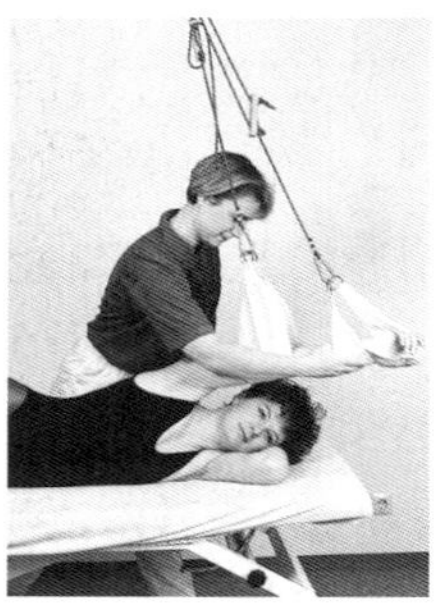

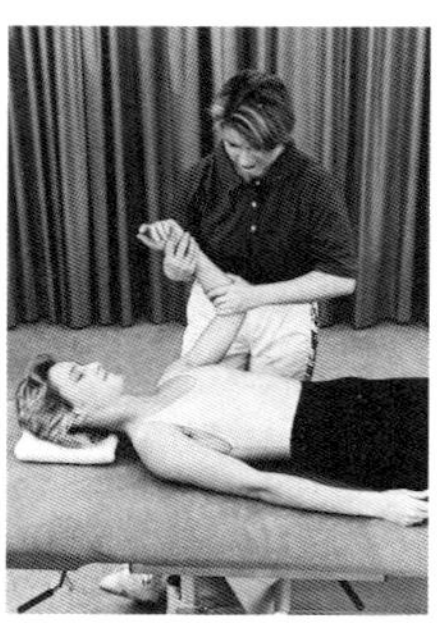

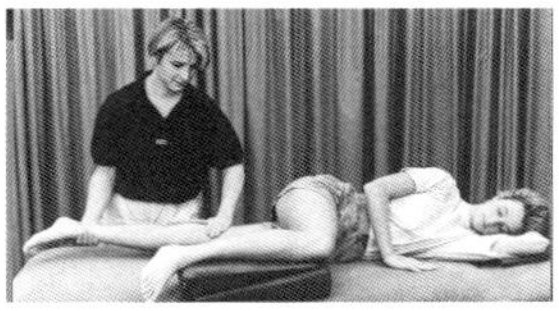

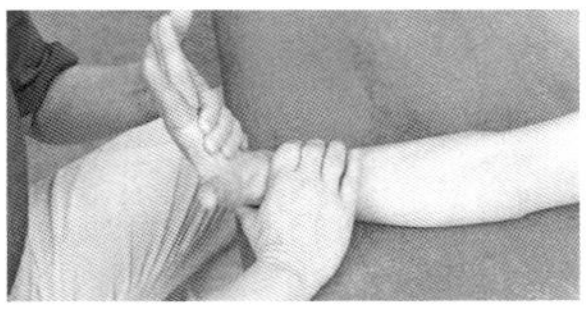

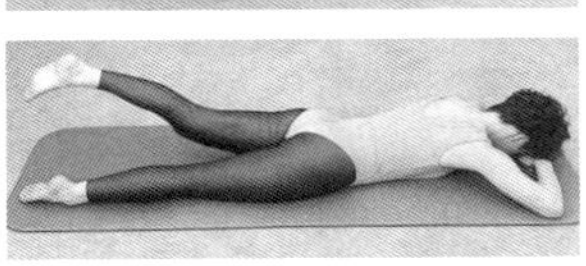

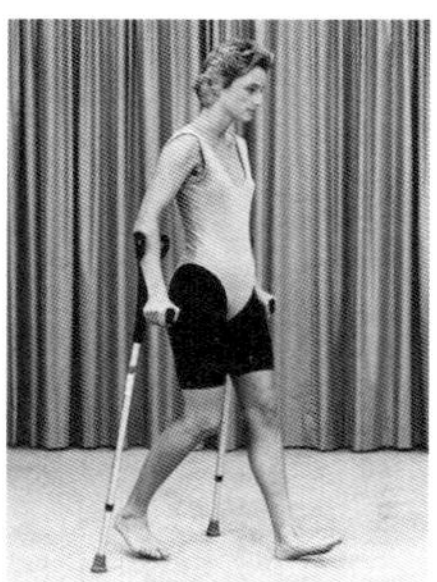

Vorwort zur 2. Auflage

In der Umsetzung des praktischen Unterrichts haben wir herausgefunden, dass der Band 2 „Praxis“ eine Umstrukturierung erfordert. Wir empfanden es als sinnvoll, die einzelnen Stadien der motorischen Entwicklung als Grundlage zu nehmen.

Die Gliederung erfolgte nach Mobilität, Stabilität, kontrollierte Mobilität und Geschicklichkeit, wie es bereits in den Grundlagen erwähnt wurde. Deshalb haben wir diesem Band eine andere Einteilung gegeben, wie auch neue Abbildungen, insbesondere für die Lagerungen hinzugefügt.

Ein Beitrag zum motorischen Lernen ist neu hinzugekommen, da gerade dieser Aspekt in der letzten Zeit einen wesentlichen Einfluss auf die Physiotherapie hat.

Damit wird dieser Band im praktischen Unterricht, so hoffen wir, gut einsetzbar sein.

Fellbach, im März 2001

Hilde Sabine Reichel
Regina Groza-Nolte

Vorwort zur 1. Auflage

Bei der Bearbeitung des Stoffes der Grundlagen der Physiotherapie hat sich herausgestellt, dass das Thema so umfangreich ist, dass es sich nicht in einem Band unterbringen ließ.

Deshalb erfolgte die Zweiteilung in der Form, dass im Band I alle theoretischen und praktischen Grundlagen der Physiotherapie, so wie sie nach unserem Verständnis in der Ausbildung vermittelt werden sollten, dargestellt sind, während der Band II die Praxis ausführlich behandelt.

Es werden alle Möglichkeiten vom Lagern, passiven Bewegen, freien Bewegen bis zum Bewegen gegen Widerstand und Halten in Beispielen bildlich vorgestellt und jeweils kurz beschrieben. Den Abschluss des Buches bildet ein knapper Beitrag zur Gangschule.

Ebenso wie beim Band I ist der Akzent auf die reiche bildliche Darstellung nach dem Motto Sehen und Verstehen gelegt , die dem Lernenden die Möglichkeit geben soll, die einzelnen Schritte gut zu verfolgen und mit dem Buch zu arbeiten. Da es sich bei den einzelnen Grundformen der Physiotherapie immer nur um Beispiele handelt, soll das Buch den Leser anregen, sich eigene Übungsmöglichkeiten auszudenken. Schüleraufgaben helfen bei der Erarbeitung des Stoffes.

Wenn das Buch Eingang findet in den Unterricht an Physiotherapieschulen, ist die Hauptzielsetzung erreicht. Es soll ein richtiges Arbeitsbuch sein.

Allen, die zum Gelingen dieses Bandes beigetragen haben, sei an dieser Stelle herzlich gedankt, insbes. dem Fotografen Wolfgang Brummer und den Kolleginnen, die geduldig als Modelle dienten: Daniela Sommerfeldt, Ute Lipke, Anke Reichel-Puylaert u.a.

Fellbach, im Januar 1998

Hilde Sabine Reichel
Regina Groza-Nolte

Motorisches Lernen

Grundlagen

Zielorientiertes Verhalten ist abhängig von:

- psychosozialen Faktoren
- der Interaktion zwischen dem Individuum und seiner Umwelt
- der ständigen Anpassungsfähigkeit der Muskulatur
- von intakten neuralen Subsystemen, die an der Modifizierung der Bewegung beteiligt sind und an den strukturellen Voraussetzungen des Individuums.

Diese Faktoren stehen alle miteinander in Zusammenhang

Das Aktionsziel wird vom Individuum selbst gesteuert

Das Ziel wird extern, z.B. vom Therapeut vorgegeben

Menschen sind aktive Beobachter

Sensorische Informationen werden aufgenommen und gleichzeitig über afferente Systeme analysiert und selektiert

= dynamischer sensomotorischer Prozess

Motorisches Lernen ist der

- Erwerb von funktionellen Bewegungen oder deren Modifikation.
- Im weiteren Sinne ist es auch ein Wiedererlangen von Bewegungen oder Funktionen.

Definition Funktion:

ist die komplexe Aktivität des gesamten Organismus mit dem Ziel eine bestimmte Aufgabe zu vollziehen.

Optimale Funktion beinhaltet Verhaltensweisen, die ein aufgabenspezifisches Ziel in einer relevanten Umweltsituation erreichen.

Motorische Kontrolle

aufgaben-spezifisch

ist die Fähigkeit, den Körper im Raum zu stabilisieren und zum anderen, den Körper im Raum zu bewegen.
Somit ist die motorische Kontrolle ein Resultat aus der Ursache einer Bewegung und die Art und Weise, wie bewegt wird.

Motorische Kontrolle erfordert eine komplexe Interaktion zwischem dem ZNS, dem Bewegungssystem und der Biomechanik. Das ZNS programmiert die Bewegung, die von einem intakten Bewegungssystem und einem intakten biomechanischen System ausgeführt wird. Bewegung wird nicht sensorisch gesteuert, sondern sensorische Informationen werden als Feedback-System verwendet, um die geplante Bewegung mit der tatsächlich ausgeführten zu vergleichen.

Motorische Kontrolle ist aufgabenspezifisch.

Jede Bewegung wird organisiert, basierend auf den spezifischen Konditionen der Aufgabe.

Deshalb lässt sich die Beübung einer Kondition nicht zwangsläufig auf eine andere übertragen. Daher ist es wichtig, dass nicht Bewegungsmuster erlernt werden, sondern das Lösen von motorischen Aufgaben.

Der Patient soll nicht lernen, Bewegungen korrekt auszuführen , sondern er soll die Fähigkeit entwickeln, die Fehler in seinen Bewegungen zu erkennen und sich selbst zu korrigieren.

Bewegung muss nicht „normal“ sein, der Patient darf Fehler machen. Das Ziel ist es, dem Patienten seine Fehler selber erkennen zu lassen und sich selbst zu korrigieren.

Motivation

Um eine Bewegung selbstständig ausführen zu können, ist ein Ziel erforderlich.

Eine geplante Bewegung wird ständig angepasst an äußere Umstände, wie z.B. Einwirkungen der Schwerkraft, Reibungswiderstände und unterschiedliche Drehmomente.

Wenn die geplante Bewegung nicht erfolgreich ist, sind unsere Feedback-Systeme daran beteiligt, diese Information zu liefern, so dass bei neuen Bewegungsplänen Modulationen stattfinden können.

Sensorisches Feedback ist für die fortlaufende Herstellung von koordinierten Bewegungsabläufen notwendig.

Stadien des motorischen Lernens:

Kognitive Phase:

in dieser Phase versucht der Lernende die Art der Aufgabe zu verstehen und entwickelt dabei Strategien, um die Aufgabe lösen zu können. Hierbei ist sehr viel Aufmerksamkeit erforderlich. Die Ausführungen sind variabel: Versuch und Irrtum

Man muss sich sehr konzentrieren und kann nichts nebenbei machen.

Assoziative Phase:

jetzt hat der Lernende die beste Strategie gefunden, die Aufgabe zu lösen und ist mit der Verfeinerung der Fertigkeit beschäftigt. Die Dauer dieser Phase ist abhängig von der Person und der Intensität, mit der er übt.

Autonome Phase:

In dieser Phase ist wenig Aufmerksamkeit erforderlich. Man kann seine Aufmerksamkeit anderen Gegebenheiten widmen z.B. in der Umgebung auf Hindernisse Ausschau halten oder eine Nebenaufgabe gleichzeitig durchführen.

Lernen:

ist ein kontinuierlicher Prozess, der durch kurzfristige Änderungen zu langfristigen Veränderungen führt. Somit ist die Fähigkeit gegeben, Aktivitäten auszuführen. Es kommt zu einer Erhöhung der synaptischen Effizienz, die wiederum allmählich strukturelle Veränderungen mit sich bringt.

Lernen stellt den Prozess dar, über den wir Wissen oder Fähigkeiten erlangen.

Gedächtnis ist das Beibehalten oder das Speichern dieses Wissens oder Könnens und stellt somit das Ergebnis dieses Prozesses dar.

Prozedurales Lernen:

Es beinhaltet das Lernen von Aufgaben, die automatisch ausgeführt werden können, ohne Aufmerksamkeit oder kortikale Kontrolle.

Deklaratives Lernen:

erfordert bewusste Prozesse, wie Aufmerksamkeit und Reflektion. Das Gelernte kann bewusst abgerufen werden. Durch konstante Wiederholungen kann deklaratives Wissen in prozedurales Wissen übergehen.

Perzeptives Lernen:

beinhaltet die Formation von sensorischen Erinnerungen. Ein Reiz oder Sinneseindruck, dem man bereits ausgesetzt war, wird wiedererkannt, auch wenn der neue Reiz dem früheren nur ähnelt oder unvollständig ist.

Soll-, Istwert-Vergleich:

Durch die sensomotorische Ebene, d.h. über die Teilprozesse der Bewegungskoordination, Informationsaufnahme und -aufbereitung, Programmierung und Antizipation sowie Soll-, Istwert-Vergleich werden die dynamischen und räumlich-zeitlichen Komponenten und damit die sensomotorische Feinabstimmung der Handlung, z.B. die Präzision der Teilbewegungen, ihr feinkoordiniertes Zusammenwirken, die Abstimmung von Spannungs- und Entspannungsphasen und der Bewegungsfluss, reguliert.

Durch sensomotorische Bewegungsregulation erhöht sich der Automatisierungsgrad der Handlungen und bewirkt eine deutliche Entlastung des Betreffenden von der bewussten Ausführung und Kontrolle.

Folgt man dem hierarchischen Aufbau der menschlichen Tätigkeit, dann ist Bewegung der Handlung untergeordnet und wird auf der Ebene der Bewegungskoordination reguliert.

Jede Handlung, d.h. die zielgerichtete, ideell widergespiegelte und der Folgekritik unterliegende motorische Lösung, schließt sowohl Teilhandlungen als auch eine Reihe von Bewegungen ein. So betrachtet, bedient sich auch die Bewegungstherapie in der Medizin vorwiegend motorischer Handlungen zur Lösung ihrer Aufgaben.

Wichtig ist in diesem Zusammenhang die Unterscheidung der Begriffe Handlung und Bewegung.

Optimales Bewegungslernen lässt sich nur im Zusammenwirken kognitiver und sensomotorischer Komponenten realisieren.

Der Zusammenhang zwischen kognitiven Prozessen und der außerordentlich bedeutsamen sensomotorischen Ebene wird durch das praktische Üben hergestellt.

Üben ist die Hauptmethode im Lernprozess. Allerdings muss gewährleistet sein, dass die Ziele beim Bewegungslernen durch Üben erreichbar sind.

Übungswiederholung darf im motorischen Lernprozess kein mechanisches Einpauken sein, sondern ein bewusstes Aufsuchen optimaler Bewegungsverfahren zur Aufgabenlösung.

Kurz auf die Formel gebracht: **Wiederholen ohne Wiederholung**.

Bewegungskoordination:

Unter Bewegungskoordination ist der Prozess der abgestimmten Organisation von Bewegungen, eingeordnet in ein auf ein bestimmtes Ziel gerichtetes übergeordnetes Handlungsprogramm zu verstehen.

Grundlegend sind die Prozesse der Informationsaufnahme, -verarbeitung und -speicherung, der Programmierung, efferenten Impulsgebung sowie der Rückinformation.

Koordinative Fähigkeiten gehören zur Klasse der motorischen Fähigkeiten und stellen auf vorwiegend neurophysiologischen Funktionsmechanismen beruhende, relativ komplexe Leistungsvoraussetzungen für die Bewältigung besonders koordinativer Anforderungen dar.

Koordinative Fähigkeiten beziehen sich nicht nur auf eine Bewegungshandlung – im Gegensatz zum Fertigkeitsbegriff –, sondern auf eine Gruppe oder Klasse strukturierter Bewegungen.

Der entscheidende Aspekt besteht im Allgemeinheitsgrad.

Durch wiederholtes Bewältigen ähnlicher Anforderungen verfestigen sich diese Verlaufsqualitäten und werden allmählich zu habituellen Prozessqualitäten, zu koordinativen Fähigkeiten (z.B. zur Gleichgewichtsfähigkeit).

Koordinative Fähigkeiten verbessern nachweisbar die motorische Lernfähigkeit, bestimmen die Höhe des Ausnutzungsgrades energetischer Potenzen und verhindern funktionelle Fehlbelastungen.

Motorische Leistungen setzen sich aus 2 Komponenten zusammen:

1. den die Energiebereitstellung absichernden Stoffwechselprozessen und
2. den informationsverarbeitenden Prozessen des ZNS

Neurophysiologische Prozesse sind die Grundlage, dass dem motorischen Lernprozess eine Vielzahl von Teilprozessen der Adaptation und Vervollkommnung unterlegt sind.

Prozesse der Bewegungssteuerung

Plastizität:

Im Begriff der Plastizität des Gehirns spiegeln sich die Chancen wider, mit Hilfe der Neubahnung von funktionellen Verbindungen im Kortex und seinen Substrukturen verschiedenartige Informationen aufzunehmen, zu speichern und zu verarbeiten. Dies bezieht sich sowohl auf einzelne Bewegungskomponenten als auch auf Vorgänge der Differenzierung, Reproduktion, sensorischen Kontrolle.

Während der Vorbereitung und Realisierung motorischer Leistungen findet eine Umorganisation insbes. der kortikalen Aktivität statt. Er wird ein Zustand aktueller Bereitschaft geschaffen.

Die Stärke der zentralnervalen Aktivierungs- und Hemmprozesse ist in erster Linie vom Automatisierungsgrad bzw. Bewusstheitsgrad abhängig, mit dem die Bewegung ausgeführt wird.

Bei einem höheren Grad der Automatisierung einer Bewegung verlaufen die Prozesse der Bewegungssteuerung auf einem geringeren Aktivierungsniveau der betreffenden Hirnstrukturen ab. Andererseits benötigen neuartige Bewegungen einen hohen Aktivierungsgrad der beteiligten Hirngebiete.

Bedeutende Stimuli haben über die emotionalen und aktivierend-regulierenden Systeme Einfluss auf modulierende Systeme und auf das Gedächtnis. Die Adaptation der emotionalen Reaktion gegenüber den Anforderungen geschieht mittels selektiver Transmittersysteme.

Dadurch wird die selektive Aufmerksamkeit als ein wesentliches Moment der Willenskraft gesteuert, gleichzeitig wird die Handlung eingeleitet.

Prozesse der Bewegungssteuerung

Das übergeordnete Ziel eines jeden Übungsprogrammes ist es, eine symptomfreie Bewegung und Funktion zu erhalten.

Für einen effektiven Einsatz therapeutischer Übungen muss der Therapeut die Prinzipien und Wirkungsweisen der Behandlung auf das Bewegungssystem, das Herz-Kreislauf-System, die Atmung und das neuromuskuläre System kennen. Er muss in der Lage sein, einen funktionellen Befund zu erheben und Kenntnisse sowohl der anatomischen und kinesiologischen Verhältnisse der betreffenden Körperabschnitte als auch des Stadiums der Verletzung, der Krankheit oder operativen Verfahrens besitzen. Der Therapeut sollte das Ausmaß der Einschränkung und den voraussichtlichen Heilungsverlauf abschätzen können sowie mögliche Komplikationen, Vorsichtsmaßnahmen und Kontraindikationen kennen.

Einteilung der Funktionsstörungen:

Schädigung (Impairment): auf der strukturellen Ebene: Muskulatur, Gelenke, Nerven.

Der erste Schritt auf dem Weg zur Therapie ist, die Bedürfnisse des Patienten festzustellen.

Funktionelles Defizit (Disability): das Ausführen der ADL´s ist beeinträchtigt, der Patient fühlt sich subjektiv beeinträchtigt.

Behinderung (Handicap): Beeinträchtigung von soziokulturellen Aktivitäten.

Ziele therapeutischer Übungen sind u.a. Dysfunktionen vorzubeugen sowie den Normalzustand zu entwickeln, wiederherzustellen, zu verbessern oder zu erhalten.

Gesichtspunkte dieser Ziele sind:

- Kraft
- Ausdauer und kardiovaskuläre Belastbarkeit
- Mobilität und Flexibilität
- Stabilität
- Entspannungsfähigkeit
- Koordination, Gleichgewicht und funktionelle Fähigkeiten.

Gesichtspunkte für die Anwendung therapeutischer Übungen

Der menschliche Körper und die Organsysteme reagieren auf die auf sie einwirkenden Kräfte und entwickeln sich entsprechend.

Die Erdanziehung ist eine konstante Kraft, die das neuromuskuläre, das Skelett- und Kreislaufsystem beeinflusst. Jede Muskelkontraktion übt auf den Knochen eine Belastung aus und hat dadurch Einfluss auf seine Form und Dichte. Auch das neuromuskuläre und das Herz-Kreislauf-System bilden Kraft und Ausdauer aus, wenn durch Bewegungen im alltäglichen Leben Kräfte auf sie einwirken.

Die Abwesenheit normaler Belastung auf die Organsysteme kann zu Degeneration, Schwächung, Deformität und Verletzung führen.

Unphysiologische Belastungen wie der übermäßige Muskelzug einer Spastik, rufen im unreifen Skelettsystem Deformitäten hervor. wiederholte übermäßige Beanspruchung der Muskulatur oder des Skelettsystems können Schmerz oder Dysfunktion auslösen.

Durch therapeutische Übungen wird der Körper kontrolliert Kräften und Belastungen ausgesetzt, die positiv aufeinander aufbauen und auf den Organismus abgestimmt sind.

Anhaltende funktionelle Verbesserung und Prävention weiterer Verletzungen können nur erreicht werden, wenn der Patient die Ziele des Behandlungsplanes versteht und die Anleitungen und Ratschläge des Therapeuten in alle Bereiche des täglichen Lebens überträgt.

Ein wichtiger Umstand, der die Effektivität eines jeden Übungsprogrammes beeinflusst, ist die Information des Patienten und seine aktive Miteinbeziehung in den Behandlungsplan.

Faktoren, die die Kraft des Muskels beeinflussen

Gesichtspunkte für die Anwendung von therapeutischen Übungen

Entwicklung und Verbesserung und Erhaltung von Kraft, d.h. die Fähigkeit eines Muskels oder einer Muskelgruppe, Spannung und eine resultierende Kraft zu erzeugen, entweder dynamisch oder statisch, entsprechend den äußeren Anforderungen.

Wie groß die resultierende Kraft eines Muskels ist, hängt von einer Vielzahl biomechanischer, physiologischer und neuromuskulärer Faktoren ab.

Faktoren, die die Kraft eines normalen Muskels beeinflussen:

- Querschnitt des Muskels
- Verhältnis zwischen Länge und Spannung des Muskels: in der mittleren Dehnstellung kann der Muskel am meisten Spannung erzeugen
- Rekrutierung motorischer Einheiten: je mehr motorische Einheiten arbeiten, umso größer ist die Kraft
- Art der Muskelkontraktion: am meisten Kraft erzeugt der Muskel, wenn er sich exzentrisch gegen einen Widerstand kontrahiert.
- Verteilung der Fasertypen
- Energiereserven und Durchblutung
- Kontraktionsgeschwindigkeit
- Motivation des Patienten.

Die Kraft kann durch Veränderungen im neuromuskulären System gesteigert werden.

Richtlinien für die Kräftigungsübungen

Prinzip der Überlast:

Um die Kraft zu vergrößern, muss der Muskel so belastet werden, dass seine metabolische Kapazität überstiegen wird. Dadurch wird eine Hypertrophie und höhere Rekrutierung induziert, was zu einer Kräftigung des Muskels führt.

Die Fähigkeit eines Muskels, größere Spannung zu erzeugen, kann sowohl durch Übungen hoher Intensität und niedriger Wiederholungszahl als auch durch Übungen niedriger Intensität und hoher Wiederholungszahl erreicht werden. In beiden Fällen muss der Muskel bis zur Ermüdung trainiert werden, um eine Kräftigung zu erreichen.

Muskuläre Ausdauer:

Die muskuläre Ausdauer ist die Fähigkeit eines Muskels, sich über einen längeren Zeitraum wiederholt zu kontrahieren, eine Spannung aufzubauen und beizubehalten und der Ermüdung lange zu widerstehen. Steigert sich die Ausdauer, so ist der Muskel in der Lage, eine größere Zahl von Kontraktionen durchzuführen oder eine Last eine längere Zeit zu halten.

Ausdauer des Gesamtorganismus:

Dies ist die Fähigkeit des Individuums, eine niedrige Belastung lange Zeit durchzuhalten, z.B. Gehen, Dauerlaufen, Bergsteigen...

Richtlinien für Konditionstraining

Muskuläre Ausdauer:
Die Ausdauerleistung des Muskels wird auch durch Kräftigungsübungen gefördert.

aktive Übungen gegen einen mittleren Widerstand mit vielen Wiederholungen bis zur Ermüdung des Muskels steigern die Ausdauer des Muskels.

Allgemeine Ausdauer:
Die Ausdauerleistung eines Individuums hängt von der Effektivität des Sauerstofftransports und der optimalen Sauerstoffaufnahme ab

Übungen, die das Sauerstofftransportsystem belasten, erhöhen Ausdauer, aerobe Kapazität und ganz allgemein die kardiopulmonale Leistungsfähigkeit.

Große Muskelgruppen werden durch Übungen wie Gehen, Laufen, Schwimmen und Radfahren angesprochen.

Die Übungsdauer wird auf 15 – 45 Minuten ausgedehnt.
Die Häufigkeit der Trainingsabschnitte variiert (jeden 2. Tag, fünf Tage in der Woche etc.)
Eine ausreichende Ruhephase ist dabei sehr wichtig.

Mobilität und Flexibilität:
Die normale Mobilität und Flexibilität der Gewebe wird durch die Bewegungen, die innerhalb der physiologischen Ausmaße erfolgen, aufrechterhalten.

Neben Kraft und Ausdauer ist die Mobilität der Gelenk- und der kontraktilen und nicht kontraktilen Weichteile für die Durchführung physiologischer Bewegungen notwendig.

Weichteile sind Muskeln, Bindegewebe und Haut.

Muskulatur:

Ein Muskel hat kontraktile und elastische Anteile. Dadurch kann er sich aktiv verkürzen und nach der Kontraktion wieder entspannen und passiv gedehnt werden. Wird ein Muskel eine gewisse Zeit immobilisiert, so verliert er seine Flexibilität und verkürzt sich auf die Länge, in der er während dieser Zeit gehalten wurde. Dies nennt man häufig eine **Kontraktur**.

Um in der Therapie die volle Flexibiliät eines Muskels wiederherzustellen, muss man über die neurophysiologischen Vorgänge Bescheid wissen.

Bei der Dehnung verkürzter Strukturen kommen aktive und passive Techniken zur Anwendung.

Bindegewebe:

Normales Bindegewebe besteht hauptsächlich aus einem Netzwerk von Kollagen und Grundsubstanz. Obwohl es träge ist und keine kontraktilen Eigenschaften besitzt, verlängert es sich langsam bei einer anhaltenden Dehnung und verkürzt sich bei Immobilisation.

Narbengewebe ist eine dichtere Form des Bindegewebes. Es lässt sich nicht dehnen und hat keine elastischen Eigenschaften.

Haut:
Für die normale Bewegung muss auch die Mobilität der Haut erhalten werden. Auch Haut kann eine Straffheit entwickeln, die die Bewegungen einschränkt, wenn sich nach schweren Verbrennungen, Einschnitten oder Fleischwunden Narbengewebe bildet.

Narben geben bei Dehnung nur schwer nach, deswegen sollte frühzeitig nach Verletzungen wieder bewegt werden.

Gelenkmobilität:
Für eine physiologische Bewegung ist eine volle Gelenkbeweglichkeit erforderlich. Jede Einschränkung der Kapsel oder eine Fehlstellung der Gelenkflächen zueinander verhindert eine physiologische Bewegung.

Zur Wiederherstellung der Gelenkmobilität können allgemeine oder spezielle Gelenktechniken angewendet werden,
z.B. passive Traktion oder Gleiten der Gelenkflächen gegeneinander zur Erhaltung oder Wiederherstellung des Gelenkspiels.

Stabilisierung:

Definition:
Stabilisierung ist die synergistische Koordination des neuromuskulären Systems, um eine sichere Basis für eine übergelagerte funktionelle Bewegung oder Aktivität zu schaffen.

Ein gute Stabilisierung umfasst

- ausreichende Mobilität für eine richtige Stellung
- angemessene Kraft, um die Position zu halten und
- ausreichende Ausdauer und Koordination

Stabilisierung wird meistens in den proximalen Körperabschnitten wie Rumpf, Becken und Schultergürtel benötigt, als Grundlage für die effektive Stellung und Bewegung der Arme, Hände, Beine und Füße.

Proximale Kontrolle ist erforderlich, damit distale Körperabschnitte Aktivitäten ausführen können.

Häufig werden Störungen im Bewegungssystem von Schwächen in einem Teil der kinematischen Kette begleitet, die ihrerseits eine unzureichende Stabilisierung bewirken und damit Überlastungen hervorrufen.

Richtlinien zur Verbesserung der Stabilität:

Durch Stabilisierungsübungen kann der Patient lernen, während der Ausführung funktioneller Aktivitäten proximale Körperabschnitte zu kontrollieren und in optimaler Ausrichtung zu halten.
Der Patient soll in der Lage sein, statische und dynamische Kraft in der stabilisierenden Muskulatur zu entwickeln und zu unterscheiden.

Übungen in der geschlossenen kinematischen Kette unter Belastung mit abgestuften Gewichten, stimulieren die Kokontraktion der antagonistischen Muskelgruppen.
Die Ausdauer der stabilisierenden Muskulatur wird durch wiederholte kontrollierte Belastungen trainiert.
Dann werden Komponenten funktioneller Aktivitäten mit der angemessenen proximalen Stabilisierung geübt.

Der Begriff „rhythmische Stabilisation" beschreibt im Allgemeinen Übungen, die dazu ausgelegt sind, die Stabilisierung proximaler muskelgeführter Gelenke zu verbessern.
Dann werden Bewegungen des gesamten Körperabschnittes in einer Ebene mit dem Augenmerk auf die proximale Stabilisierung hinzugenommen.
Nimmt die Kontrolle der Bewegungen in einer Ebene zu, so können nun diagonale Bewegungen ausgeführt werden, unter Erhaltung der proximalen Stabilisierung.

Koordination, Gleichgewicht und funktionelle Fähigkeiten

Die Koordination, das Gleichgewicht und der Erwerb von funktionellen Fähigkeiten sind äußerst komplexe Aspekte der Motorik.

Definition:
Koordination bedeutet, die Muskeln zur richtigen Zeit mit der richtigen Intensität und in der richtigen Reihenfolge einzusetzen.

Gleichgewicht bezeichnet die Fähigkeit, den Körperschwerpunkt über der Unterstützungsfläche zu halten, meist in einer aufrechten Position.

Funktionelle Fähigkeiten sind unterschiedliche motorische Aktivitäten, die es ermöglichen, selbstständig in allen Bereichen des Alltags zurechtzukommen.

Um Bewegungsmuster einzuleiten, zu steuern und abzustufen, ist eine umfassende Organisation innerhalb des Zentralnervensystems notwendig. Koordination ist die Grundlage für eine geschmeidige und effektive Bewegung, die sowohl willkürlich als auch unwillkürlich (automatisch) ausgeführt werden kann.

Das Gleichgewicht ist ein dynamisches Phänomen, das eine Kombination von Mobilität und Stabilität beeinhaltet.

Koordination, Gleichgewicht und funktionelle Fähigkeiten sind alle von den Wahrnehmungssystemen des Körpers abhängig, insbes. von der Somatosensorik und der Propriozeption.

Koordination und Gleichgewicht sind die Grundlage, um funktionelle Aktivitäten zu erlernen und durchführen zu können.

Übungen zur Schulung von Koordination, Gleichgewicht und funktionellen Fähigkeiten:

Der Erwerb funktioneller Fähigkeiten hängt von einer normalen Motorik ab, in Verbindung mit der Fähigkeit, funktionelle Aktivitäten lernen zu können.

Die Anwendung therapeutischer Übungen muss mit den Prinzipien des Erlernens funktioneller Fähigkeiten motorischen Lernens verbunden werden, damit ein Patient funktionelle Fähigkeiten erlernen kann.
Koordinations-Gleichgewichts- und Geschicklichkeitstraining sowie Grundübungen zur Verbesserung der Mobilität, Stabilisierung und Kraft werden angewandt, um dem Patienten zu helfen, die funktionellen Fähigkeiten wiederzuerlangen, die von ihm, seiner Familie und vom Therapeuten angestrebt werden.

1. Erlernen oder Wiedererlernen funktioneller Fähigkeiten

Es beinhaltet die ständige Wiederholung einfacher und komplexer funktioneller Aktivitäten und den Einsatz von Wahrnehmungsreizen (taktil, visuell oder propriozeptiv), um die Motorik zu optimieren, sowie das Weglassen von Wahrnehmungsreizen, um die Aufgabenlösung und das motorische Lernen zu verbessern.

2. Durchführen von Bewegungen

Die Bewegungen werden zunächst einfach achsengerecht, später dann in komplexeren diagonalen oder kombinierten Mustern durchgeführt

3. Proximale Stabilisierung

In der Regel wird zuerst die proximale Stabilisierung geübt und danach die distale Mobilität.

4. Funktionelle Aktivitäten

Simulierte oder später spezifische funktionelle Aktivitäten werden geübt, wobei man dabei von einfach bis komplex vorgeht.

So wie sich die Qualität der Bewegungen verbessert, muss auch die Geschwindigkeit und der zeitgerechte Einsatz der Bewegung trainiert werden. Zuerst müssen simulierte Aktivitäten geübt werden, bevor man zu den optimalen funktionellen Aktivitäten zurückkehrt.

Isolierte Übungen zur Kräftigung oder Ausdauer sollten immer eine Komponente einer gewünschten funktionellen Aktivität enthalten.

Die Übungsprogramme sollten sich an den Stadien der motorischen Entwicklung orientieren.

Vorsichtsmaßnahmen und Kontraindikationen des Bewegens:

Aktives und passives Bewegen ist kontraindiziert, wenn die Bewegung den Heilungsprozess in irgendeiner Weise beeinträchtigen könnte. Dies ist allerdings nur selten der Fall, da Immobilisation zu Verklebungen und Bewegungseinschränkungen führt.

Es ist unbedingt erforderlich, dass sich der Therapeut des Nutzens und des möglichen Schadens des Bewegens bewusst ist und dass er beim Üben mit dem Ausmaß und der Geschwindigkeit der Bewegungen unter Berücksichtigung der Toleranz des Patienten innerhalb des therapeutischen Bereichs bleibt.
Dies gilt besonders während der Frühphase der Rehabilitation. Wenn zu viel oder falsch bewegt wird, nehmen Schmerz und Entzündungszeichen zu.

In der Regel wird Bewegen und Gehen in der Nähe des Bettes zur Frühmobilisation nach Myokardinfarkt, Bypass-Operation u. a. angewandt.

Befindet sich der Patient in einem lebensbedrohlichen Zustand, können passives Bewegen der großen Gelenke und aktives Bewegen der Fußgelenke zur Vermeidung einer Stauung und Verhütung einer Thrombose eingesetzt werden.

Stadien der motorischen Kontrolle	Zusammenfassung	
Definition	Wechsel von Körperpositionen und deren Kontrolle.	
Mobilität	Fähigkeit, überhaupt eine Bewegung auszuführen bzw. eine Stellung zu wechseln. Voraussetzung ist genügend Flexibilität der Gelenke, Muskeln, der Haut.	
Stabilität	Fähigkeit, eine eingenommene Stellung zu halten und gegen Angriffe von außen – auch bei erschwerten Bedingungen – zu verteidigen.	**Voraussetzung:** ausreichende Mobilität, genügend Kraft und Ausdauer.
Kontrollierte Mobilität	Fähigkeit, eine eingenommene Stellung oder Haltung immer zu kontrollieren und zu jedem Zeitpunkt der Bewegung anzuhalten. Zur kontrollierten Mobilität gehören Begriffe wie: Gewichtsverlagern, Hin- und Herschaukeln.	**Voraussetzung** ist die Fähigkeit, eine Stellung zu erreichen und zu stabilisieren.
Statisch-dynamische Kontrolle	Ein Körperabschnitt wird ruhig gehalten, während ein anderer bewegt wird, z.B. in SL: Becken bleibt stabil, Oberkörper dreht vor und zurück. Dieses Stadium erfordert bereits viel Körperkontrolle.	
Geschicklichkeit	In der eingenommenen Stellung oder Haltung kann jede denkbare Bewegung ausgeführt werden. Zur Geschicklichkeit gehört auch Verringerung der Unterstützungsfläche. Im Stadium der Geschicklichkeit werden koordinative Übungen ausgeführt.	**Voraussetzung** ist die Fähigkeit, das Gleichgewicht zu halten und die Muskeln in der richtigen Intensität und Reihenfolge einzuschalten.

Übungsaufgaben ⇒ Motorisches Lernen

Fragen | **Meine Lösung**

1. Von welchen Faktoren ist das motorische Lernen abhängig?

2. Welche Interaktionen erfordert die motorische Kontrolle?

3. Welches Ziel ist erforderlich um eine selbstständige Bewegung ausführen zu können?

4. Wie nennt man die Stadien des motorischen Lernens?

5. Definieren Sie den Begriff „Lernen“.

6. Aus welchen Komponenten setzt sich motorische Leistung zusammen?

7. Was versteht man unter Disability?

8. Welche Faktoren beeinflussen die Kraft eines normalen Muskels?

9. Wodurch wird die Mobilität und Flexibilität aufrechterhalten?

Die Antworten finden Sie auf Seite 245

Fragen	Meine Lösung
10. Was benötigt man um eine gute Stabilisierung zu bekommen?	
11. Was versteht man unter rhythmischer Stabilisation?	
12. Welche Grundlagen benötigt man für eine funktionelle Aktivität?	
13. Nennen Sie Kontraindikationen für Bewegen?	
14. Wie heißen die 5 Stadien der motorischen Kontrolle?	

Die Antworten finden Sie auf Seite 245

Unterstützungsfläche

Definition

Kleinste Fläche, die die Kontaktstellen aktivierter Körperabschnitte mit der Unterlage einschließt. (n. Klein-Vogelbach)

Unterstützungsfläche im Zweibeinstand

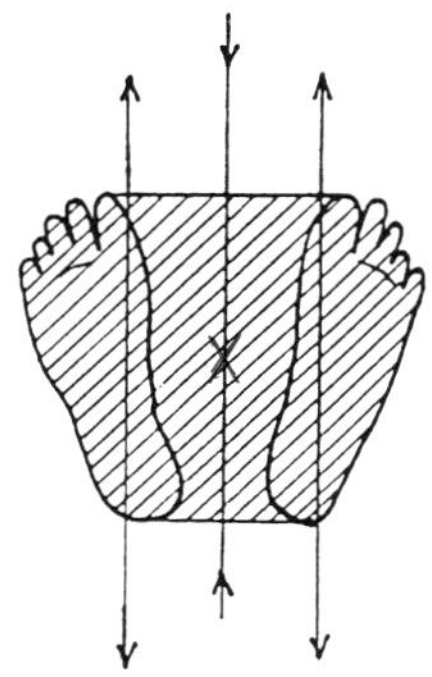

Die Belastung der beiden Füße ist gleich.

Die Fläche zwischen den Fußsohlen muss zur Unterstützungsfläche hinzugezählt werden.

◄ Die Unterstützungsfläche im Zweibeinstand beinhaltet auch die Fläche zwischen den Füßen.

Unterstützungsfläche im Einbeinstand

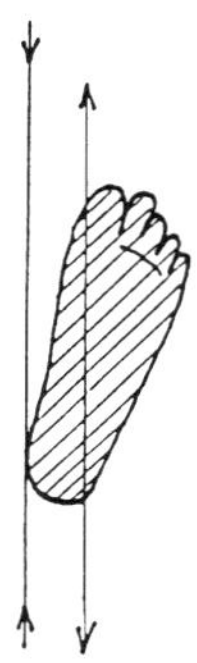

Im Vergleich zum Zweibeinstand verkleinert sich die Unterstützungsfläche um ca. 3/4.

Deshalb ergeben sich erhebliche Veränderungen in der Verteilung der Gewichte auf die auf ein Viertel reduzierte Unterstützungsfläche.

Unterstützungsfläche beim Sitz auf einer Behandlungsbank

Die Größe der Unterstützungsfläche ergibt sich aus der Projektion der Kontaktstellen von Gesäß und Oberschenkelrückseite auf den Boden.

Unterstützungsfläche beim Sitz auf einem Pezziball

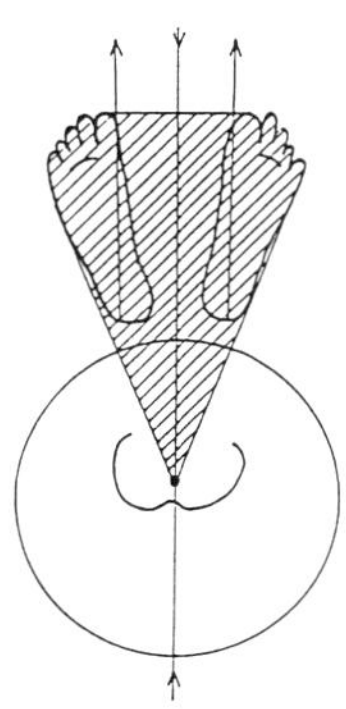

Die Unterstützungsfläche verkleinert sich im Vergleich zum Sitz auf einer Behandlungsbank.

Je weicher der Ball ist, umso größer ist die Auflagefläche.

* Abbildungen:
n. Klein-Vogelbach

Ausgangsstellungen

Einteilung

Definition

Ausgangsstellungen sind Körperstellungen, aus denen heraus Bewegungen beginnen, Bewegen und Halten erfolgen und Positionen zum schmerzfreien Lagern bzw. Entspannen gegeben sind.

Entlastende Positionen z.B. Rückenlage, Bauchlage, Seitlage

Halbbelastende Positionen z.B. Sitzpositionen

Belastende Positionen z.B. Standpositionen

Grundsätzliche Körperstellungen

- Liegen
- Sitzen
- Stehen
- Hängen

Aste: RL

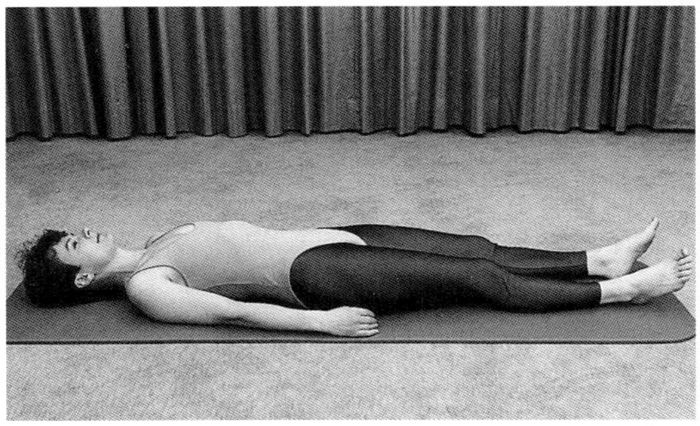

Vorteile:
- große Unterstützungsfläche
- Muskelarbeit gering
- guter Sichtkontakt
- Atmungsfunktion gut
- bilaterale, ipsilaterale kontralaterale Aktivitäten gut möglich –
- hubfrei: Ab- und Adduktionsbewegungen (großer Reibungswiderstand, wenn das Beingewicht nicht abgenommen wird).

Nachteile:
- Schwerkrafteinwirkung entspricht nicht der normalen, aufrechten Körperposition
- Flexionsbewegungen nur **gegen** die Schwerkraft möglich
- Bewegungen in die Extension nur bis zur Nullposition möglich.

Aste: RL
Oberkörper erhöht, Kopf und Beine unterstützt

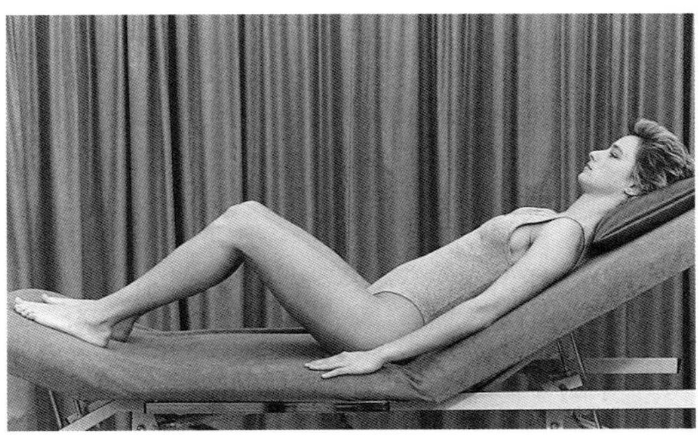

Vorteile:
- Pat. mit Atembeschwerden bekommen besser Luft
- Vorbereitung für den aufrechten Stand (orthostatische Kreislaufregulation).

Nachteile:
- die Bewegungen im Hüftgelenk sind mehr eingeschränkt
- Hüftstreckung zu Null ist nicht möglich.

Therapeutische Ausgangsstellungen | **Entlastende Positionen**

Aste: BL
Arme neben dem Körper
Beine nebeneinander in leichter Außenrotationsstellung

Kopf kann zur Seite gedreht sein oder Nase liegt in einem Schlitz

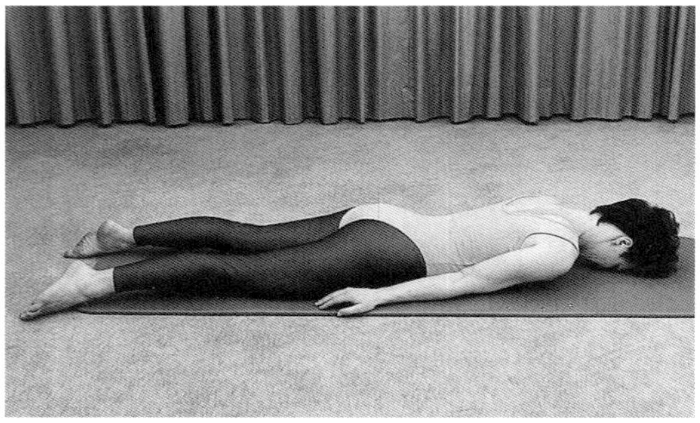

Aste: BL
Arme in U-Halte, Stirn auf Hände abgelegt oder Arme nach vorne ausgestreckt

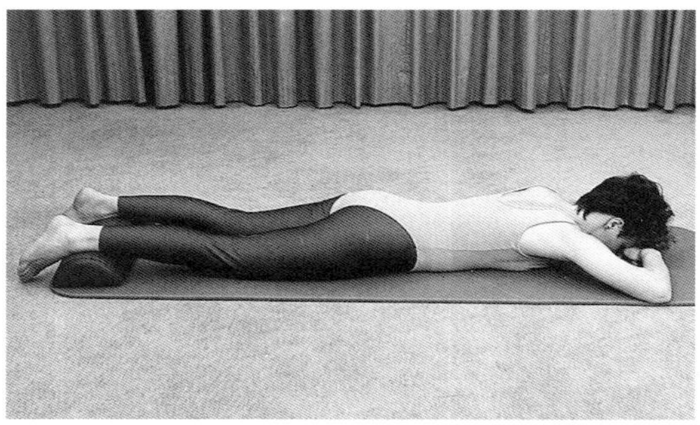

Vorteile:
- große Unterstützungsfläche, Muskelarbeit ist gering
- gute Aste, z.B. für Massage- und Rückenbehandlungen
- Atmung verstärkt in den Rücken lenken
- bilaterale bzw. ipsilaterale und kontralaterale Bewegungen der Extremitäten sind möglich
- hubfrei: Ab- und Adduktion (großer Reibungswiderstand!).

Nachteile:
- kein Blickkontakt
- Pat. kann Übungen nicht selbst kontrollieren
- Atmung in den Bauchraum behindert
- Flexionsbewegungen von Armen und Beinen sind nicht möglich
- Extensionsbewegungen nur gegen die Schwerkraft. Für ältere und korpulente Menschen nicht geeignet.

Cave: bei Pat. mit Herzbeschwerden!

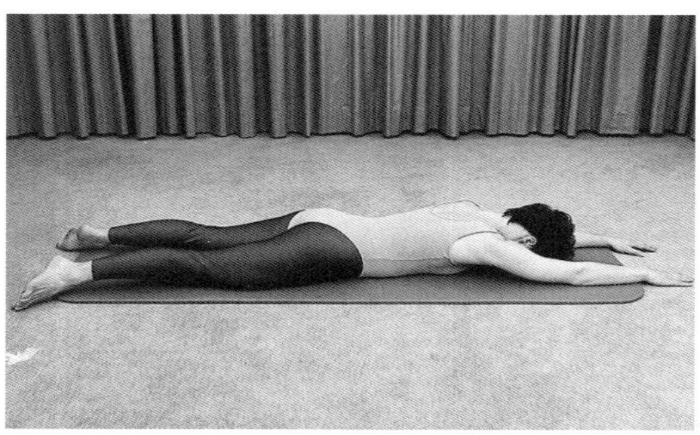

Vorteil:
- Anheben des Armgewichtes gegen die Schwerkraft.

Nachteil:
- Die bewegende Muskulatur befindet sich bereits in angenäherter Position.

Ggf. eine Rolle unter den Rist legen.

Ausgangsstellungen

Therapeutische Ausgangsstellungen | **Entlastende Positionen**

Aste: stabile SL
oberes Bein oder beide Beine angebeugt

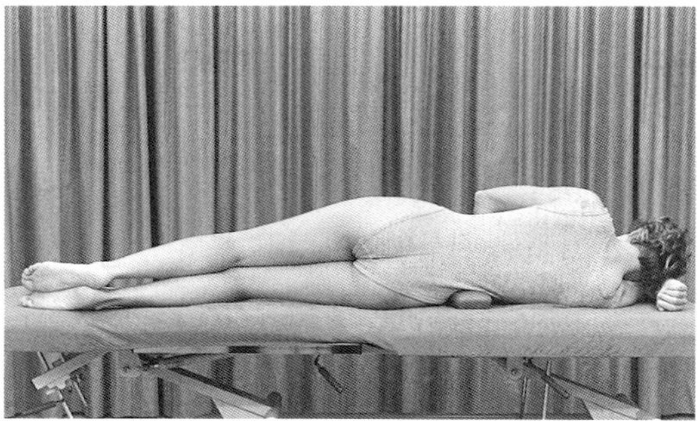

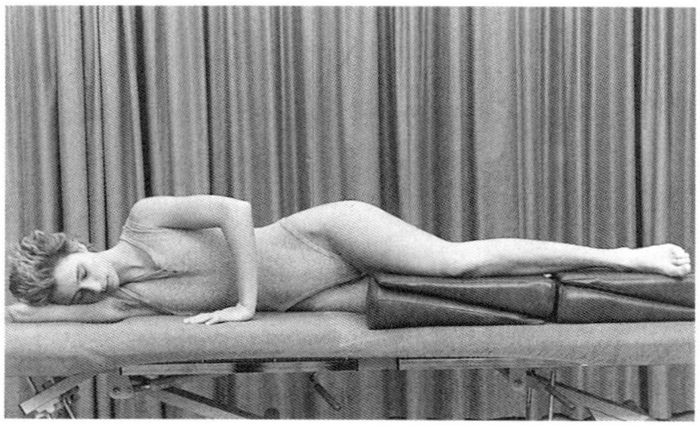

Vorteile:

- günstig für kreislaufgeschädigte Personen (auf der rechten Seite bei Herzpatienten!)
- Varianten in der SL durch Änderungen der Arm- und Beinlage
- Kontrolle des Pat. und Sichtkontakt deutlich besser als in Bauchlage
- Atmung funktioniert gut, ipsilaterale Bewegungen von Arm und Bein gut möglich
- üben der Drehung um die Körperlängsachse bzw. vorbereitende Übungen für den Gang sind gut möglich
- hubfreie Bewegungen: Flexions- und Extensionsbewegungen von Rumpf und Extremitäten durch die gesamte Bewegungsbahn –
- Dehnlagerungen zur Verbesserung der Atmung gut möglich
- kl. Glutaeen in der offenen Kette **gegen** die Schwerkraft.

Nachteile:

- Unterstützungsfläche nicht mehr so groß
- bilaterale Arm- und Beinbewegungen sind nicht möglich.

Sind in SL die Beine ausgestreckt, ist die ASTE stark labilisiert und ggf. bereits als Übung zu betrachten.
Der Pat. braucht das Stadium der Stabilität in der motorischen Entwicklung, um die Stellung zu halten.

Halbbelastende Positionen

Der **Sitz** lässt viele Untergruppen zu:

- Sitz am Bankrand mit hängenden Beinen
- Sitz auf dem Stuhl mit Lehne
- Sitz auf dem Hocker
- Sitz auf dem Pezziball
- Langsitz
- Indianersitz (mit angestellten Beinen)
- Grätschsitz
- Schneidersitz (Variante Lotussitz)
- Fersensitz

Therapeutische Ausgangsstellungen | **Halbbelastende Positionen**

Aste: Langsitz
Hände stützen sich ab oder sind frei

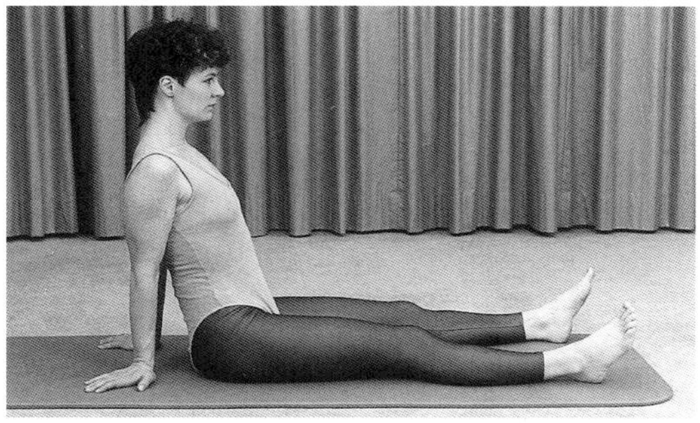

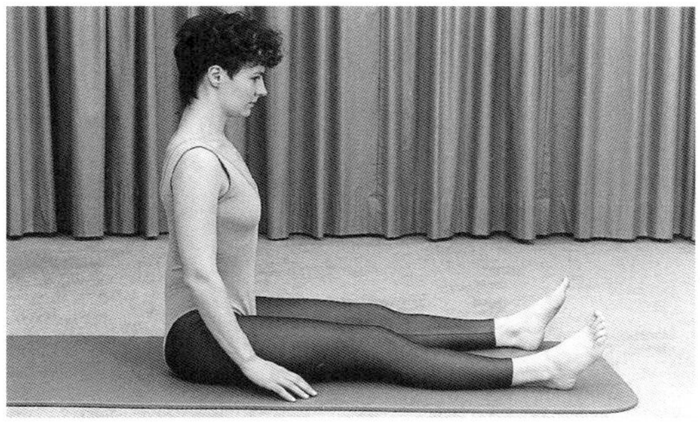

Vorteile:
- Unterstützungsfläche ist rel. groß
- bilaterale Armmuster gut möglich, ebenso obere Rumpfmuster

Nachteile:
- das Becken wird nach hinten gedreht, eine physiologische Einstellung der LWS und damit eine gute Aufrichtung des Rumpfes ist nicht möglich
- Beinbewegungen sind nicht gut möglich

Der Langsitz ist für Pat. mit Querschnittsymptomatik eine günstige Aste wegen der großen Unterstützungsfläche und Stabilität durch das Gewicht der Beine.
Die Arme können gut eingesetzt werden.

Aste: Variante aus dem Langsitz
Indianersitz
Die Beine sind ca. 45° angestellt

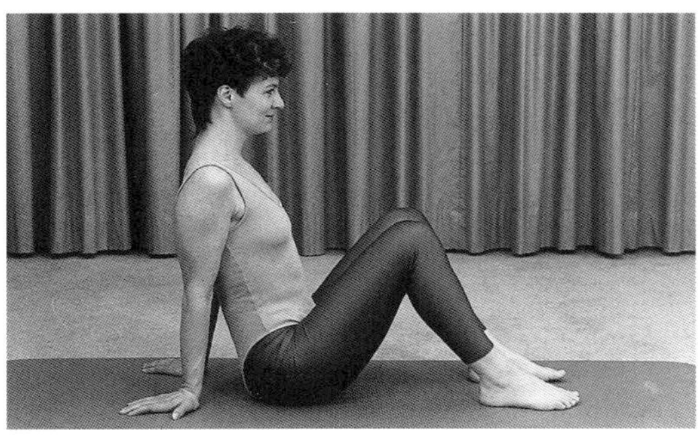

Vorteil:
- das Becken kann besser geradegestellt werden und somit die WS besser gestreckt werden

Therapeutische Ausgangsstellungen | **Halbbelastende Positionen**

Aste: Grätschsitz
Die Beine sind ca. 70° abgespreizt.

Vorteile:
- die USF ist noch etwas größer als im Langsitz
- das Becken kann besser nach vorne gekippt werden

Nachteile:
- Beinbewegungen schwierig

Aste: Schneidersitz
Unterschenkel sind übereinandergeschlagen.

Variante: Lotussitz
Fußrücken liegen jeweils auf dem Oberschenkel des gegenseitigen Beines.

Vorteile:
- stabiler Sitz
- Konzentration auf die Bauchatmung möglich
- Arm- und Schultergürtelbewegungen gut möglich
- hubfreie Bewegungen: Kopfrotation li/re, Rotation des Oberkörpers li/re.

Nachteile:
- Beinbewegungen sind nicht möglich
- Beweglichkeit in Hüft- und Kniegelenken muß ausreichend vorhanden sein
- Bewegungsübergänge sind erst nach Auflösung der Aste möglich

Ausgangsstellungen

Therapeutische Ausgangsstellungen | **Halbbelastende Positionen**

Aste: Hockersitz
Beine sind hüftbreit auseinandergestellt.

Hüftgelenk etwas über Kniegelenk

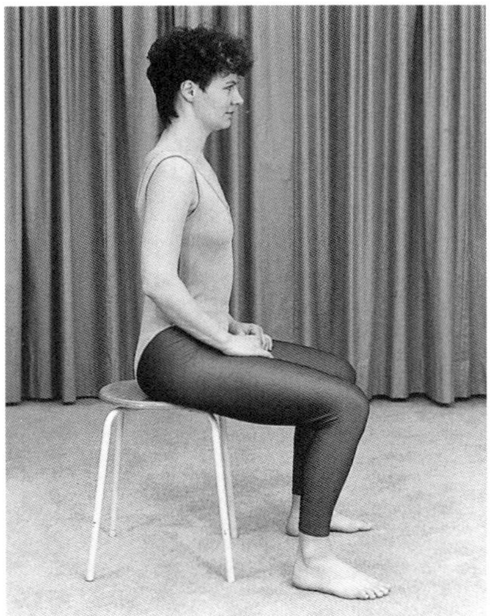

Aste: Sitz auf dem Sitzkeil
Der hinten erhöhte Sitzkeil bringt das Becken nach vorne.

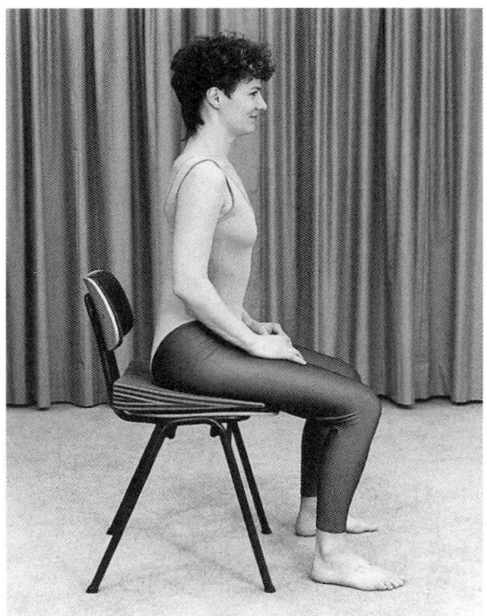

Variante:
angelehntes Sitzen auf dem Stuhl
Wenn die Rückenlehne gerade ist, kann sich der Oberkörper anlehnen.

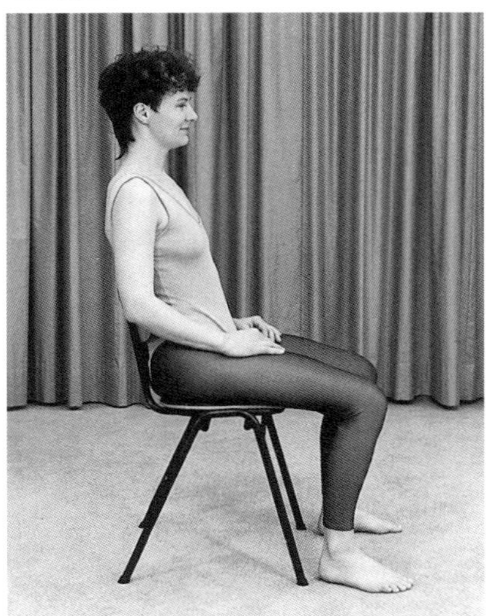

Vorteile:
- bileratales Üben mit den Armen ist gut möglich
- Aktivierung der Bauch- und Rückenmuskeln bzw. Stabilisation des Rumpfes im Sitzen ist gut möglich
- hubfreie Bewegungungen um die frontosagittale Körperachse, z.B. des Oberkörpers sind günstig
- die aufrechte Körperhaltung entspricht der Alltagssituation, deshalb günstig
- Übungen für die Halswirbelsäule bieten sich im Sitzen an
- durch die Vorbereitung zum Aufstehen kann die Gewichtsübernahme auf die Beine gut geübt werden
- Atemwahrnehmung gut möglich

Nachteile:
- Bewegungen der Beine sind eingeschränkt
- Unterstützungsfläche ist gering

> Auch die beste aktive Sitzhaltung ist keine Dauerhaltung.
> Der Homo erectus soll nicht zum Homo sedens werden!

Halbbelastende Positionen

Aste: Sitz auf dem Pezziball Beine hüftbreit auseinandergestellt.

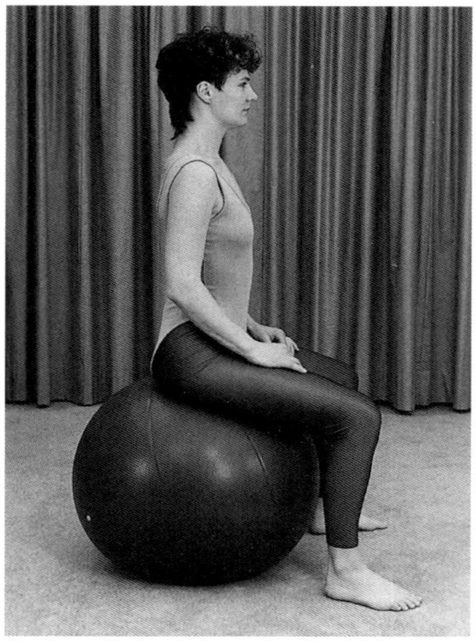

Vorteile:

- die mobile Unterlage dient der Koordination und Gleichgewichts-schulung
- das aktive Sitzen wird variantenreicher und macht mehr Spaß
- die schonende Stauchung der WS kann optimal trainiert werden
- günstige Aste für viele weitere funktionelle Übungen

Nachteile:

- die labile Unterlage kann ungünstig sein bei älteren und unsicheren Patienten

Ausgangsstellungen

Therapeutische Ausgangsstellungen | **Halbbelastende Positionen**

Aste: Vierfüßlerstand
Das Körpergewicht verteilt sich zu gleichen Teilen auf Arme und Beine.
Es entsteht Brückenaktivität in den Bauch- und Gesäßmuskeln und im M. serratus anterior und M. pectoralis major.

Vorteile:
- gute Atembewegung in alle Richtungen
- kontralaterale Bewegungen von Armen und Beinen durch die gesamte Bewegungsbahn
- Schulung der Koordination und Stabilität
- einsetzen des symm. tonischen Nackenreflexes
- hubfreies Üben der Lateralflexion der LWS
- funktionelles Rückenmuskeltraining, da das Gewicht von Arm und Bein von der Rückenmuskulatur gehalten wird gegen die Einwirkung der Schwerkraft

Nachteile:
- starke Belastung auf Handgelenke und den M. triceps brachii
- Blick ist nach unten gerichtet
- hohe Anforderung an Stabilität und Koordination

Varianten:
Päckchenlage

Rutschstellung

- Entspannungslage zur Verbesserung der Körperwahrnehmung und der Atmung in den Rücken. Die Rutschstellung kann sich aus der Päckchenlage entwickeln. Geeignet als Dehnposition für die vordere Brustmuskulatur. Verbesserung der Atembewegungen und Atemwahrnehmung

Therapeutische Ausgangsstellungen | **Halbbelastende Positionen**

Aste: Bärenstand

- entwickelt sich z.B. bei Kindern, auch bei alten Personen aus dem Vierfüßlerstand als Vorbereitung zum Aufstehen. Für die Therapie nur in seltenen Fällen als Aste geeignet

Aste: Fersensitz
Er entwickelt sich aus dem Vierfüßlerstand oder Kniestand.

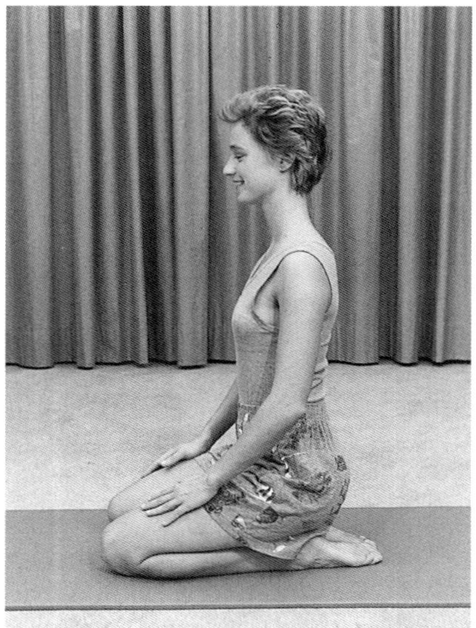

Vorteile:
- Atmung ist in alle Richtungen gut möglich
- bilaterale Arm- und Schultergürtelbewegungen sind gut möglich
- physiologische Einstellung der WS gut möglich

Nachteile:
- USF ist klein und labil
- starke Belastung auf die Kniegelenke (ggf. Polster dazwischenlegen)
- die Füße werden in maximale Plantarflexion gezwungen (ggf. Rolle unterlegen)

Diese Aste ist bei Arthrosen in Hüft- und Kniegelenken zu vermeiden.

Therapeutische Ausgangsstellungen | **Halbbelastende Positionen**

Aste: Kniestand
Die Knie können zusammen oder leicht auseinander sein,
die Unterschenkel liegen auf der Unterlage.

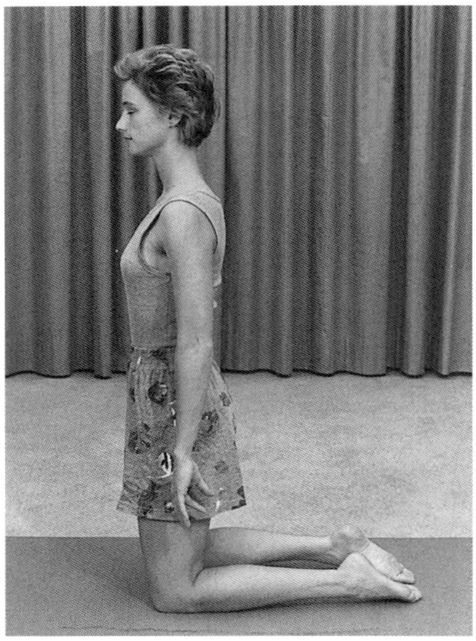

Vorteile:
- gute Mobilität im Rumpf und den Hüftgelenken möglich
- Vorbereitung zum Aufstehen
- exzentrisches Training der Hüft- und Kniestrecker möglich und damit Kontrolle der Hüftgelenke und des unteren Rumpfes als Vorbereitung zum Stand
- durch das Anpressen der Dorsalextensoren der Füße auf den Boden wirkt der Unterschenkel als Unterstützung

Nachteile:
- der Körper muss in den Kniegelenken stabilisiert werden können
- die Aste ist rel. instabil, da der KSP recht hoch liegt, wenn auch niedriger als beim Stand

Aste: Halbkniestand
Dies ist eine Abwandlung des Kniestandes als Vorbereitung zum Aufstehen.

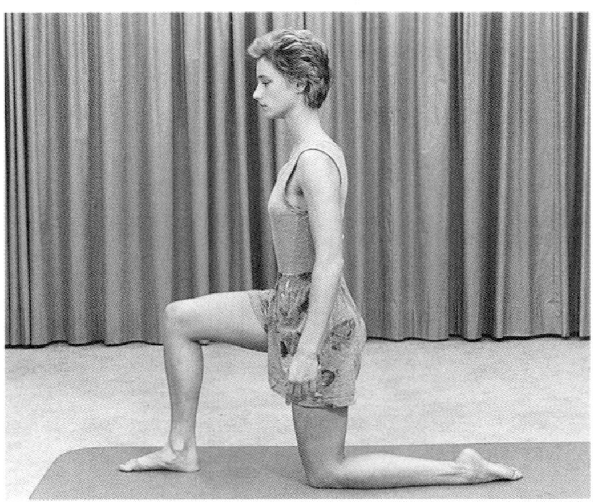

Vorteile:
- Rumpfkontrolle kann gut geübt werden
- Gewichtsverlagerung kann gut geübt werden
- Blickkontakt ist gut, Armbewegungen sind frei

Nachteile:
- starke Belastung des Standknies
- aufstehen ist nur bei ausreichender Muskelkraft möglich
- Rumpfkontrolle muss vorhanden sein, ansonsten siehe Aste Kniestand

Therapeutische Ausgangsstellungen	Halbbelastende Positionen

Aste: modifizierter Bärenstand
Arme stützen sich auf einer Unterlage ab
Variationen sind möglich durch
Höher- oder Tieferstellen der Abstützfläche,
größere oder kleinere Entfernung der Beine von der Abstützfläche.
Diese Aste hat sich aus dem Bärenstand des Kleinkindes entwickelt.
Der Bärenstand ist die Vorbereitung zum freien Stand.

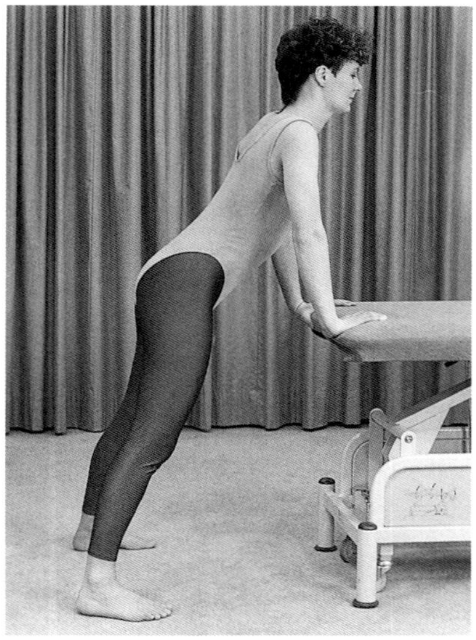

Vorteile:
- größere USF als beim normalen Stand
- ein Teil des Körpergewichtes wird von den Armen abgefangen. Der Ther. hat die Wahl, ob der Akzent bei dieser Aste auf den Beinen oder den Armen liegen soll
- höherstellen der Abstützfläche reduziert die Belastung der Arme
- Schulung der Stützaktivitäten der Arme, Übernahme des Gewichtes auf einen Arm, damit der andere Arm greifen kann
- tieferstellen der Abstützfläche erhöht die Belastung auf die Arme
- die Beinbelastung kann geübt werden unter Abnahme eines Teilkörpergewichtes durch die Arme als Vorbereitung zur Vollbelastung

Nachteile:
- starke Belastung für die Arme bzw. für die Muskulatur der oberen Extremitäten
- freie Bewegungen der Arme sind gleichzeitig nicht möglich

Varianten:
betonte Grätschstellung

- bes. geeignet für Gewichtsverlagerungen nach rechts/links bzw. Schritte zur Seite oder über Kreuz

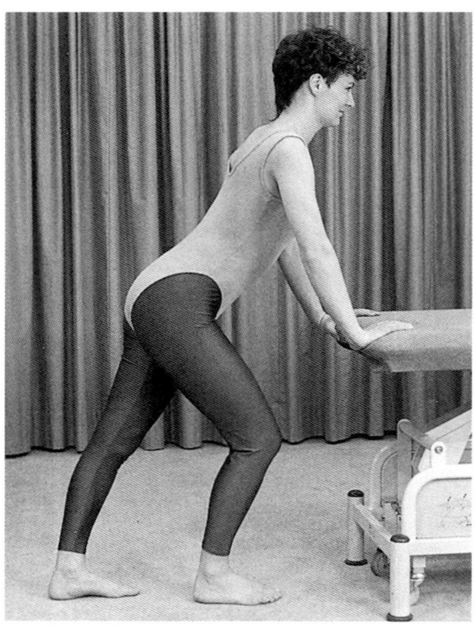

Schrittstellung

- gut geeignet für Gewichtsübernahme auf das vorgestellte Bein bzw. Üben eines Schrittes nach rückwärts

Ausgangsstellungen

Therapeutische Ausgangsstellungen	Belastende Positionen

Stand

Lot muss immer in Unterstützungsfläche sein

Bei optimaler aufrechter Körperhaltung sind die Körperabschnitte Becken – Brustkorb – Kopf in der Körperlängsachse (KLA) eingeordnet. Die Schwerkraft trifft die vertikal stehende KLA direkt von oben.
Das Lot vom KSP trifft auf die Mitte der USF zwischen beide Füße.
Das Körpergewicht verteilt sich gleichmäßig auf Vor- und Rückfuß.

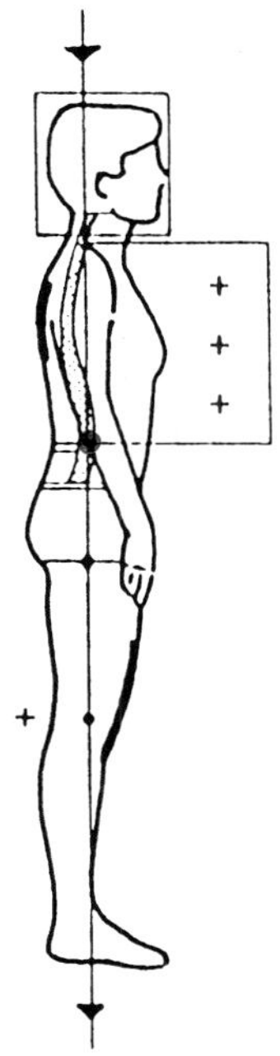

(n. Klein-Vogelbach)

Das Schwerelot geht durch die Hüftgelenke, die Mitte der Kniegelenke und trifft auf die Mitte des Fußrückens (etwa in Höhe des Os naviculare).

In aufrechter Körperhaltung befindet sich der Körper in labiler Gleichgewichtslage.
Zur Aufrechterhaltung der Stellung sind nur geringe Muskelkräfte erforderlich.

Der Thorax ist das stabilisierende Zentrum, die anderen KA befinden sich im Zustand potenzieller Beweglichkeit.

Geringfügige Einflüsse von außen können diese labile Gleichgewichtslage gefährden.
Ist der Körper aus der labilen Gleichgewichtslage gebracht, kehrt er nicht automatisch in die ursprüngliche Aste zurück.

Es sind zahlreiche Variationen möglich

- Grundstellung
- Schrittstellung
- Grätschstand
- ggf. Einbeinstand

Aste: Grundstellung
Die Füße stehen unter den vorderen Darmbeinstacheln ca. faustbreit auseinander. Die aufrechte Haltung des ganzen Körpers ist die Haltung der Wachsamkeit. Der Thorax ist frei und dient als stabilisierender Körperabschnitt, die Atmung geht frei.

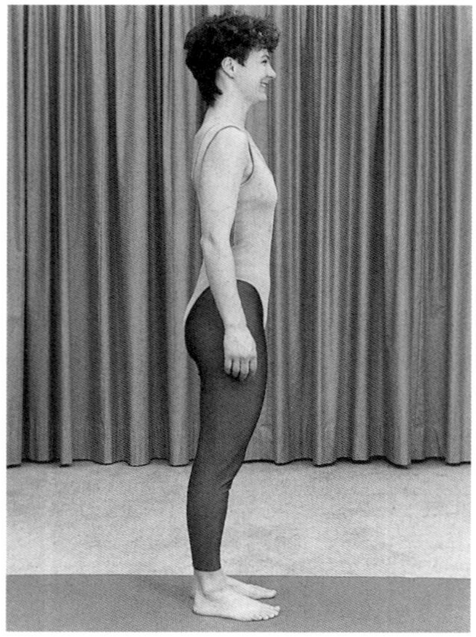

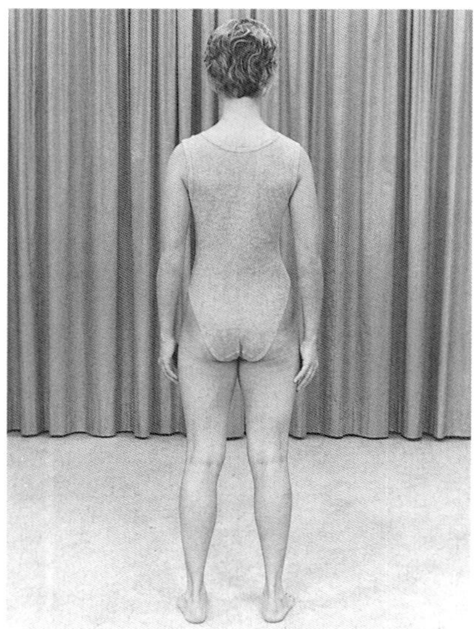

Vorteile:
- zur Aufrechterhaltung der Grundstellung sind bei optimaler Einstellung nur geringe Muskelkräfte erforderlich
- Regulierung des Stellreflexes
- große Bewegungsbereitschaft
- Bewegungsübergänge gut möglich
- hubfreie Bewegungen: Rotationen des Oberkörpers gegen Becken und umgekehrt
- Hubarme Bewegungen: Beckenkippen und -aufrichten
- Lateralflexion der LWS vom Becken aus
- üben von gangtypischen Bewegungsabläufen

Nachteile:
- Aste ist labil, der KSP liegt hoch
- USF ist klein
- gute Koordination des Pat. aus dieser Aste ist erforderlich

Alle Aste sind auch mit beweglicher Unterlage (Übungsmatte, Weichbodenmatte, Sportkreisel, Minitrampolin etc.) möglich.

Ausgangsstellungen

Therapeutische Ausgangsstellungen	Belastende Positionen

Aste: Schrittstellung als Variation der Grundstellung

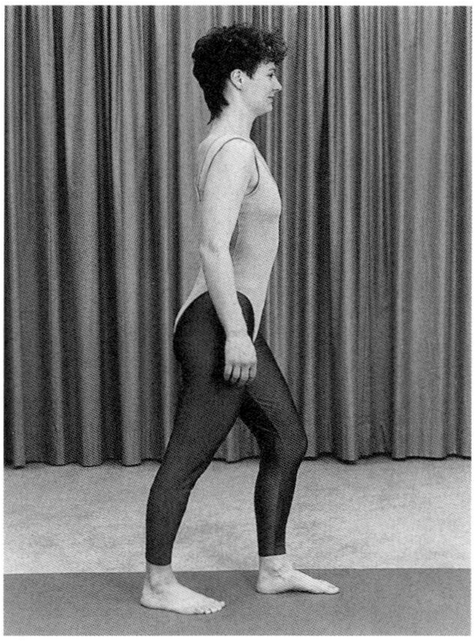

Vorteile:
- Kontrolle des Rumpfes
- erarbeiten der optimalen Einstellung der funktionellen Körperlängsachse (KLA) als Vorbereitung für die optimale aufrechte Körperhaltung
- üben der Gewichtsübernahme auf ein Bein, wobei das betroffene Bein sowohl vorne (Schritt nach vorwärts) als auch hinten stehen kann (Schritt nach rückwärts)
- Vorbereitung des freien Gehens gut möglich

Nachteile:
- kleine USF.
  Starke Labilisierung der Aste
- hohe Anforderung an den Pat.

Aste: Grätschstand

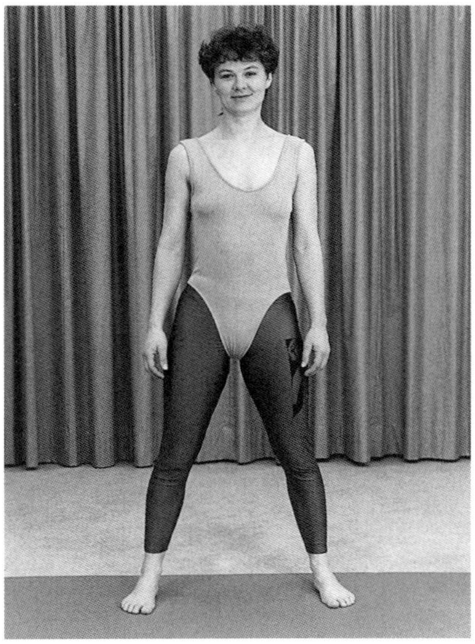

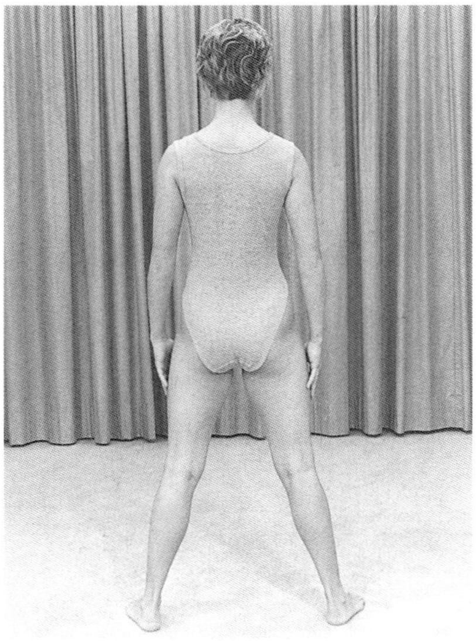

Vorteile:
- USF ist größer als in Grundstellung
- Standsicherheit hoch
- Armbewegungen gut möglich

Nachteile:
- potenzielle Beweglichkeit, d.h. Bewegungsbereitschaft ist herabgesetzt, d.h. der Wechsel auf ein Bein ist nur durch große Gewichtsverlagerung (Translation) möglich

Therapeutische Ausgangsstellungen **Hang**

Aste: Hang
Dies wird besser als Ausgangstätigkeit bezeichnet, da die Aste als solche schon sehr anstrengend ist.

Der Körper hängt an einer horizontalen Sprosse, die Arme sind gerade und mind. schulterbreit auseinander. Der Hals soll so lang wie möglich bleiben. Beine sind mit den Fersen zusammen.
Die Füße sind plantarflektiert.
Auf eine gewisse Spannung der Schultergürtelmuskulatur sollte geachtet werden.

Vorteile:
- der KSP befindet sich unter dem Drehpunkt = stabile Gleichgewichtslage
- Rumpf und Beine können im offenen System gemeinsam bewegt werden
- das Körpergewicht kann entlastend auf die WS wirken

Nachteile:
- starke Belastung für die Muskeln der oberen Extremität
- die Aste als solche ist bereits sehr anstrengend, damit ist die Übungsdauer begrenzt

Lagerungen

Gesichtspunkte

Definition:

Der Körper oder einzelne Körperabschnitte werden in bestimmten Stellungen gelagert. Die Lagerung wird über Zeiträume von Minuten bis Stunden beibehalten.

Behandlungslagerung - für kürzere Zeit bei best. Übungen in best. Ausgangsstellungen (ASte)

Dauerlagerungen:

Organsystem	**Ziele**	**Art der Lagerung**
Haut	Dekubitusprophylaxe	Antidekubitusmaterialien
	Hilfsmittel: 1.) Dekubitusmatratze (verstellbar) - ↳ Auflagefläche ändert sich im Wechsel Felle Schaumstoffschienen aktive Entlastung durch den Patienten Umlagerungen Wasserkissen	
Innere Organe	Blutgerinsel (bes. im venösen Syst.) x Thromboseprophylaxe	Entstauungslagerung (Hochlagern)
	Lungenentzündung Pneumonieprophylaxe	Umlagerung alle 2 Stunden
	Sekretlösung	Dränagelagerung
Bewegungsapparat	Gelenkversteifung Kontrakturprophylaxe	Funktionslagerung
	Bei Senkung d. Spannungs- kraft Detonisierung	große Auflagefläche
	Dehnung	Sandsacklagerung

x. geringe Strömungsgeschwindigkeit
- Gefäßwandveränderung
- Viskosität ist verändert (Virchow'sche Trias)

Lagerungen

Gesichtspunkte

Funktionslagerung:

Ziele:

Dauerlagerung zur Kontrakturprophylaxe	Gelenke werden in Funktion gelagert.	
	Lebensnotwendige Funktionen müssen ausgeführt werden können.	Obere Extremität: Essen, Trinken Untere Extremität: Stehen, Gehen
	<u>Hilfsmittel:</u> Sandsäcke Schienen Lagerungsblöcke Polster Laken	Schwerkraft mit einsetzen!

Therapielagerung:

Ziele:

Atemtherapie	Dehnlagerung	Muskelentspannung

Spezielle Lagerung:

Ziele:

Innere Organe: CVI AVK	Herzbett	Atemlagerung

X

Funktionslagerung in Rückenlage

Sprunggelenke: 90° lateraler Fußrand und Unterschenkel

Kniegelenk: Extensions-Nullstellung, bei Hyperextension diese ausgleichen

Hüftgelenk: Extensions-Flexions-Nullstellung
Mini-Abduktionsstellung
Rotationsneutral

Lenden-/Brustwirbelsäule: symmetrisch
neutral

fehlende Auflagenflächen ausgleichen

Halswirbelsäule: symmetrisch
leichte Flexion, so dass Umgebung wahrgenommen werden kann

Schultergürtel zum Brustwirbelsäule nach vorn ziehen

Schultergürtel: leichte Protraktion an die Brustwirbelsäule angepasst

Schultergelenk: Ruhestellung, d.h. etwas Abduktion
Flexion, rotationsneutral

Ellenbogengelenk: in ca. 70 - 90° Flexion

Unterarmgelenke: eher in leichter Supination (Elle u. Speiche parallel, Handfläche nach oben)

Handgelenk: leichte Dorsalextension
geöffnete Faust

funktionelle Handstellung

(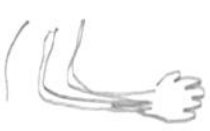)

Aste: RL

Zielsetzung:
Funktionslagerung: alle Gelenke werden so gelagert, dass sie funktionstüchtig bleiben für lebenserhaltende Funktionen.

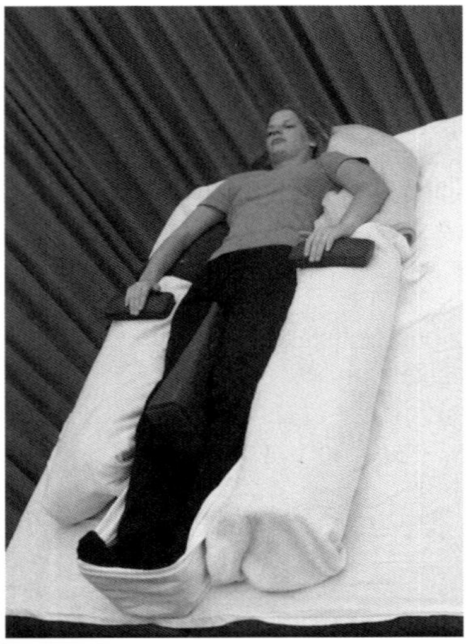

Patient liegt flach.
Kopf und Schultern sind unterstützt.
Hände unterlagert.
Polster seitlich an den Beinen und zwischen den Beinen.
Mit einem Laken werden die Füße in Dorsalextension gehalten.

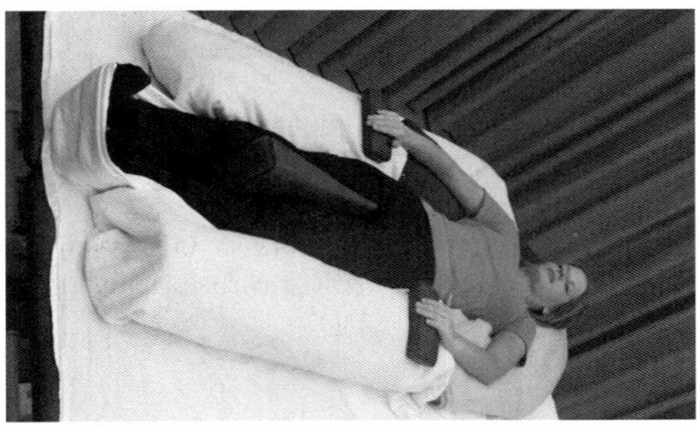

Aste: RL

Zielsetzung:
Entspannung,
Schmerzlinderung

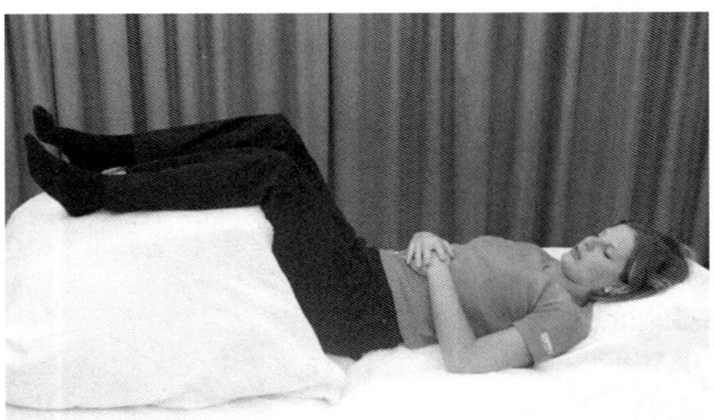

Die Beine des Patienten liegen über ein hohes Polster. So kann die Lendenwirbelsäule bei akuten Schmerzen entlastet werden.
Kopf ist evtl. etwas unterlagert.

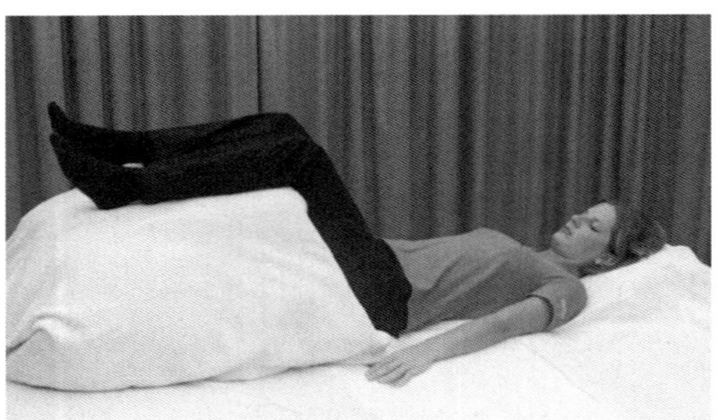

Lagerungen

Funktionslagerung in Seitenlage

Sprunggelenk:	90° lateraler Fußrand und Unterschenkel
Kniegelenk:	unten liegendes Bein: Extensions-Flexions-Nullstellung oben liegendes Bein: 90° Flexion
Hüftgelenk:	unten liegendes Bein: Extensions-Flexions-Nullstellung oben liegendes Bein: Flexion 90°, abduktions- und rotationsneutral
Lenden-/Brustwirbelsäule:	LWS fehlende Auflagefläche ausgleichen, BWS nach hinten gedreht, im Rücken abgestützt
Halswirbelsäule:	neutral-symmetrisch
Schultergürtel:	obere eher hinten und an Armposition angepasst untere in Protraktion nach vorne gezogen, um Auflagefläche zu vergrößern
Schultergelenk:	oben liegender Arm: vor dem Körper 90° rotationsneutral unten liegender Arm: 90° Flexion, Außenrotation
Ellenbogengelenk:	oben: in ca 70° Flexion unten: extensions-flexionsneutral
Unterarmgelenke:	oben: Pronation unten: Supination
Handgelenke:	neutral

Beispiele **Seitenlage**

Aste: SL

Zielsetzung:
Funktionslagerung

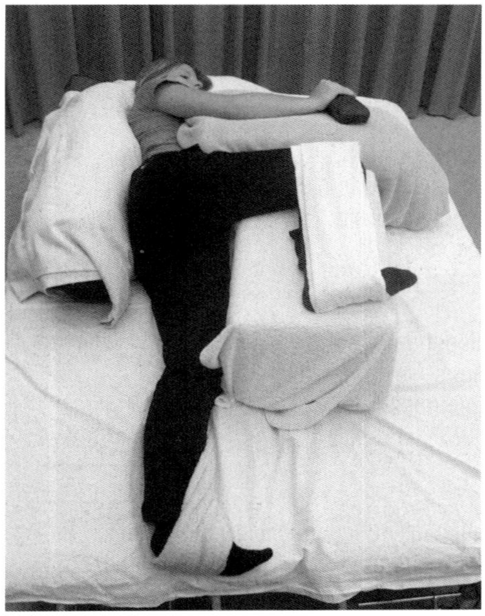

Kopf und oberer Arm sind unterlagert, der Rücken abgestützt, das obenliegende Bein in rechtwinkeliger Stellung, das untere Bein gestreckt.
Die Füße werden mit Laken in Dorsalextension gehalten.

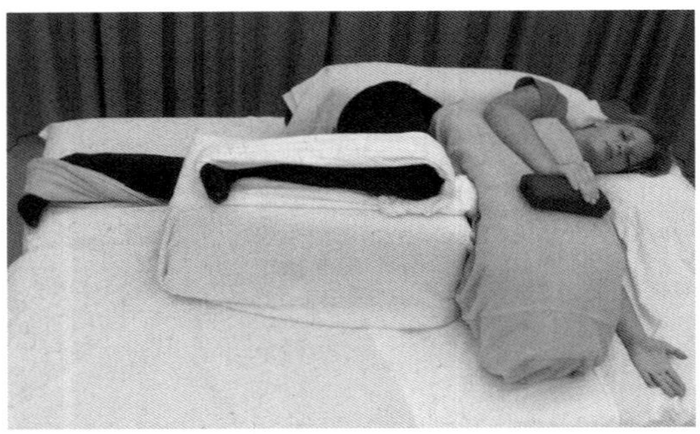

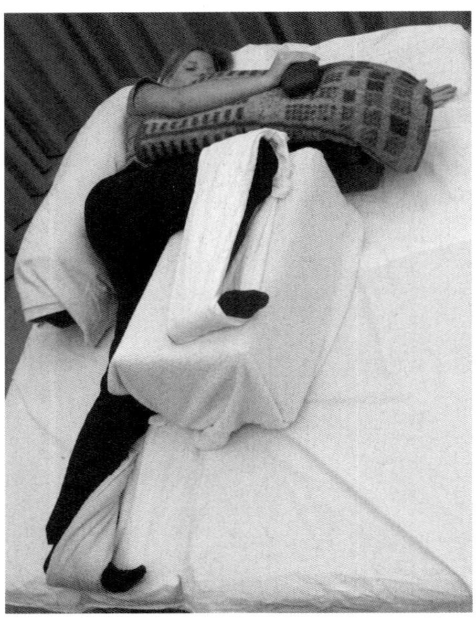

Sitz im Rollstuhl

Zielsetzung:
Patienten, die das Bett verlassen dürfen, so zu setzen, dass sie über längere Zeit funktionsgerecht sitzen können.

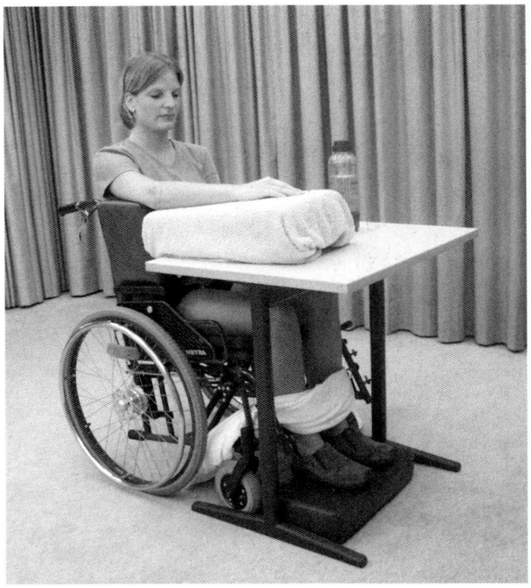

Die Patientin sitzt im Krankenhaus oder zu Hause im Rollstuhl. Dabei soll der Rücken gut abgestützt sein. Sitzhöhe und Unterschenkellänge müssen angepasst werden. Ein Laken verhindert das Nach-vorne-Rutschen der Beine. Der Arm wird in Funktionslagerung abgestützt.

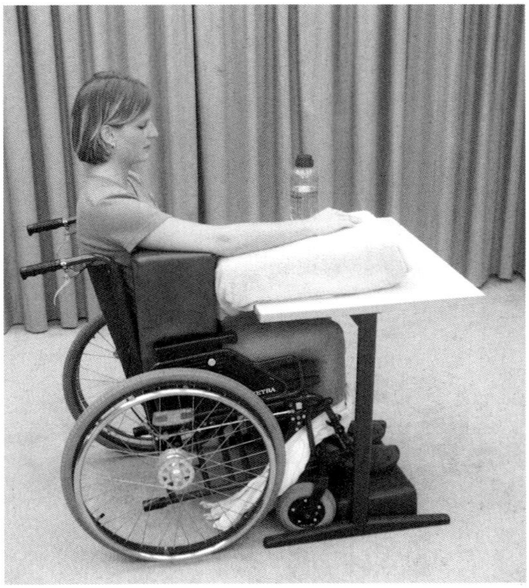

Lagerung nach Ablatio mammae

Ziel: Die Schulter muss tiefer liegen als der Ellenbogen und die Hand. Die Patientin rutscht im Stuhl so weit wie möglich nach vorne, der Rücken muss gut abgestützt sein.

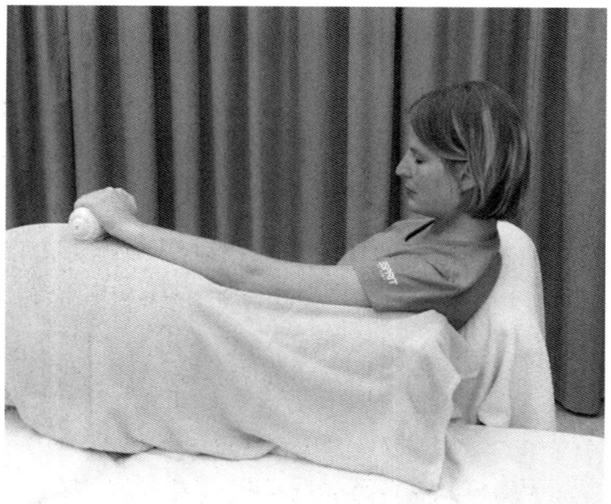

Keine Armbanduhr oder Ringe tragen!

Der gesamte Arm liegt neben dem Körper auf einem Tisch/Bettkante/ Lehne einer Parkbank etc. auf.
Wichtig ist die komplette Auflagefläche.

Zusätzlich kann ein elastisches Gerät, z.B: Igelball in die Hand gegeben werden, um durch aktives Pumpen den Rückstrom zu fördern.

Die Patientin sollte so dicht wie möglich an den Tisch heran sitzen, damit das Schultergelenk nicht so viel Abduktion bekommt, sondern in ca. 30° Flexion gelagert ist.

Lagerung in Bauchlage nach Unterschenkelamputationen

Günstige Lage, da durch die Schwerkrafteinwirkung die Knie- und Hüftposition extensions-flexionsneutral ist.

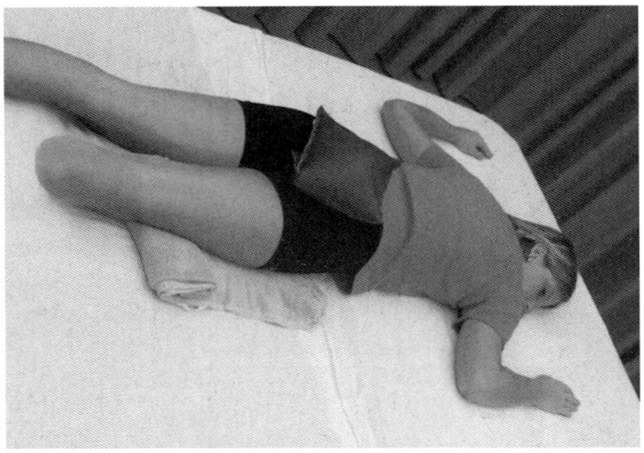

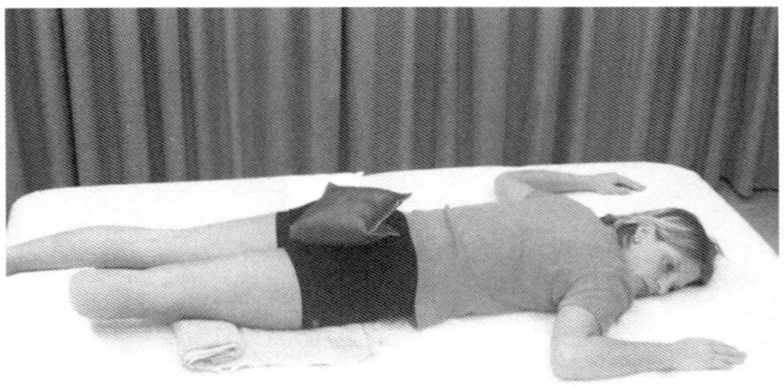

Dies kann durch Sandsäckchen auf dem Tuber verstärkt werden

Man kann auch etwas unter den distalen Oberschenkel legen, um die Hüftstreckung zu verstärken

Für rotationsneutrale Lagerung durch seitliches Kissen sorgen

Kein Kissen zwischen die Knie!

Dehn- und Dränagelagerungen

Aste: RL
Fußende des Bettes erhöht

Zielsetzung:
Entstauung

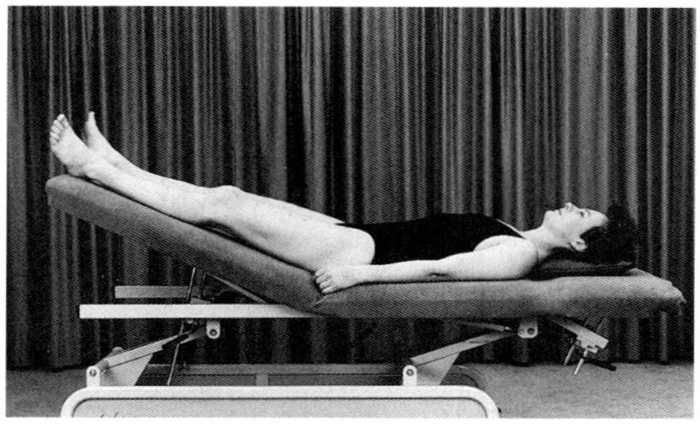

Z.B. bei Personen mit Stehberufen.

Aste: RL
Mondsichel-Lage

Zielsetzung:
Erhöhung der Atemwahrnehmung
Dauer: ca. 20 Min.

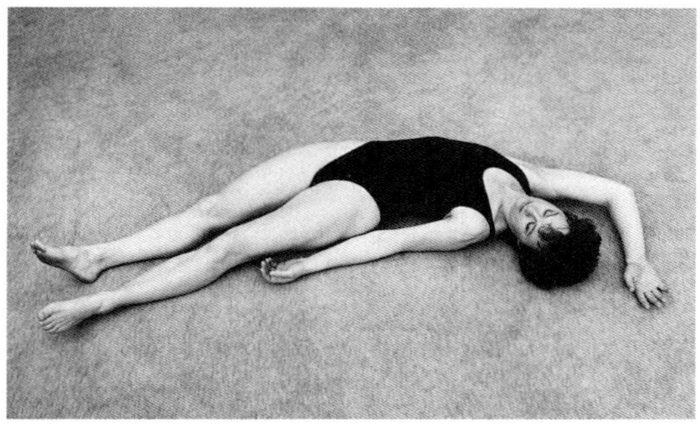

Ausgeprägte Lagerung in Seitneigung ohne Drehung des Rumpfes.
Dehnlagerung zur Weitung der Interkostalräume.

Aste: SL
Mittelteil der Bank erhöht

Zielsetzung:
Dränagelagerung zum Abtransport von Sekret
Dauer: ca. 10–15 Min.

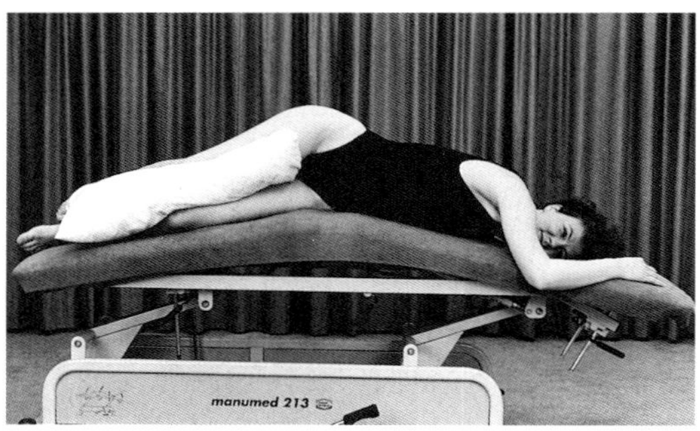

Atmung nicht forcieren oder gar auf Kommando erfolgen lassen!

Lagerung erfolgt so, dass die jeweils zu entleerenden Bronchien senkrecht eingestellt sind.

Aste: SL
Oberkörper zurückgedreht

Zielsetzung:
Verbesserung der Wahrnehmung und Atmung
Dauer: ca. 20 Min.

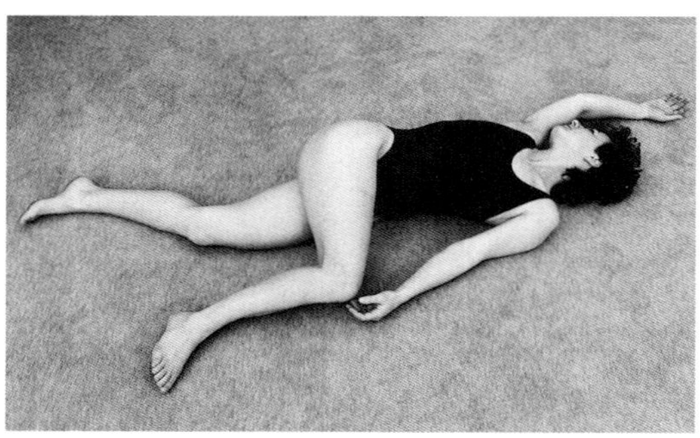

Rückendrehlage

Obenliegendes Bein ist angebeugt.
Untenliegendes Bein ist ausgestreckt, damit das Becken senkrecht steht.
Der Oberkörper ist so weit zurückgedreht, dass beide Schultern den Boden erreichen, der Arm ist nach oben ausgestreckt und auf dem Boden abgelegt.

Aufsetzen

Aste: RL im Bett oder auf der Liege

Aufsetzen an den Bettrand über die Seite mit Hilfe des Therapeuten.

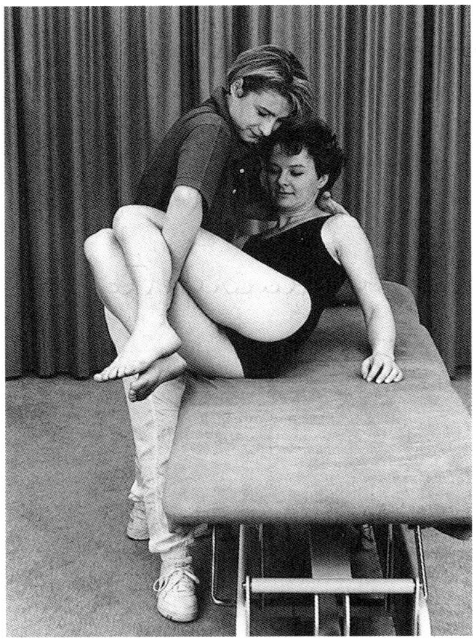

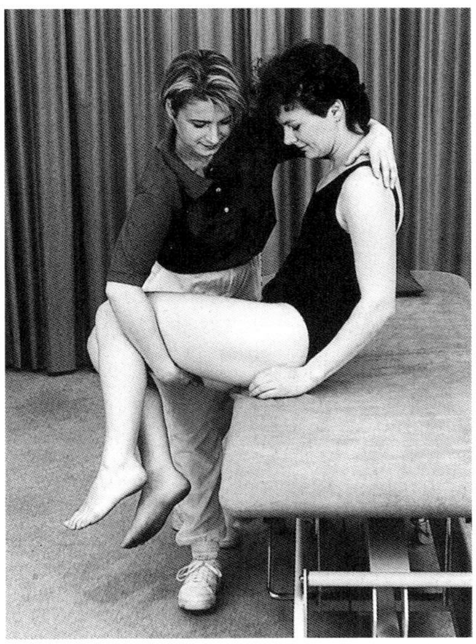

Der Pat. wird aufgefordert, sich mit der obenliegenden Hand abzustützen und sich mit dem untenliegenden Arm von der Unterlage abzudrücken. Die Beine werden mit Flexion und Rotation über die Bettkante bewegt.
Wenn der Pat. dazu selbst nicht in der Lage ist, umfasst der Ther. die Beine des Pat. im Untergriff und die Schultern von hinten und bewegt ihn hoch zum Sitzen.

Darauf achten, dass es bei länger bettlägerigen Patienten nicht zu einer orthostatischen Dysregulation kommt. Neue Aste sofort stabilisieren!

vom Bettrand auf den Stuhl

Aste: Sitz am Bettrand

Transfer vom Sitz am Bettrand auf den Stuhl (oder Rollstuhl)

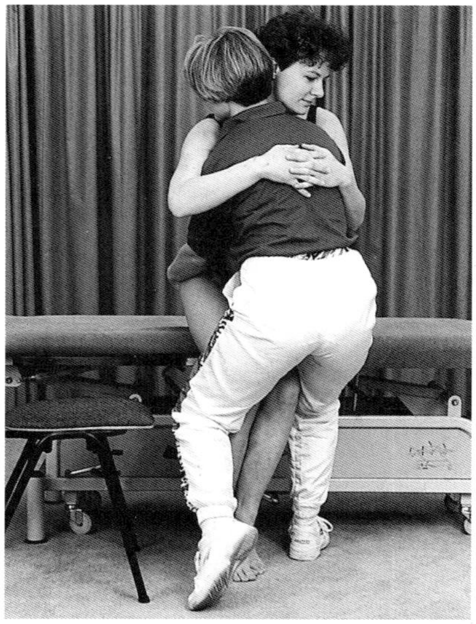

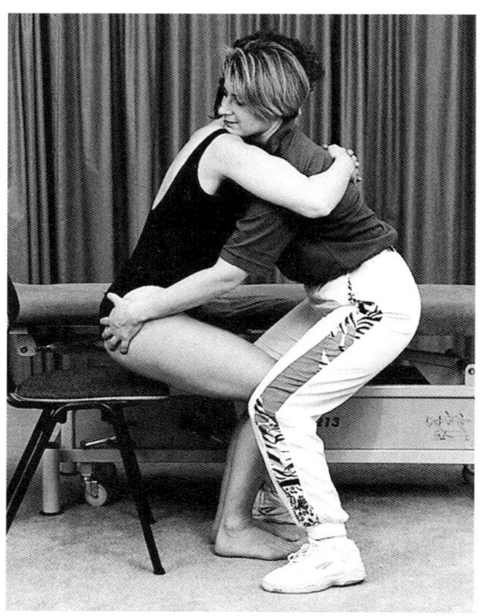

Die einzelnen Phasen beachten:
Der Pat. umfasst die Schultern bzw. Hals des Ther., dieser umfasst das Gesäß von beiden Seiten. Die Knie des Pat. stabilisiert der Ther. zwischen seinen Beinen.
In dem Augenblick, wo der Pat. Gewicht auf die Beine übernommen hat, dreht er sich mit Hilfe des Ther. um 90° und setzt sich unter Kontrolle des Ther. nieder. Der Rückweg erfolgt entsprechend umgekehrt.

Fragen beantwortet ausser Transfer

Fragen	Meine Lösung
1. Was versteht man unter einer Ausgangsstellung?	Sind Körperstellungen, aus denen heraus Bewegungen beginnen.
2. Welche Vorteile bietet Ihnen die ASTE Oberkörper erhöht, Kopf und Beine unterstützt?	Pat. mit Atembeschwerden bekommt besser Luft Vorbereitung für aufrechten Stand (orthostatische Kreislaufregulation)
3. Welche Nachteile hat der modifizierte Bärenstand?	Starke Belastung für Arme bzw. Muskulatur der oberen Extremitäten, keine freie Beweg.mgl.
4. Beschreiben Sie den Verlauf eines Schwerelots sagittal.	durch Hüftgelenke, die Mitte der Kniegelenke, trifft auf die Mitte des Fußrücken
5. Wo befindet sich der KSP? Körperschwerpkt.	Promontorium => Übergang Kreuzbein - 5 Lendenwirbel (LW)
6. Was verstehen Sie unter einer Lagerung?	Der Körper o. einzelne Körperabschnitte werden in best. Stellungen gelagert.
7. Welche Gesichtspunkte müssen bei der Lagerung berücksichtigt werden und warum?	Die allg. Entlastung und Entspannung
8. Sie haben einen Patient mit Dekubitus, welches Lagerungsmaterial bevorzugen Sie?	Felle, Schaumstoffschienen, (Umlagerungen), Wasserkissen
9. Was verstehen Sie unter einer Dauerlagerung?	Lagerung über einen längeren Zeitraum (bei Frakturen, Fehlstellungen)
10. Ein Patient liegt auf der Intensivstation und muss in Seitenlage gelagert werden. Beschreiben Sie die entsprechende Lagerung?	

Die Antworten finden Sie auf den Seiten 246–247

Übungsaufgaben ⇒ Ausgangsstellungen/Lagerungen

Fragen	Meine Lösung
11. Wann benötigt man eine Funktionslagerung?	notwendig bei Dauerlagerung zur Kontraktur-prophylaxe der Gelenke
12. Was ist zu beachten bei einer Lagerung eines Patienten mit Unterschenkelamputation in ASTE RL?	kein Kissen: zw. Beine unter Hüfte u. Knie unter die Lendenwirbelsäule
13. Welche Lagerung bevorzugt man für einen Patienten mit Unterschenkelamputation und warum?	Ausgangsstellung Bauchlage, weil durch Schwerkraft Knie- und Hüftpos extensions- und flexionsneutral ist
14. Bei welcher Indikation wählen Sie die obere Drehdehnlage und wie lange lagern Sie Ihren Patienten in dieser Stellung?	

Die Antworten finden Sie auf den Seiten 246–247

Bewegung

- Spüren
- Lernen
- Erhalten
- Wiederherstellen

Gliederung

- Passives Bewegen
- aktiv-assistives Bewegen
- aktives freies Bewegen

Passives Bewegen

Definition

Bewegungen, die durch eine äußere Kraft ohne Muskelaktivität erfolgen.

Das passive Bewegen kann

- durch den Behandler
- ggf. durch den Patienten selbst
- oder apparativ (z.B. Motorschiene)

erfolgen.

Zielsetzungen

bei der physiotherapeutischen Befunderhebung wird das passive Bewegungsausmaß mit dem aktiven verglichen und das Endgefühl geprüft.

Der Patient kann oder darf die Bewegung zur Zeit nicht eigenständig machen

- Koma
- Lähmung
- Verletzung

Der Patient soll die Bewegung zunächst nur spüren, um sie zu lernen.

Bewegen

Passives Bewegen	Wirkungen
Kontrakturprophylaxe	Erhaltung des Bewegungsausmaßes bzw. Wiederherstellung des vollen Bewegungsausmaßes, Vermeidung von Bewegungseinschränkungen
Dekubitusprophylaxe	Durchbewegen verbessert die Ernährungssituation und verhindert einseitigen Druck auf bestimmte Körperpartien über längere Zeit
Unterstützung wiederkehrender Muskelfunktion	(aktiv-assistives Bewegen) z.B. bei peripheren Lähmungen Pat. soll es im Gedanken mitmachen, damit er es nicht vergißt
Einüben von Bewegungsabläufen	d.h. Schulen der Wahrnehmung bei gestörter Körperwahrnehmung und Koordination als Vorbereitung nachfolgender aktiver Bewegung

> Aktives Bewegen, sofern der Patient dazu in der Lage ist, ist im Allgemeinen vorzuziehen.

Man unterscheidet

- **Isoliertes passives Bewegen**
  Die Bewegung erfolgt um eine klar definierte Achse in einer Ebene.

- **Komplexes passives Bewegen**
  Die Bewegung erfolgt in mehreren Ebenen bzw. in mehreren Gelenken gleichzeitig.

Regeln für die Durchführung:

- richtige Lagerung des Patienten
- Fixation proximal des zu bewegenden Gelenkes (möglichst großflächig und gelenknah greifen)
- langsame Bewegungsausführung unter leichtem Zug (Traktion), um Reibung zu vermeiden
- volles Bewegungsausmaß in allen möglichen Bewegungsrichtungen des Gelenkes
- Beachtung der jeweiligen Bewegungsachse
- ergonomische Haltung des Therapeuten

(gerade)

Ausgangsstellung d. Physiotherapeuten
Aufgaben von Bewegungs- u. Fixationshand
Cordes S. 80

Ein ganz wesentlicher Aspekt beim passiven Bewegen ist die Schulung der Wahrnehmungsfähigkeit des Patienten.

Gesichtspunkte bei der Ausführung der passiven Techniken:

1. Um eine reine passive Bewegung ausführen zu können, muss der Therapeut eine exakte Bewegung um eine entsprechende Achse durchführen.

2. Um bei isolierter Gelenkbewegung eine Mitbewegung des nächsthöheren oder parallel gelegenen Gelenkes um die im gleichen Sinne verlaufende Gelenkachse auszuschalten, muss das Gelenk fixiert werden. Die Fixation soll sowohl eine Mitbewegung wie auch eine Ausweichbewegung verhindern. Die Fixation muss so weit wie möglich gelenknah des zu bewegenden Gelenkes (möglichst großflächig) ausgeführt werden und darf dabei das Gleiten der Sehnen, z.B. an den Fingern, nicht behindern. Ebenso darf sie keinen stimulierenden Effekt auslösen.

3. Die Fixation ist notwendig, um das volle Bewegungsausmaß zu erreichen. Das Bewegungsausmaß wird durch verschiedene Faktoren bestimmt:
   - Form der Gelenkflächen
   - Stellung/Zentrierung der Gelenkanteile
   - translatorische Gleitfähigkeit der Gelenkkörper
   - Länge und Dehnungsfähigkeit der Muskulatur, die über das Gelenk zieht (Tonus der Muskulatur)
   - Weite und Länge der Gelenkkapsel, Bänder und deren Anordnung
   - Beweglichkeit knorpeliger Zwischenscheiben

4. Um eine Reibung der Gelenkflächen untereinander zu vermeiden, muss die Bewegungsausführung unter leichtem Zug (Traktion) erfolgen.

5. Die Ausführung sollte rhythmisch erfolgen, um die Entspannung und Passivität des Patienten zu bewahren.

Richtlinien für die Ausführung der passiven Techniken und Wahl für die Ausgangsstellung für den Patienten:

- Bequeme Lagerung und Ausgangsstellung, die sich nach verschiedenen Gesichtspunkten des Patienten richtet. Die Lagerung muss für den Patienten entspannend sein oder zumindest für den zu behandelnden Abschnitt.
- Das Alter des Patienten muss bei der Lagerung berücksichtigt werden.
- Ebenso die Nebendiagnosen (z.B. Asthma, Herzerkrankungen, Durchblutungsstörungen).
- Ruhigstellung bestimmter Körperabschnitte kann eine Ausgangsstellung verunmöglichen.
- Das Behandlungsziel muss definiert werden. D.h. zur Vorbereitung einer Übungskette oder sollen bestimmte Muskelgruppen hubfrei oder hubarm arbeiten?
- Die Ausgangsstellung des Patitenten sollte dem Therapeuten ein ökonomisches Arbeiten ermöglichen. Dabei ist noch zusätzlich auf die Höhe der Behandlungsbank zu achten.
- Ein wichtiges Kriterium bei der Ausführung der passiven Techniken ist auch die ergonomische Arbeitshaltung des Therapeuten.

Definition

Die Bewegung erfolgt unter Abnahme der Eigenschwere.

Ziel ist die Reduzierung des Schwerkrafteinflusses

Wenn die Kraft, die durch Muskelfunktion auf einen Körperteil ausgeübt wird, für die Erzeugung oder Kontrolle von Bewegung unzureichend ist, kann eine äußere Kraft zu ihrer Vergrößerung hinzugefügt werden.
Diese äußere Kraft muss in Richtung der Muskelfunktion, aber nicht notwendigerweise in demselben Punkt angreifen, da ein mechanischer Vorteil durch die Erhöhung der Hebelkraft gewonnen werden kann. Die Größe dieser unterstützenden Kraft muss gerade ausreichend sein, um die Muskelfunktion zu vergrößern und darf nicht als Ersatz für sie arbeiten. Wenn sie das tut, ergibt sich passive Bewegung.
Mit der Zunahme der Muskelkraft muss die gegebene Unterstützung entsprechend abnehmend. } Ziel

Formen der Unterstützung

- manuell durch PT
- durch Geräte
- durch die Auftriebskraft des Wassers

Unterstütztes Bewegen ist als **isoliertes** oder **komplexes** Bewegen möglich.

Bei einigen Gelenken muss fixiert werden, um eine isolierte Bewegung ausführen zu können, d.h. unerwünschtes Mitbewegen in anderen Gelenken wird verhindert. Die Fixation wird proximal des zu bewegenden Gelenkes angesetzt.

Aktiv-assistives Bewegen	Formen der Unterstützung
Manuelle Unterstützung:	Der Physiotherapeut nimmt mit seinen Händen das Gewicht der zu bewegenden Extremität oder des Extremitätenabschnittes ab und folgt mit dieser Unterstützung der Bewegung.
Unterstützung durch Geräte	**Schlingentisch** Durch unterschiedliche Aufhängungen und Ausgangsstellungen kann Bewegung mit fast völliger Abnahme der Eigenschwere erreicht werden. Der Aufhängepunkt ist senkrecht (lotrecht) über dem zu bewegenden Gelenk zu wählen in Richtung der Bewegungsachse. Die Bewegung pendelt um diese Achse. Das bedeutet größtmögliche Bewegung unter geringstem Kraftaufwand. **Rollenzug** Über einen Rollenzug wird eine Bewegung unterstützt, d.h. es kann die Eigenschwere teilweise oder ganz abgenommen werden. Die Rolle ist fixiert und hängt senkrecht (lotrecht) über dem zu bewegenden Gelenk. Über einen Zug (Band), welcher an einem Ende (distal des zu bewegenden Gelenkes) eine Schlinge und am anderen Ende (meistens proximal des zu bewegenden Gelenkes) einen Griff hat, bewegt sich beim Ziehen am Griff das Schlingenende auf die Rolle zu.
Unterstützung durch die Auftriebskraft des Wassers	Das **Archimedische Gesetz** besagt, dass ein Körper im Wasser scheinbar so viel an Gewicht verliert, wie die von ihm verdrängte Wassermenge wiegt. Die Auftriebskraft des Wassers ist also der Schwerkraft der Erde entgegengerichtet. Daraus kann man schließen, daß alle Bewegungen, die im Wasser ausgeführt werden, nur dann die Auftriebskraft ausnutzen, wenn sie aus der Tiefe in Richtung Wasseroberfläche ausgeführt werden, d.h. hier unterstützt die Auftriebskraft des Wassers die Bewegung.

Im frühen Stadium der neuromuskulären Schulung

Die arbeitenden Muskeln wirken bei einer Bewegung, die sie ohne Hilfe nicht zustande bringen würden, zusammen. Voraussetzung ist, dass sie die Maximalleistung, zu der sie fähig sind, erbringen können und die unterstützende Kraft nur ergänzend benutzt wird. Unter dieser Voraussetzung gewinnen diese Muskeln Kraftzuwachs.

momentane Maximalleistg. muss erbracht werden → nicht zu starke Unterstützg.

Schulen der Koordination

Durch die korrekte Ausführung einer Bewegung wird die Erinnerung an diese angeregt, obwohl der Patient sie im Augenblick noch nicht alleine ausführen kann. Durch häufiges Wiederholen der korrekten Muster mit verringerter Unterstützung kann der Patient die Kontrolle der Bewegung wiedererlernen, da die Leitung der Impulse in den neuromuskulären Bahnen erleichtert wird.

Aufrechterhalten der Bewegung trotz Schmerzen

z.B. bei chronischer Polyarthritis

Anregung zur Maximalanstrengung

Das Vertrauen in die Fähigkeit, sich bewegen zu können, wird hergestellt, wenn der Patient die Bewegung beobachtet, ebenso durch die Tatsache, dass seine Muskeln für die Erzeugung der Bewegung zusammenarbeiten.
Das Wissen, dass die Extremität dauernd unterstützt ist und dass die versuchte Bewegung erreicht wird, ermutigt den Patienten zur Maximalanstrengung.

Definition

Das Bewegen erfolgt frei von Unterstützung und zusätzlichem Widerstand, d.h. Bewegen im Schwerefeld der Erde. Damit erfolgt das Bewegen entweder als positiver Hub gegen die Einwirkung der Schwerkraft oder als negativer Hub bremsend unter dem Einfluss der Schwerkraft.

Das freie Bewegen kann im **offenen oder im geschlossenen System** erfolgen.

offenes System:

distales Ende frei

der bewegte Körperteil befindet sich in Spielfunktion, d. h. das distale Ende ist frei, die Aufhängung ist proximal.
Körperabschnitte in Spielfunktion sind in sich beweglich.
Es muss nur das Gewicht des betreffenden Körperabschnittes von der Muskulatur bewegt werden.

> Beim Menschen befinden sich die Arme meist in Spielfunktion, um zielmotorische Bewegungen auszuführen.

geschlossenes System:

distales Ende fixiert

in diesem Fall wird der Körper gegen die fixierten Hände und Füße bewegt.
Die Muskeln müssen gegen die Schwerkraft aktiviert werden.

> Beim Menschen sind die Füße meist im geschlossenen System, zumindest hat meist ein Fuß Bodenkontakt. Die Muskeln müssen die betreffenden Gelenke stabilisieren können.

Bewegung im geschlossenen System
Übungsbeispiel
"Kniebeuge"

→ Kokontraktion

Agonisten

sind diejenigen Muskeln, die am genauesten in die Bewegungsrichtung ziehen.

Am Beginn der Bewegung befinden sie sich in Vordehnung.

Jede Bewegung beginnt in der verlängerten Position der Agonisten und endet in deren angenäherter Position.

trägt für Beweg. Hauptverantwortg.

Synergisten

sind diejenigen Muskeln, die mithelfen in die Bewegungsrichtung zu ziehen und eine exakte Ausführung der Bewegung ermöglichen. Sie erlauben, in der „Spur" zu bleiben. **Synergisten** sind also wichtig für eine exakte Bewegung, solange die Agonisten kräftig sind.

Sie werden in ihrer Ersatzfunktion umso wichtiger, je schwächer die Agonisten sind.

· Hauptfunktion Abd. u. Add.
· Teile können bei Flex. mithelfen
↳ unterstützen Beweg. der Flex.

Antagonisten

ermöglichen durch fein abgestuftes Nachlassen der Spannung das beabsichtigte Tempo der Bewegung.

Sie haben Kontrollfunktion.

Die Antagonisten sind beim Beginn der Bewegung angenähert und am Ende der Bewegung verlängert.

Stabilisationsmuskeln

sind diejenigen Muskeln, die einzelne Knochen bzw. Körperabschnitte mit statischer Kontraktion fixieren, um ein momentanes Punctum fixum für die Synergisten herzustellen. Sie bilden ein Widerlager.

> Wegen des engen Zusammenhangs von sensorischen Prozessen (Sinneswahrnehmungen) und motorischen Prozessen (Bewegungen) werden Bewegungsabläufe auch als sensomotorische Fertigkeiten bezeichnet.

Freies aktives Bewegen | **Formen**

Sensomotorische Fertigkeiten

Sie werden in verschiedenen Ausgangsstellungen geübt.

Dadurch werden Extremitäten (Gliedmaßen) und Rumpf/Kopf auf unterschiedliche Weise beansprucht.

Die drei Grundbewegungen: Flexion/Extension, Ab- und Adduktion, Innen- und Außenrotation lassen sich unterschiedlich kombinieren.

Lokalisation

Man unterscheidet:

lokalisierte Bewegungen

allgemeine Bewegungen

Lokalisierte Bewegungen

Sie sind vorgesehen um eine lokale Wirkung zu erreichen,

z.B. um ein einzelnes Gelenk zu mobilisieren oder um bestimmte Muskelgruppen zu erreichen.

Allgemeine Bewegungen

schließen den Gebrauch von vielen Gelenken und Muskeln des ganzen Körpers ein, z.B. beim Laufen.

Isoliertes freies Bewegen

Die Bewegung erfolgt nur in einem Gelenk und um eine klar definierte Umdrehungsachse.

Die Körperebene, in der die Bewegung stattfindet, ist ebenfalls klar bestimmbar. Diese Bewegungen werden bei der Untersuchung benötigt, wenn klare Aussagen getroffen werden müssen, wo das funktionelle Defizit liegt.

In der Übungstherapie werden sie benutzt, um zielmotorische Bewegungen zu schulen und die Muskulatur zur intra- und intermuskulären Koordination zu erziehen.

> Neurophysiologisch gesehen ist isoliertes Bewegen ein sehr komplexer Vorgang. Achsengerechte Bewegungen erfordern eine differenzierte Muskelaktivität: einige Muskeln müssen stützen, damit andere Muskeln zielmotorische Arbeiten ausführen können, z. B. Brot schneiden.

Komplexes freies Bewegen

Die Bewegung findet in mehreren Gelenken gleichzeitig statt und erfolgt in mehr als einer Dimension.

Komplexe freie Bewegungen entsprechen eher den funktionalen Bewegungsabläufen im Alltag und sollten deshalb in der Übungstherapie bevorzugt werden.

Allerdings ist vorher immer zu prüfen, ob der Patient in der Lage ist, in der „Spur zu bleiben".

Freies aktives Bewegen | **Regeln**

Ausgangsstellung und Bewegungsfolgen

Sie sind gut auszuwählen.

Ausweichbewegungen sind zu vermeiden.

Erklärung

Die Übung muss für den Patienten verständlich und gut nachvollziehbar erklärt werden.

Sie muss sein Interesse wecken.

Tempo

Das Tempo ist angemessen zu wählen.

Zum Erlernen zunächst langsamer.

Je nach Ziel der Übung kann das Tempo erhöht oder verlangsamt werden (evt. laut zählen lassen).

> Um funktionelle Bewegungsabläufe einzuschleifen, ist das Gangtempo (ca. 120 Schritte pro Sekunde) am günstigsten.

Dauer

Je nach Leistungsfähigkeit, Krankheitsbild ist die Dauer unterschiedlich.

Bewegen

Freies aktives Bewegen — **Allgemeine Wirkungen**

Entspannung

rhythmisch schwingende Bewegungen und pendelnde Übungen
Wechselnde Spannung der Agonisten und Entspannung der Antagonisten, helfen, den normalen Zustand der Entspannung, der der Kontraktion folgt, wiederherzustellen.

Gelenkbeweglichkeit

Durch endgradige Übungen wird das normale Ausmaß erhalten. Bei Einschränkung der Bewegung kann man durch schwingende, rhythmische Übungen und Nachfedern am Ende des freien Ausmaßes, die Bewegung vergrößern.

Muskelkraft und Ausdauer

bleiben erhalten oder werden erhöht durch

- langsameres oder schnelleres Tempo der Bewegung
- Zunahme der Dauer der Übung
- gegen den mechanischen Nachteil einer ungünstigen Hebelkraft (Vergrößerung)

Neuromuskuläre Koordination

Verbesserung durch Wiederholungen einer Übung. Die Übungen, die zuerst erheblich viel Konzentration und Anstrengung benötigt haben, werden nach und nach immer mehr automatisiert. (z.B. Klavierspielen, Autofahren).

Vertrauen, Bewegungsantrieb

in die Fähigkeit, kontrollierte Bewegungen selbstständig auszuführen
Dies gibt dem Pat. Vertrauen andere und neue Tätigkeiten zu versuchen.

Freies aktives Bewegen	Allgemeine Wirkungen
Herz- und Kreislauffunktion und Atmung	Je nach Intensität und Tempo der Übung wird die Tiefe der Atmung erhöht, der Herzschlag schneller und kräftiger und es wird Wärme entwickelt. Leichtere Übungen zeigen diesbezüglich kaum Wirkung. Bei muskulärer Übung benötigt die Muskulatur mehr Zufuhr von Sauerstoff und die schnellere Entfernung von Stoffwechselprodukten. Kreislauf und Atemsystem werden verstärkt.
Vegetativum	Bei muskulärer Kontraktion wird der Körper schon durch die Erwartung der zu erbringenden Leistung (Sportler vor dem Start) in Herz, Kreislauf und Atemsystem durch das Vegetativum beeinflusst. Mit Hilfe von Adrenalin, das in das Blut ausgeschüttet wird, kommt es zur vermehrten Atmung, Erhöhung von Druck und Frequenz des Herzschlags. Die Verteilung des Blutes wird auf Kosten der Eingeweide und der Hautgebiete, in den betroffenen Muskeln vergrößert.
Erhöhung des Herz-Minutenvolumens	Während aktiver Übungen erweitern sich die Kapillaren in den arbeitenden Muskeln und ihre Durchlässigkeit wird erhöht. Daraus folgt vermehrte Aufnahmefähigkeit der Muskeln für Blut. Es wird auch der venöse Rückstrom vermehrt durch den Druck der kontrahierenden Muskeln auf die dünnen Wände der peripheren Venen.
Wärmeregulationszentrum	Bei muskulärer Kontraktion wird sowohl der Kohlendioxidgehalt als auch die Temperatur des Blutes erhöht. Dadurch wird das Durchblutungs- und Atemzentrum zur Tätigkeit angeregt. Um einen zu starken Temperaturanstieg zu verhindern, kommt es zur Erweiterung der Hautkapillaren und Erregung der Schweißdrüsen (Verdunstungskühle).

KSP

Der KSP ist ein konstruierter Punkt, in dem man sich die Masse des Körpers konzentriert vorstellt.
Er ist Angriffspunkt aller auf den Körper wirkenden Kräfte.
Er verändert seine Lage je nach Massenverteilung.

Lokalisation

An ihm greift die zum Erdinneren gerichtete Schwerkraft an.
Der KSP befindet sich etwa in Höhe des 2. Sakralwirbels in der Mediansagittalebene.

Gleichgewicht

Im aufrechten Stand ist der Mensch um die Gelenkachsen in Fuß-, Knie-, Hüft- und Wirbelgelenken drehbar.
Er befindet sich dann im labilen Gleichgewicht, wenn der Körperschwerpunkt über den Drehpunkten liegt.
In diesem Fall trifft das vom KSP gefällte Lot – die sog. Schwerelinie – auf die Unterstützungsfläche.

Überschreitet das Schwerelot die Unterstützungsfläche,
so sind starke Muskelkräfte nötig, um den Körper vor dem Fallen zu bewahren.

Die Aste ist umso stabiler, je größer die Unterstützungsfläche ist und je tiefer der KSP über der USF liegt.

Die Aste ist umso labiler, je kleiner die USF ist und je weiter weg der KSP vom Boden ist.

Im Falle des labilen Gleichgewichtes genügen geringe Kräfte, um den Körper zum Kippen zu bringen.

Beugung – Streckung

Aste: RL
Ther.: am Bankende vor dem Fuß
Fixation: prox. Hand: distales Ende des Metatarsale I
Bewegende Hand: Basis der Grundphalanx

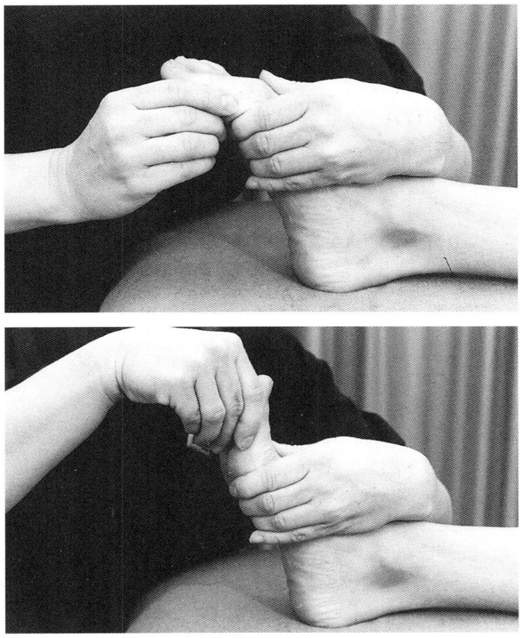

Langsames Durchbewegen durch die ganze Bahn unter leichtem Zug.

► Nicht auf den Nagel fassen!

Duktion nach medial bzw. lateral

Aste: RL
Ther.: am Bankende vor dem Fuß
Fixation: distales Endes des Metatarsale I
Bewegende Hand: Basis der Grundphalanx

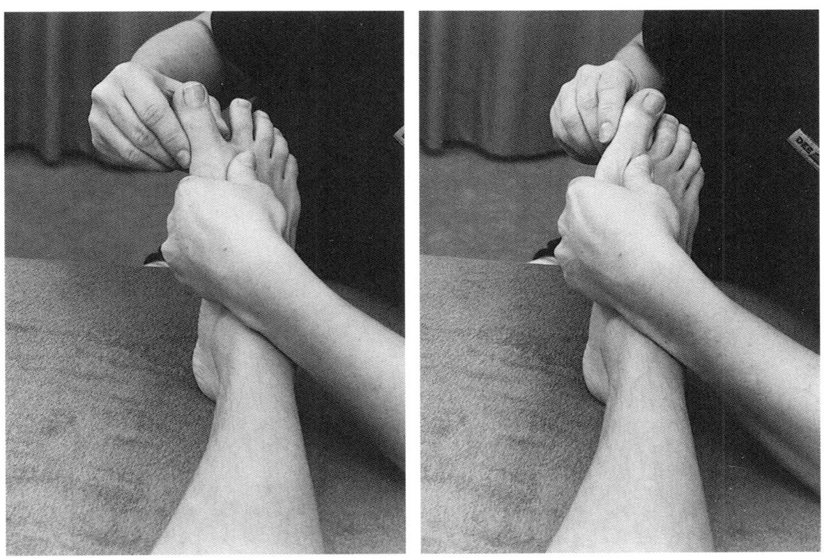

Alle übrigen Zehengelenke werden entsprechend bewegt.

Bewegen

Passives Bewegen **Fuß**

Dorsalflexion

Aste: RL, Knie unterlagert
Ther.: am Bankende vor dem Pat.
Fixation: oberhalb des Kalkaneus
Bewegende Hand: Mittelfuß Daumen plantar

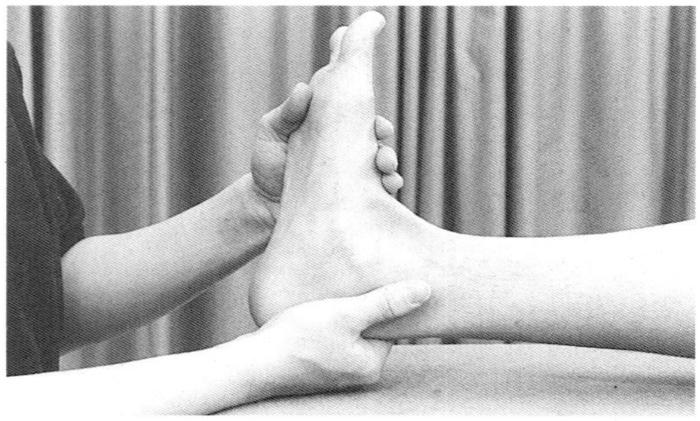

Bewegen durch die gesamte Bewegungsbahn mit leichtem Zug am Kalkaneus.

Plantarflexion

Aste: RL
Ther.: am Bankende vor dem Fuß
Fixation: distales Ende des Unterschenkels
Bewegende Hand: Mittelfuß Daumen plantar

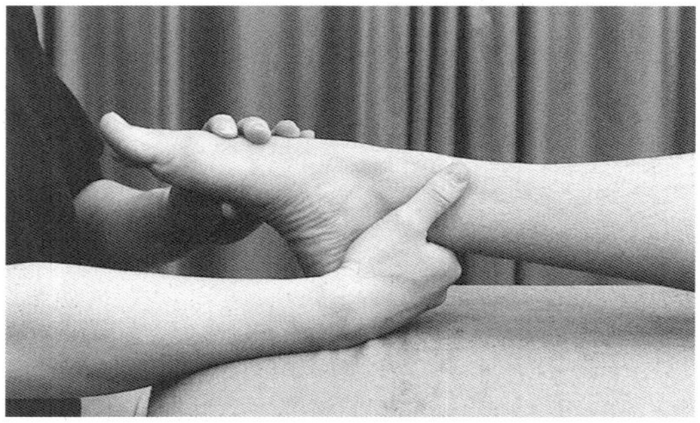

► Mitbewegung des Unterschenkels vermeiden Kalkaneus nach posterior-superior.

Varus-Valgus-Bewegung bzw. Pronation und Supination

Aste: RL
Ther.: am Bankende vor dem Pat.
Fixation: Kalkaneus
Bewegende Hand: Vorfuß distal der prox. Tarsalgelenke

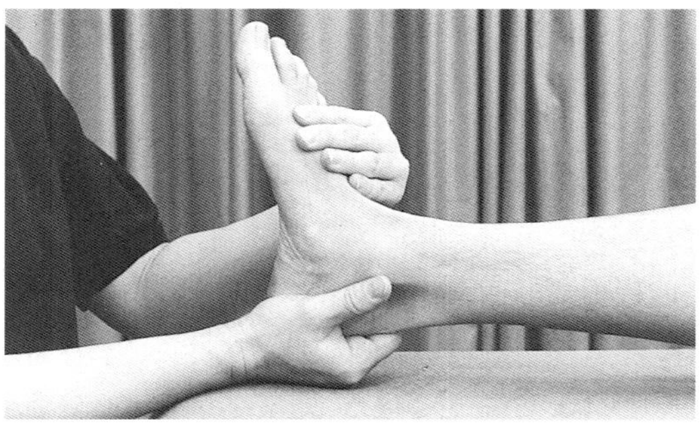

Komplexes passives Bewegen, da es sich um eine Kombinationsbewegung handelt.

Wenn der Kalkaneus nach valgus (lateral) bewegt wird, wird gleichzeitig der Vorfuß in Abduktion und Pronation bewegt.

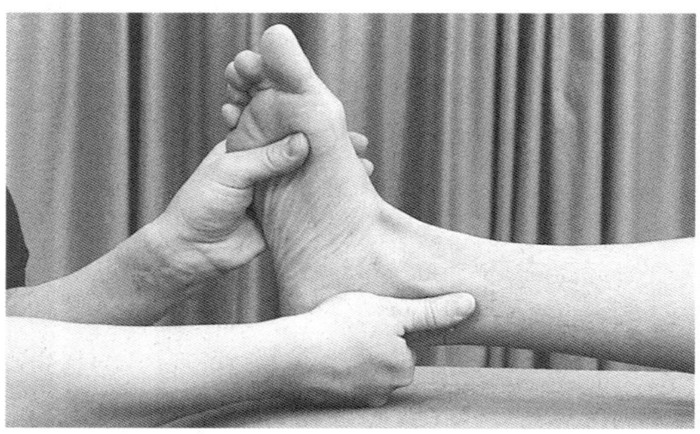

Während der Kalkaneus nach varus (medial) bewegt wird, wird gleichzeitig der Vorfuß in Adduktion und Supination bewegt.

Mitbewegung des Beines bzw. Unterschenkels vermeiden!

Bewegen

Aktives Bewegen **Fuß und Zehen**

Aste: RL,
Beine gestreckt

Bewegung:
Fußspitzen hochziehen und wieder nach plantar bewegen. Kann auch im Wechsel geschehen.

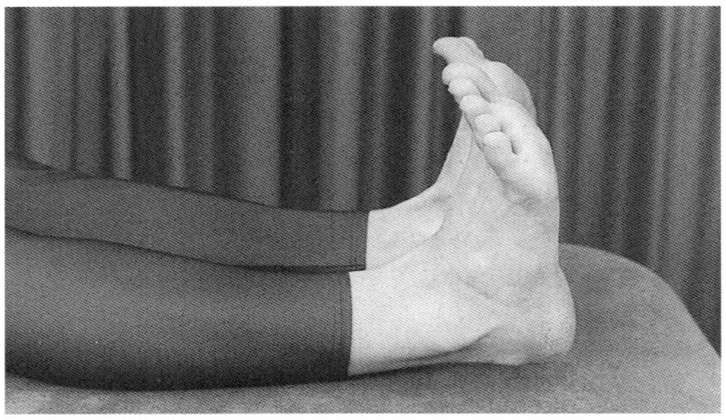

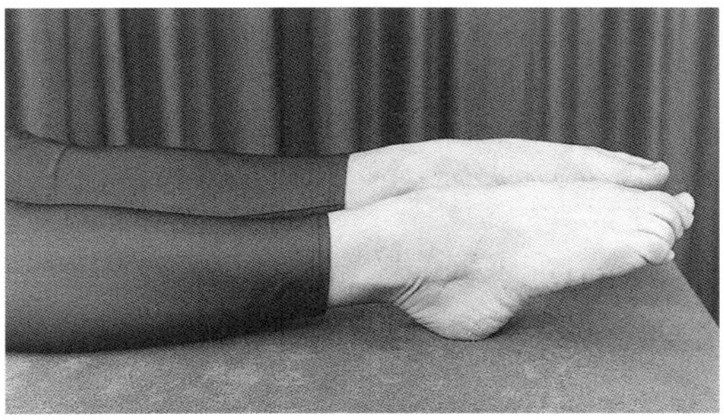

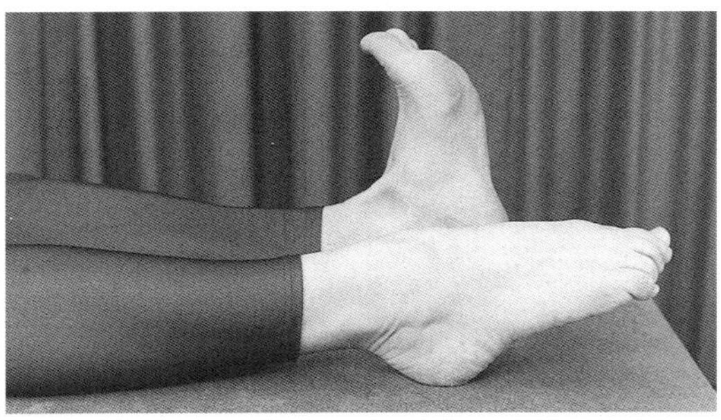

Als freies Bewegen in intermittierender Dauerform kann es zur Anregung der Durchblutung, zur Entstauung oder als langsam steigernde Kreislaufbelastung (z.B. nach Herzinfarkt) erfolgen.
Tempo: Sekundentakt.
Beim Kreisen der Füße wird aus dem einfachen freien Bewegen komplexes freies Bewegen.

Aste: RL,
Beine ausgestreckt

Bewegung:
Die gestreckten Beine werden um ihre Längsachse nach innen und nach außen rotiert.

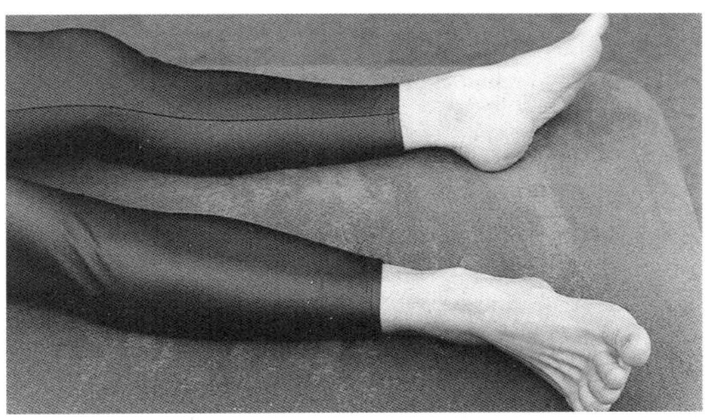

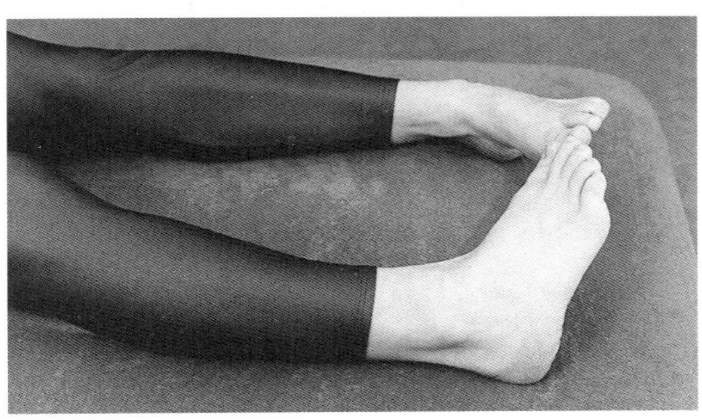

Diese Übung ist z.B. bei Pat. nach Herzinfarkt schonender als das nachfolgende Anziehen der Beine, da sie in der Horizontalen erfolgt.

Beugung – Streckung

1. Variante: kleine Bewegung

Aste: RL
Ther.: seitlich am Bankrand, dem Bein des Pat. zugewandt
Fixation: auf dem Oberschenkel des anderen Beines
Bewegende Hand: an der Ferse von plantar, Fuß in Dorsalflexion unterstützt

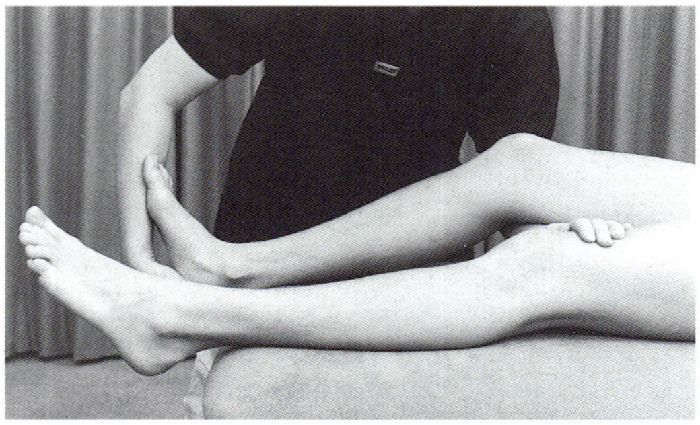

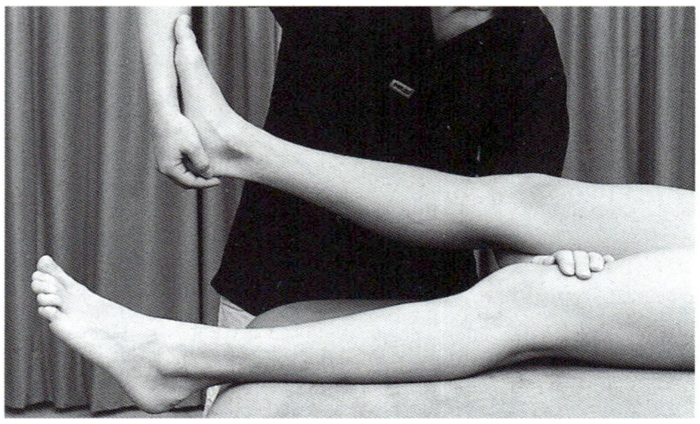

Der Oberschenkel wird vom Ther. gestützt, die Bewegung beschränkt sich auf den Unterschenkel und bleibt entsprechend klein.

> Wenn der Patient ganz am Bankrand liegt, kann der Unterschenkel seitlich außerhalb der Bank in die Beugung bewegt werden.

Beugung – Streckung des gesamten Beines

2. Variante: große Bewegung

Aste: RL
Ther.: seitlich am Bankrand, dem Bein des Pat. zugewandt
Fixation: keine
Bewegende Hand: an der Ferse von plantar, Fuß in Dorsalflexion unterstützt

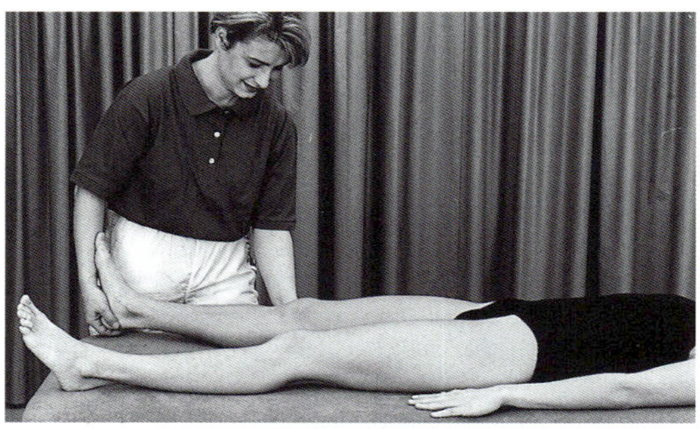

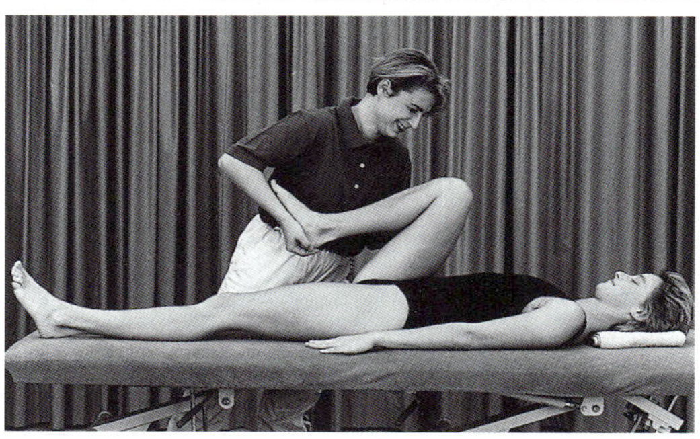

Komplexes passives Bewegen, da die Bewegung in mehreren Gelenken geschieht.

Ober- und Unterschenkel werden zugleich bewegt, so dass auch eine Hüftflexion entsteht.

Am Ende der Bewegungsbahn wird der Unterschenkel gegen den Oberschenkel gepresst. Man hält seitlich am Oberschenkel dagegen.

Beugung und Streckung

Aste: SL
obenliegendes Bein auf einem Polster gelagert
Ther.: steht vor dem Pat.
Stabilisation: oberhalb des Kniegelenkes
Unterstützungsgriff: unter dem Unterschenkel

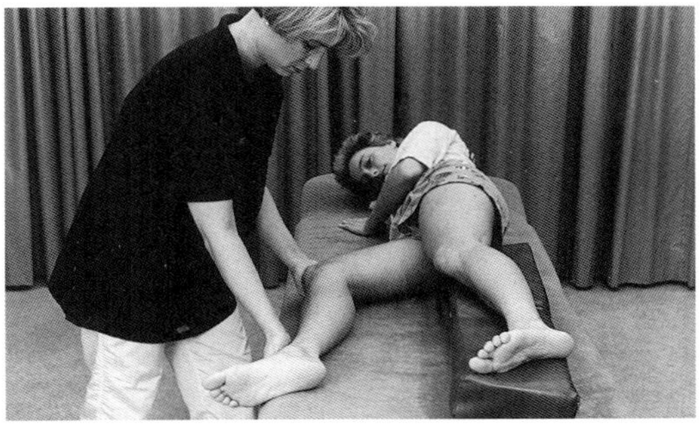

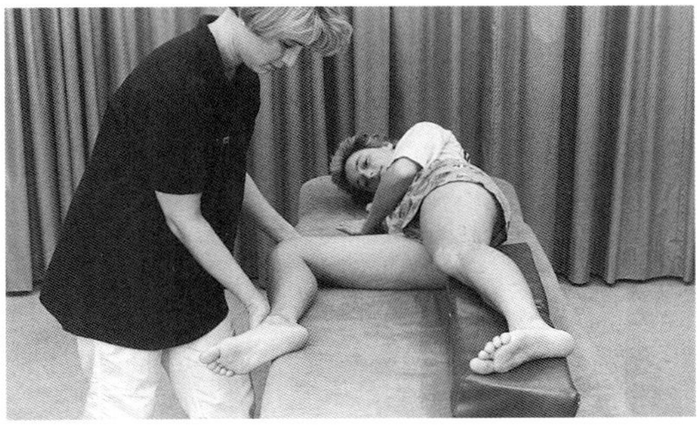

Der Pat. wird aufgefordert, im Hüftgelenk zu beugen und zu strecken. Dabei erfolgt zwangsläufig eine Beugung und Streckung im Kniegelenk.

Die Bewegung erfolgt hubfrei.

Beugung und Streckung

Aste: Sitz am Bankrand
Ther.: kniet auf der Seite des bewegten Beines
Stabilisation: oberhalb des Kniegelenkes
Unterstützungsgriff:
am Unterschenkel

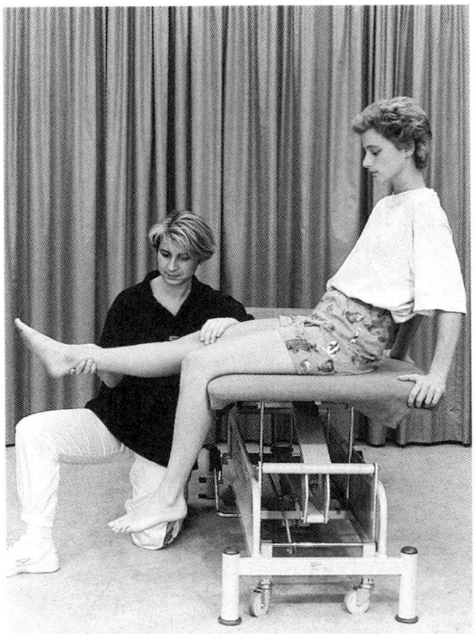

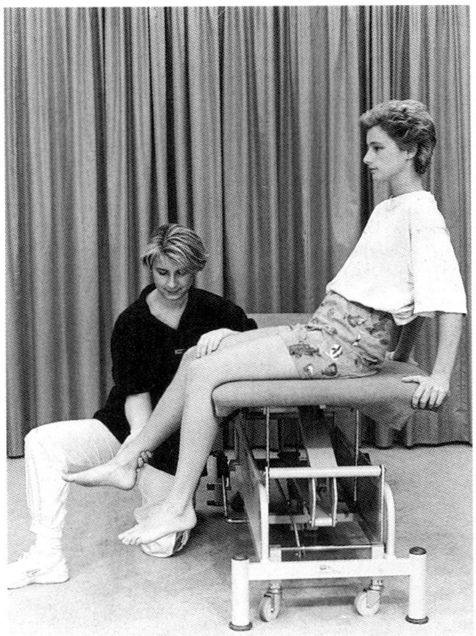

Wenn die Umdrehungsachse vertikal steht, erfolgt die Bewegung unter hubfreien Bedingungen. Die Muskulatur muss nur bewegen, nicht heben und nicht bremsen, auch nicht halten. Dies ist für unterstütztes Bewegen die schonendste Bedingung, z.B. bei stark reduzierter Kraft. Hubarm erfolgt eine Bewegung um eine horizontale Achse, jedoch mit möglichst kurzem Hebel und wenig Gewicht.

Der Pat. wird aufgefordert, im Kniegelenk zu beugen und zu strecken.

Der Patient soll sich etwas zurücklehnen, damit keine Ischiokruralenbremse eintritt.

Beugung

Aste: RL
Ther.: seitlich am Bankrand, dem Bein des Pat. zugewandt
Fixation: am gegenüberliegenden Becken
Bewegende Hand: in der Kniekehle, Unterschenkel liegt im Untergriff auf dem Unterarm.

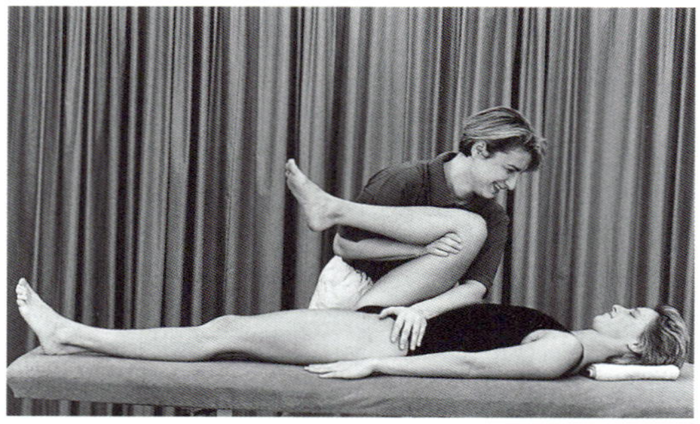

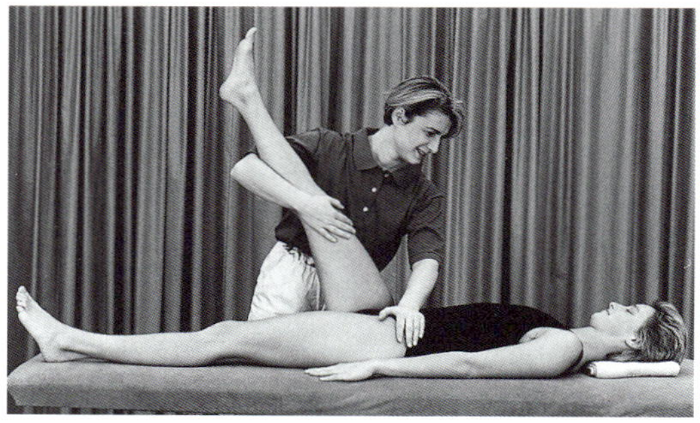

Beachte:
Der Oberschenkel durch die ganze Bahn in die Flexion bewegen.

Variante: mit gestrecktem Bein, da manchmal das Knie fixiert werden muss, bzw. nicht mitbewegt werden darf.

► **Achtung:**
Ischiokruralenbremse.

Beugung – Streckung

Aste: SL
Ther.: hinter dem Pat.
Fixation: am Becken
Bewegende Hand: dist. Hand umfasst von unten den Oberschenkel, der Unterschenkel wird auf dem Unterarm abgelegt und mitgeführt.

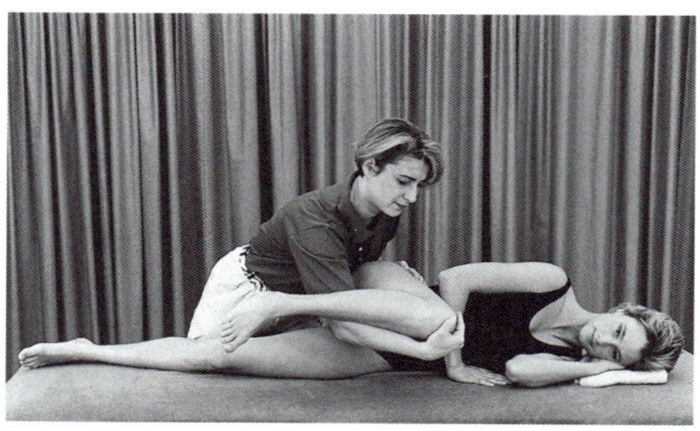

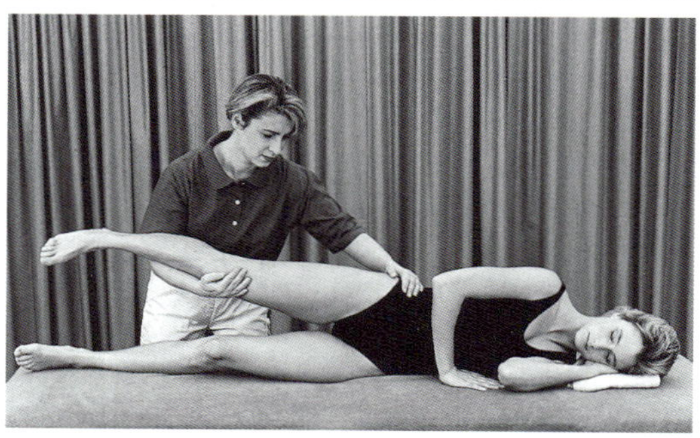

Der Oberschenkel bewegt durch die ganze Bahn in die Flexion und dann in die Extension.

Achten auf stabile Beckenstellung.

Beugung und Streckung

Aste: RL
Ther.: steht auf der Seite des bewegten Beines
Stabilisation: keine
Unterstützungsgriff: am Unterschenkel.

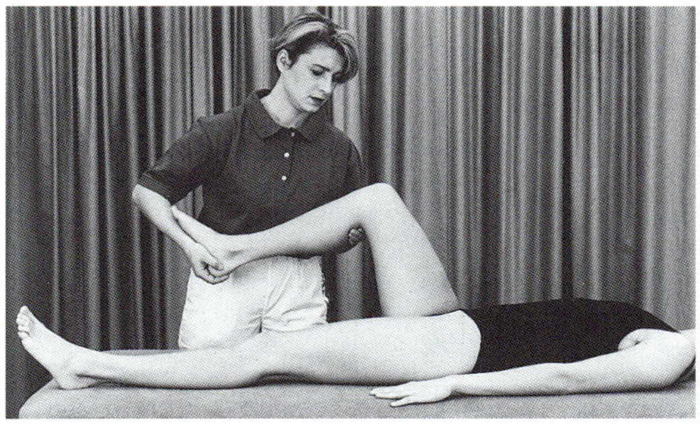

Komplexes unterstütztes Bewegen, da mehrere Gelenke an der Bewegung beteiligt sind.

Der Pat. wird aufgefordert, das Bein anzubeugen und zu strecken.

Die Streckung geht nur bis zur Nullstellung.
Die Bewegung erfolgt in zwei Gelenken um je eine Achse (Hüft- und Kniegelenk).

Beugung und Streckung

Aste: SL
Ther.: steht hinter dem Pat.
Stabilisation: keine
Unterstützungsgriff: unterhalb des Oberschenkels und am Unterschenkel.

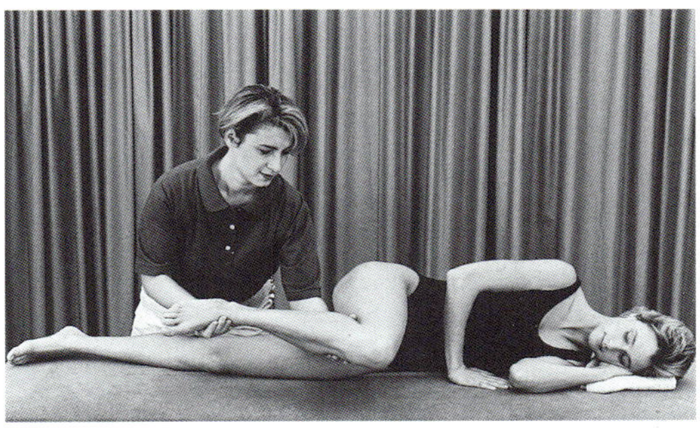

Der Pat. wird aufgefordert, das Bein im Hüftgelenk zu beugen und zu strecken. Die Bewegung erfolgt hubfrei.

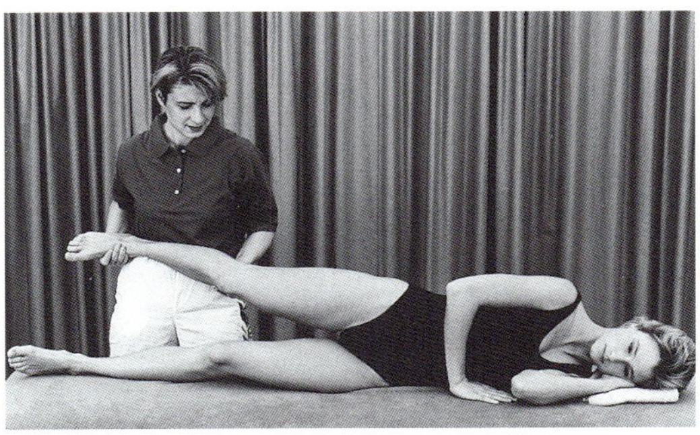

Sowohl die Beugung auch die Streckung kann durch die ganze Bahn durchgeführt werden.

Becken stabil halten!

Bewegen

Freies aktives Bewegen **Gesamtes Bein**

Aste: RL

Bewegung: der Pat. beugt das Bein in Knie- und Hüftgelenk an und streckt es anschließend wieder aus.

Auf die Einhaltung der Spur achten: die Bewegung erfolgt in der Sagittalebene.
Im Wechsel bewegen.

Nur ein Bein gleichzeitig bewegen.
Sollen beide Beine gleichzeitig bewegt werden (z.B. in der Luft Rad fahren) muss sichergestellt sein, dass der Pat. das leisten kann.

Abduktion

Aste: RL
Ther.: seitlich neben dem Patienten
Fixation:
gegenüberliegendes Becken
Bewegende Hand: umfasst von unten den Oberschenkel des Pat., der Unterschenkel liegt auf dem Unterarm.

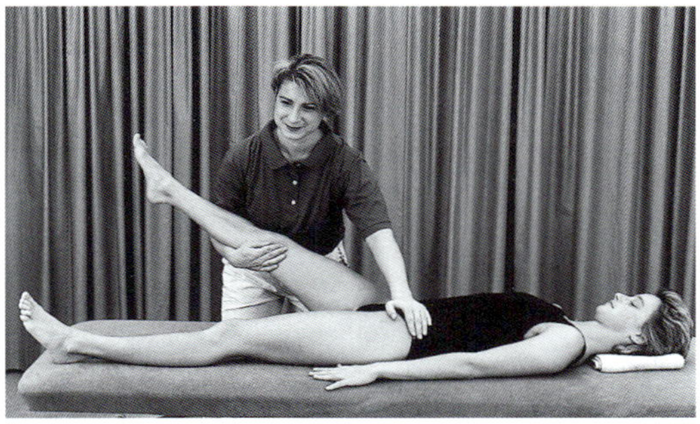

Aus dieser Position wird das Bein zur Seite in die Abduktion bewegt. Es ist darauf zu achten, dass diese Bewegung achsengerecht erfolgt und ein Ausweichen in die Flexion und Außenrotation vermieden wird.
Die Bewegung ist zu Ende, wenn eine Mitbewegung des Beckens erfolgen würde.

Adduktion

Aste: RL
Das nicht bewegte Bein ist über das andere gestellt, um die Bewegung in die Adduktion nicht zu behindern.
Ther.: seitlich neben dem Pat. auf der gegenüberliegenden Seite
Fixation:
gegenüberliegendes Knie oder Becken
Bewegende Hand: umfasst von unten den Oberschenkel des Pat., der Unterschenkel liegt auf dem Unterarm.

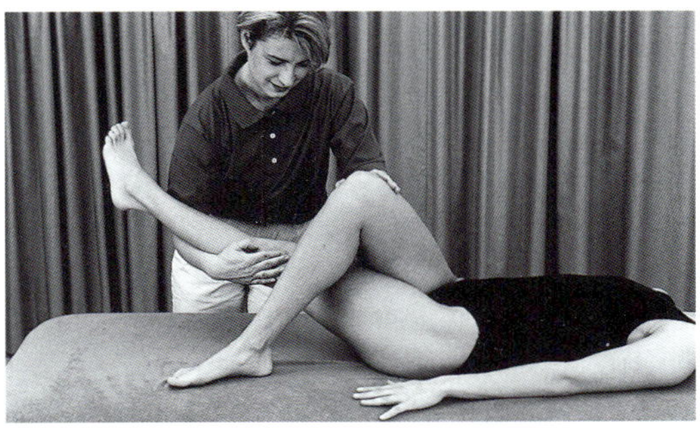

Aus dieser Position wird das Bein zur Seite in die Adduktion bewegt. Es ist darauf zu achten, dass diese Bewegung achsengerecht erfolgt.
Die Bewegung ist zu Ende, wenn eine Mitbewegung des Beckens erfolgen würde.

In beiden Fällen wird die Bewegung bei gestrecktem Bein von muskulären Strukturen begrenzt: die Adduktion durch den M. tensor fasciae latae, die Abduktion durch den M. gracilis. Dies sind jeweils physiologische Bremsen.

Ab- und Adduktion

Aste: RL
Ther.: steht auf der Seite des bewegten Beines
Stabilisation: keine
Unterstützungsgriff: am Unter- und Oberschenkel.

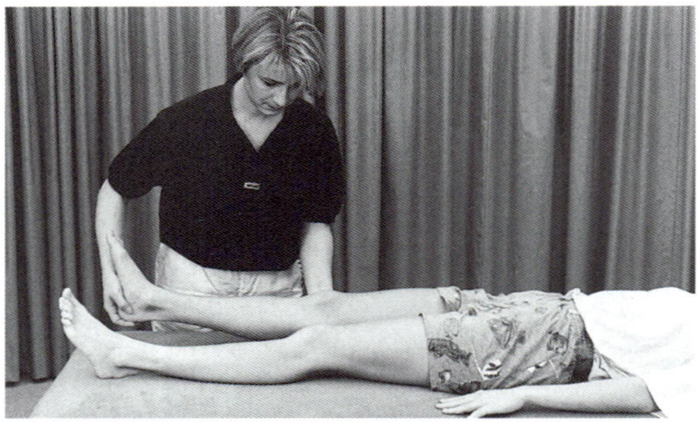

Der Pat. wird aufgefordert, das gesamte Bein abzuspreizen und wieder heranzuziehen.

Die Bewegung erfolgt hubfrei.
Die Bewegung kann durch das gesamte Bewegungsausmaß durchgeführt werden.

Der Therapeut sorgt dafür, daß es keinen Reibungswiderstand gibt.

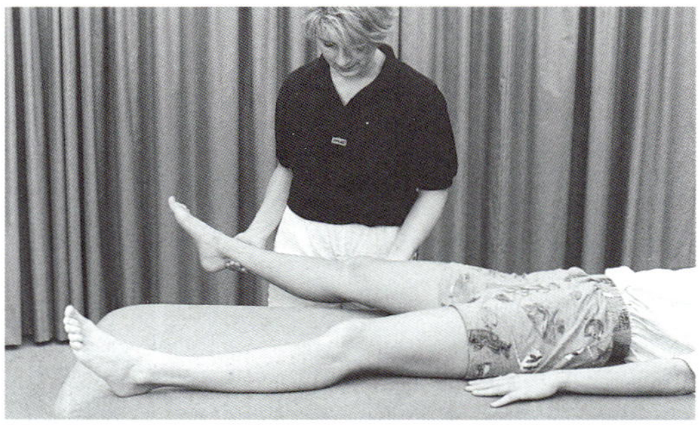

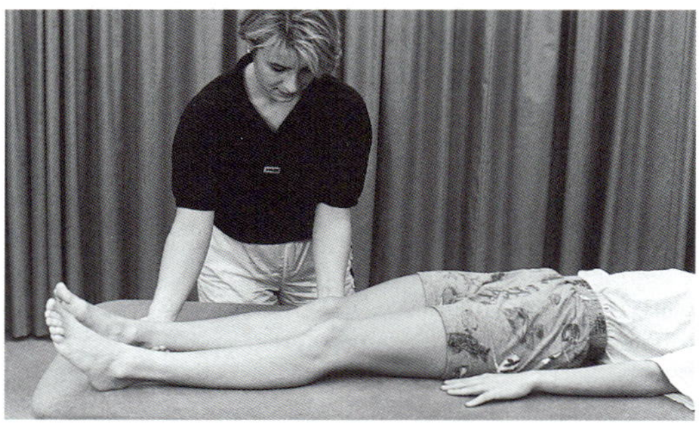

Abduktion

Aste: SL, unteres Bein gebeugt, oberes Bein gestreckt
Ther.: steht hinter dem Pat.
Stabilisation: Pat. selbst am Becken, um es stabil zu halten
Unterstützungsgriff: unterhalb des Beines, obenliegende Hand gibt Führungskontakt

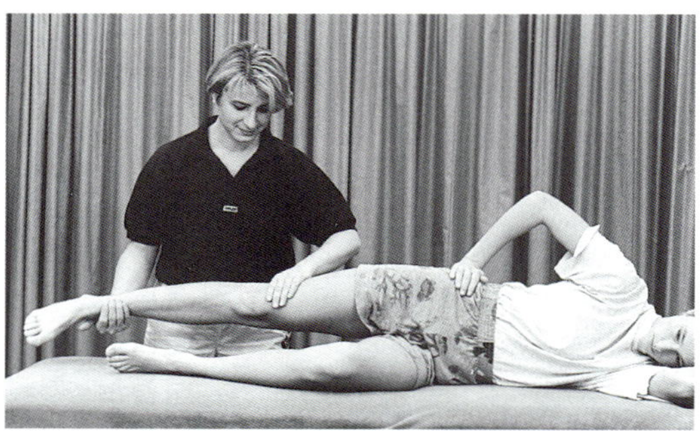

Der Pat. wird aufgefordert, das Bein in Richtung Zimmerdecke zu bewegen.

> Die Bewegung erfolgt gegen die Schwerkraft. Gute Fixation und exakte Abnahme des Beingewichtes je nach Kraft des Pat.

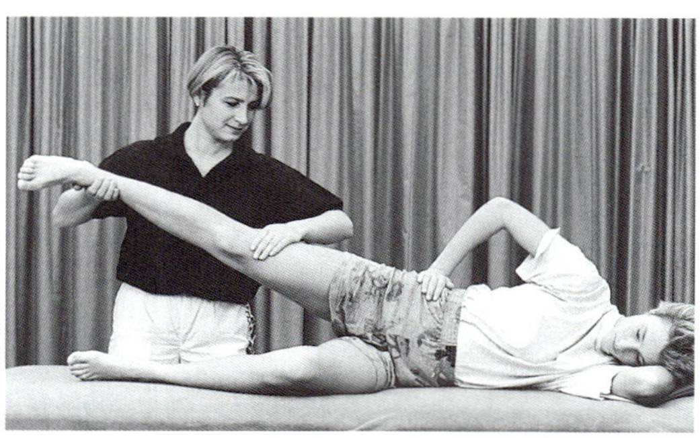

Außenrotation ✗

Aste: RL
Ther.: seitlich neben dem Pat.
Fixation: gegenüberliegendes Becken
Bewegende Hand: Das zu bewegende Bein ist im Hüftgelenk und Kniegelenk um 90° gebeugt, wobei der Oberschenkel senkrecht und der Unterschenkel waagerecht steht. Der Ther. lagert den Unterschenkel auf seinen Unterarm.

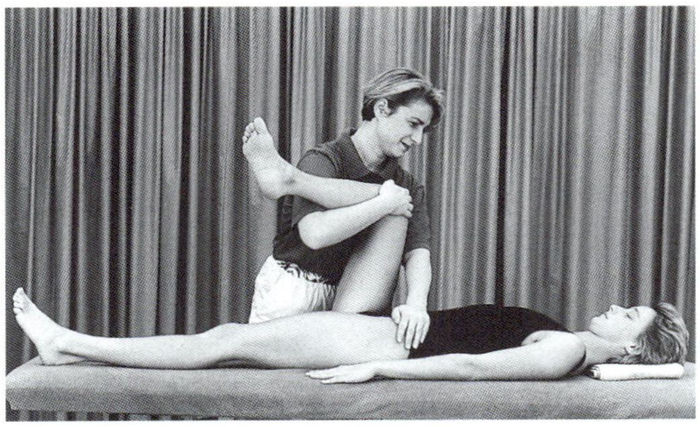

Mit einer Bewegung aus dem Körper heraus wird der Oberschenkel in Außenrotation gebracht, d.h. der Unterschenkel wird nach innen bewegt.
Die Bewegung ist zu Ende, wenn eine Mitbewegung des Beckens beobachtet wird.

Innenrotation ✗

Aste RL
Ther.: seitlich neben dem Patienten
Fixation: gegenüberliegendes Becken
Bewegende Hand: Das zu bewegende Bein ist im Hüftgelenk und Kniegelenk um 90° gebeugt, wobei der Oberschenkel senkrecht und der Unterschenkel waagerecht steht. Der Ther. lagert den Unterschenkel im Untergriff und umfasst das Knie.

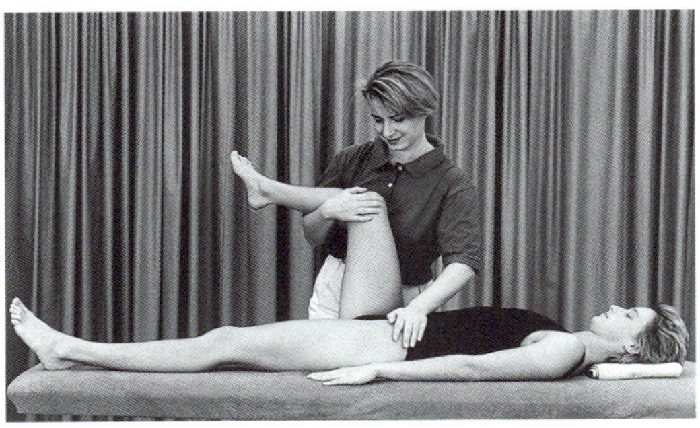

Mit einer Bewegung aus dem Körper heraus wird der Oberschenkel in Innenrotation gebracht, d.h. der Unterschenkel wird nach außen bewegt.
Die Bewegung ist zu Ende, wenn eine Mitbewegung des Beckens beobachtet wird.

Innen- und Außenrotation

Aste: RL, Bein im Hüftgelenk um 90° gebeugt
Ther.: steht auf der Seite des bewegten Beines
Stabilisation: keine
Unterstützungsgriff:
an der Ferse.

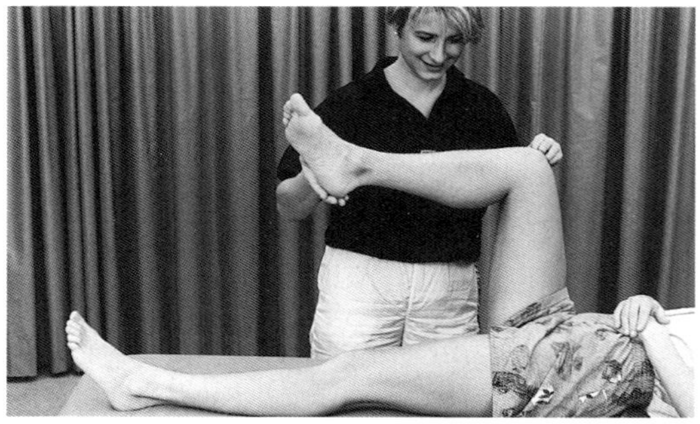

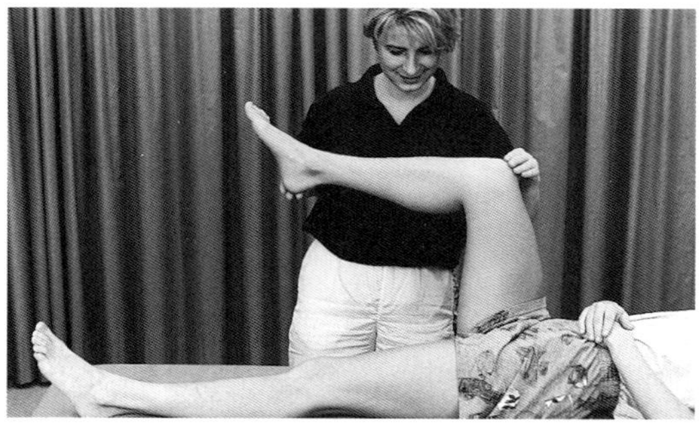

Darauf achten, dass während der Bewegung der Oberschenkel vertikal bleibt.
Die Bewegung ist dann hubfrei.

Innen- und Außenrotation

Aste: Sitz am Bankrand, der Unterschenkel hängt herab.
Ther.: steht vor dem Pat.
Stabilisation:
keine, nur Kontakt am Oberschenkel
Unterstützungsgriff:
an der Ferse.

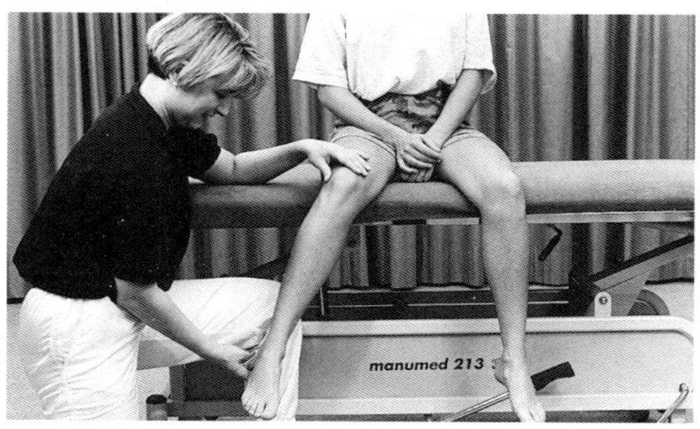

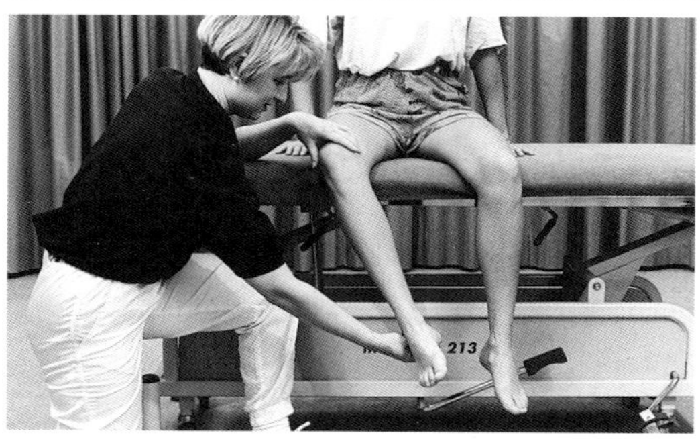

Der Pat. wird aufgefordert, den Unterschenkel nach außen und nach innen zu bewegen.

Darauf achten, dass der Pat. mit beiden Sitzbeinhöckern den Bankkontakt behält.

Aste: Sitz auf dem Hocker

Bewegung:
im Wechsel die Füße auf die Fersen und auf die Fußspitzen bewegen.
Das Abheben und Hochziehen der Fußspitzen kann gleichzeitig oder abwechselnd erfolgen.

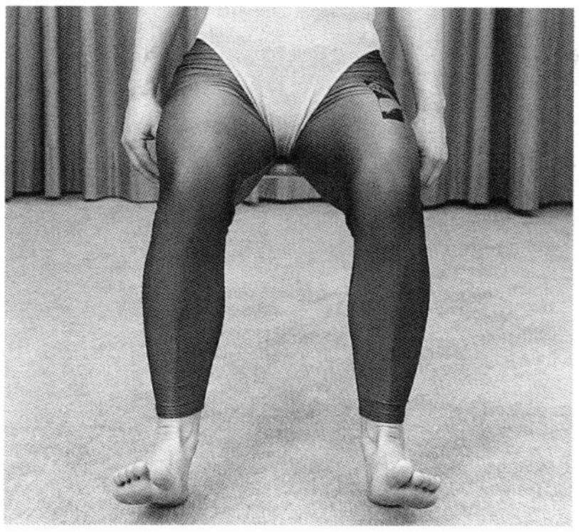

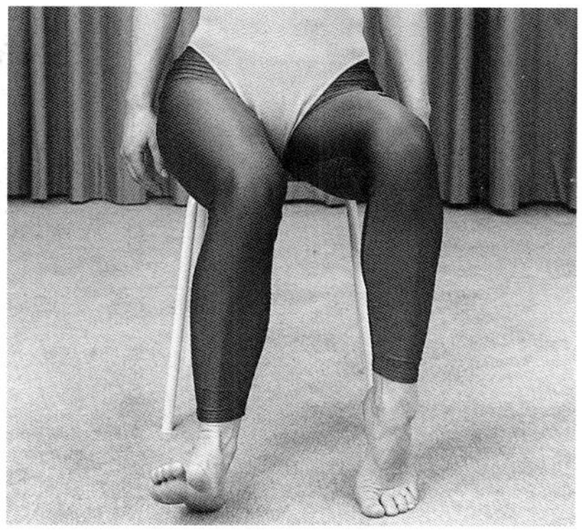

In intermittierender Dauerform kann diese Übung zur Anregung des Kreislaufs, zur Entstauung und zum Trainingsaufbau in halbbelasteter Position, z.B. bei Pat. nach Herzinfarkt dienen.

Aste: Sitz auf dem Hocker

Bewegung:
ein Knie hochheben, den Unterschenkel ausstrecken, wieder heranziehen und das Bein abstellen, wechseln zwischen rechtem und linkem Bein.

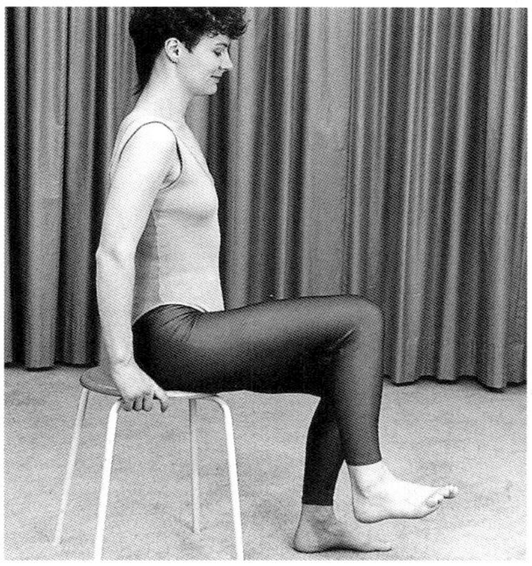

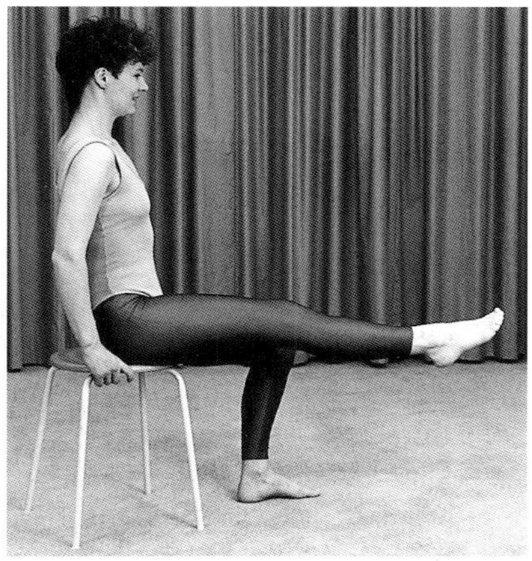

Aste: Sitz auf dem Hocker

Bewegung:
ein Knie anheben, das Bein zur Seite abspreizen, abstellen, hochheben und wieder zurückführen.

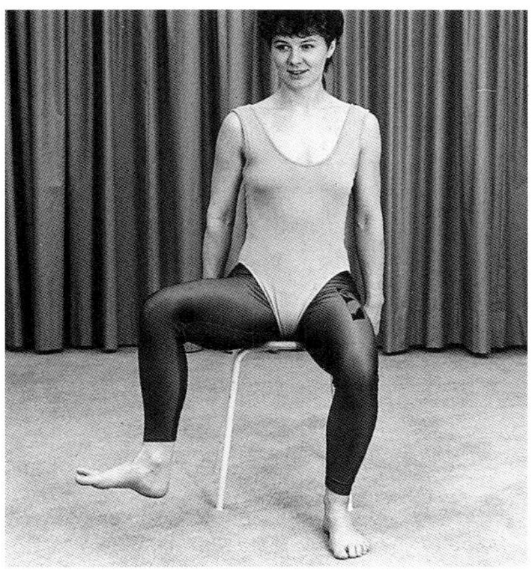

Diese Übung dient in intermittierender Dauerform zur Steigerung der Herz-Kreislauf-Belastung. Sie kann auch zu Mobilisierung des Hüftgelenkes herangezogen werden.

Flexion – Extension MCP II

Aste: Sitz, Unterarm auf dem Behandlungstisch abgelegt
Ther.: Sitz oder Stand
Fixation: Köpfchen des Metakarpale II im Lumbrikalgriff
Bewegende Hand: Grundphalanx von den Seiten.

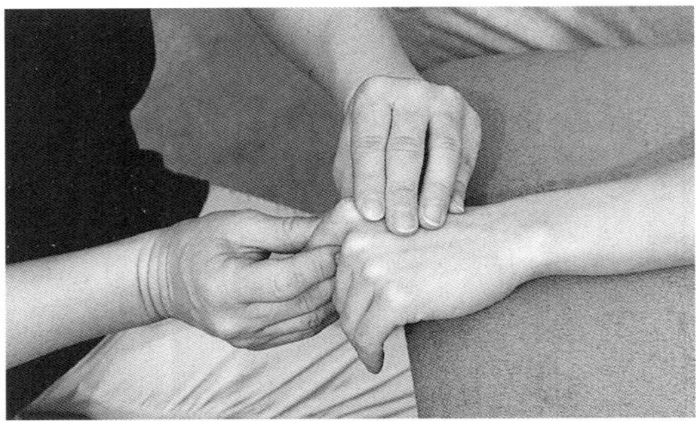

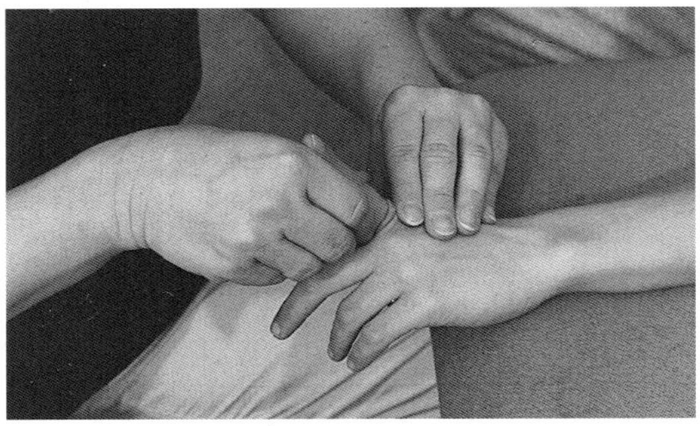

Aus der Neutralstellung wird die Grundphalanx in die Extension bzw. Flexion bewegt. Das PIP-Gelenk soll leicht gebeugt sein, damit die Fingerflexoren die Bewegung nicht begrenzen.

Alle übrigen MCP-Gelenke werden nach derselben Vorgabe bewegt.

Radiale – ulnare Duktion MCP II

Aste: Sitz, Unterarm auf dem Behandlungstisch abgelegt
Ther.: Sitz oder Stand
Fixation: Köpfchen des Metakarpale MCP II
Fixation: Köpfchen des Metakarpale II
Bewegende Hand: Grundphalanx.

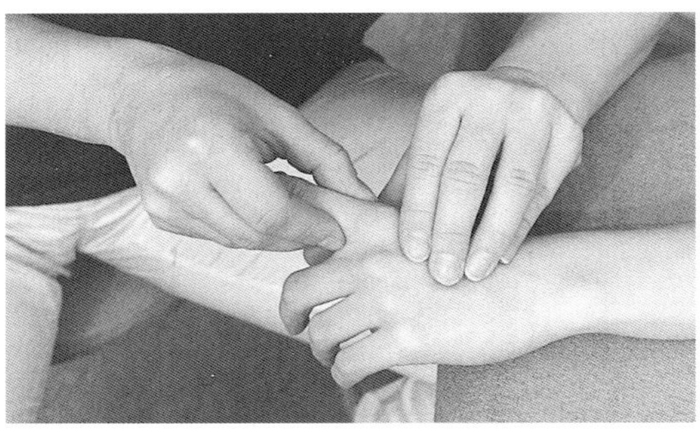

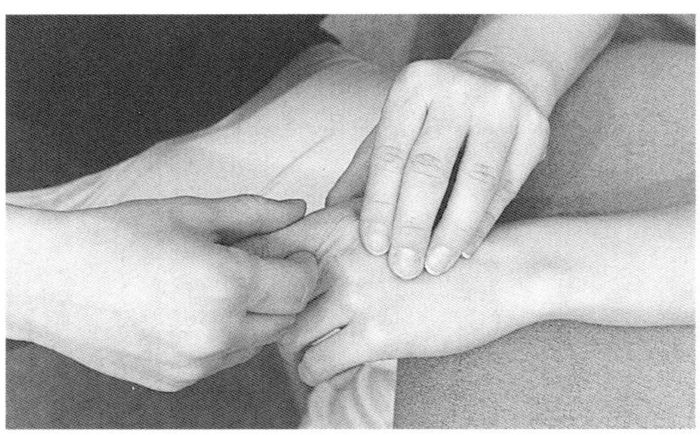

Aus der Neutralstellung wird die Grundphalanx in die radiale bzw. ulnare Duktion bewegt.

Alle übrigen MCP-Gelenke werden nach derselben Vorgabe bewegt.

Opposition - Reposition

Aste: Sitz, Unterarm auf dem Behandlungstisch abgelegt
Ther.: Sitz oder Stand
Fixation: Os trapezium und Hand
Bewegende Hand: Metakarpale I.

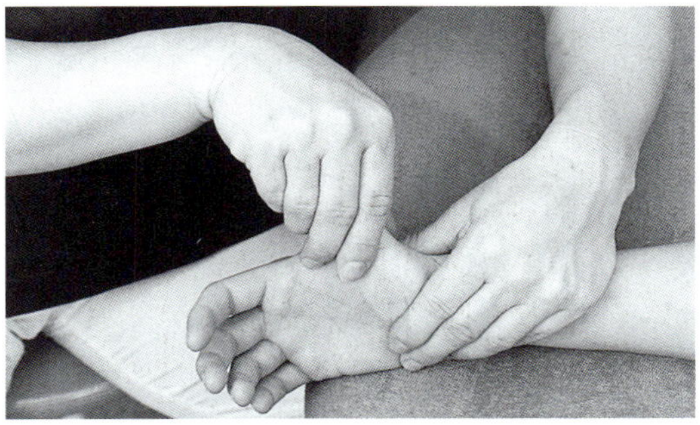

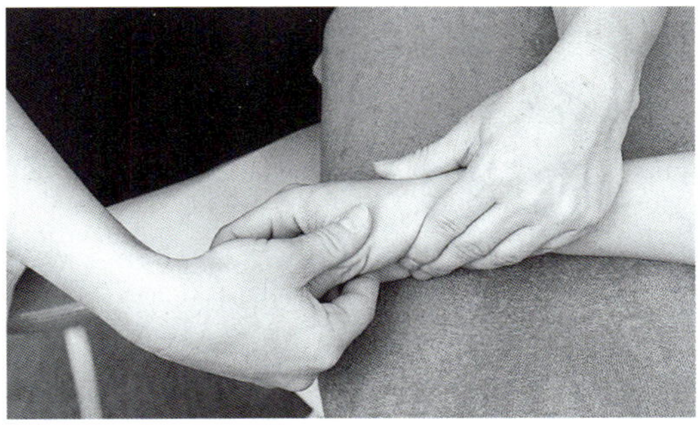

Beachte: es handelt sich um komplexes passives Bewegen
Das Metakarpale wird von der Nullposition in die Reposition (= Kombination von radialer Abduktion, dorsaler Adduktion und Supination) und dann in die Opposition (= Kombination von palmarer Abduktion, ulnarer Adduktion und Pronation) bewegt.

Es soll darauf geachtet werden, dass die Bewegungskombination harmonisch erfolgt und die Rotation in die Bewegung einbezogen wird.

Anatomisch gesehen ist das Daumensattelgelenk zweiachsig, funktionell gesehen ist es ein Kugelgelenk: bei der Opposition und bei der Reposition erfolgt eine Rotation um die Längsachse des Metakarpale I.

→ achsengerecht
Sattelgelenk (Metacarpale I + os trapezium): Ext. / Flex.
Abd. / Add.
→ Daumen genau Zeigefinger gegenüber
↳ ran = Add., abspreizen = Abd.
→ Daumen gegenüber Zeigefinger
↳ nach außen = Ext., zu kleinen Finger = Flex.

Grundgelenk } Ext. / Flex.
Endgelenk }

kombinierte Beweg. Opposition / Reposition

mit Daumenspitze an Grundgelenk des MC 5 = Opposition
Gegenbewegung = Reposition

Dorsalflexion

Aste: Sitz, Unterarm auf dem Behandlungstisch abgelegt
Ther.: Sitz oder Stand
Fixation: seitlich oberhalb vom Handgelenk
Bewegende Hand: umfasst von ulnar mit Finger auf Handrücken die Hand am Karpus und Metakarpus, (Daumen in der Handfläche) die Finger bleiben frei.

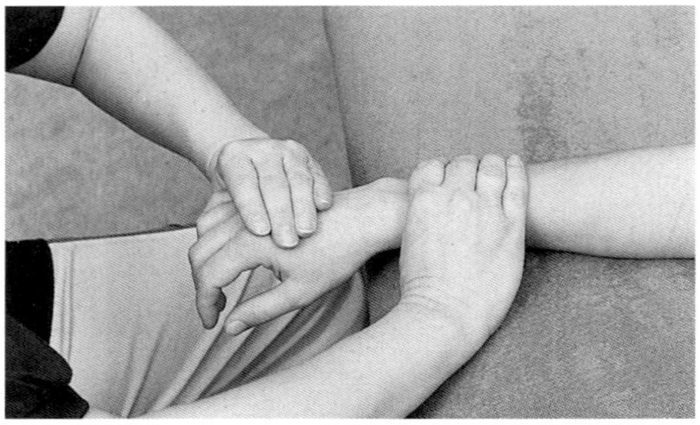

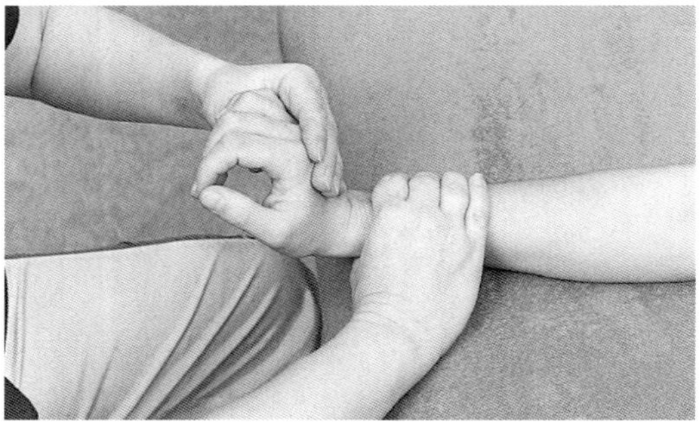

Langsames, zügiges Bewegen aus der Nullposition durch die gesamte Bewegungsbahn in die Dorsalflexion.

Volarflexion

Aste: Sitz, Unterarm auf dem Behandlungstisch abgelegt
Ther: Sitz oder Stand
Fixation: seitlich oberhalb vom Handgelenk
Bewegende Hand: umfasst von ulnar die Hand am Karpus und Metakarpus (Finger auf Handrücken), die Finger bleiben frei.

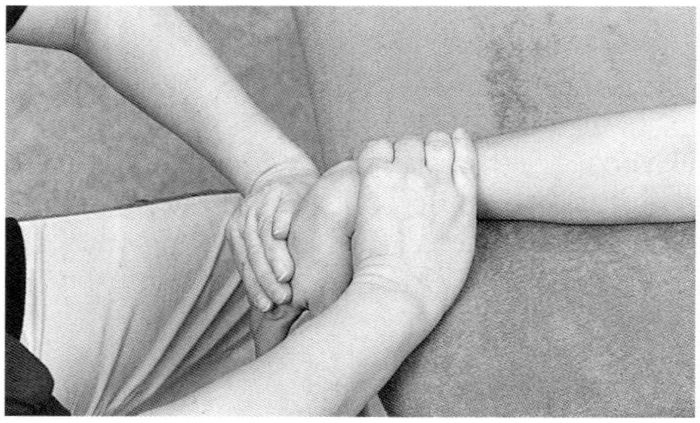

Langsames, zügiges Bewegen aus der Nullposition durch die gesamte Bewegungsbahn in die Volarflexion.

Dorsal-Volarflexion

Aste: Sitz, Unterarm mit der **ulnaren Seite** auf dem Behandlungstisch abgelegt Daumen zur Decke gerichtet

Hand im Überhang

Ther.: Sitz oder Stand
Fixation: oberhalb vom Handgelenk
Bewegende Hand: umfasst von radial den Karpus und den Metakarpus (Daumen bleibt frei).

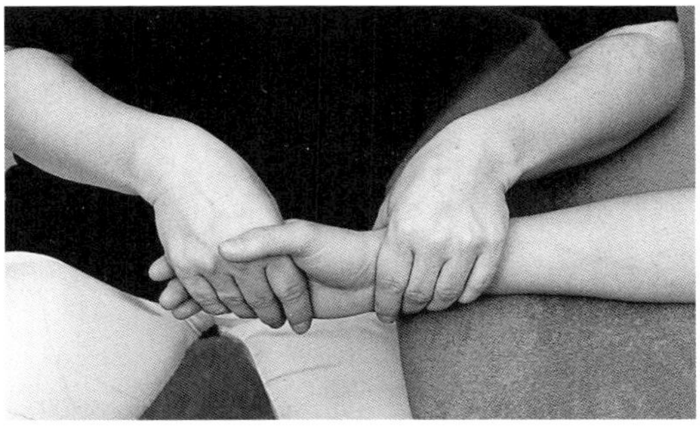

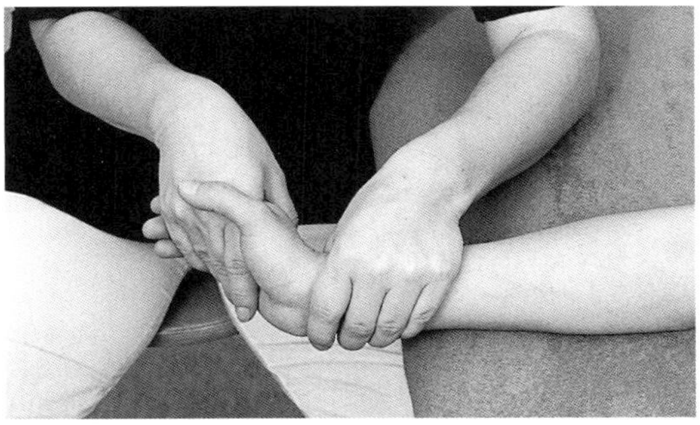

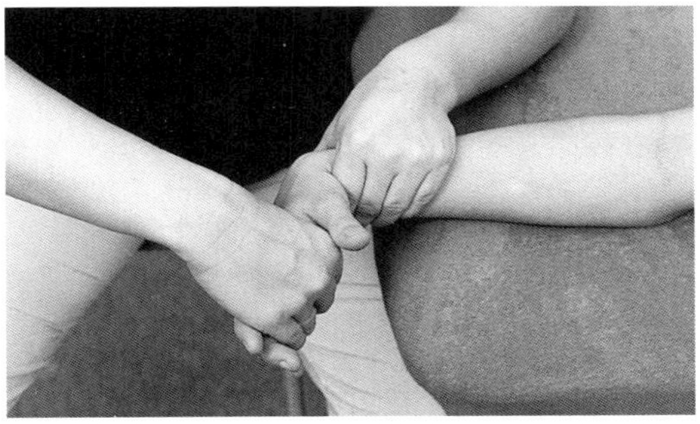

Zügiges rhythmisches Bewegen durch die ganze Bewegungsbahn von der Flexion in die Extension, bzw. von der Extension in die Flexion.

Beachte: aktiv-assistives Bewegen kann wie das passive Bewegen erfolgen:
die bewegende Hand des Ther. wird dann zur unterstützenden Hand. Die Bewegung ist für den Pat. hubfrei.
Nach dem passiven und aktiv-assistiven Bewegen wird der Pat. aufgefordert, die Bewegung alleine durchzuführen. Dabei wird darauf geachtet, dass die Bewegung geradlinig und flüssig erfolgt. Erst danach schließen resistive Bewegungen an.

Radiale Abduktion

Aste: Sitz, Unterarm auf dem Behandlungstisch abgelegt, Hand im Überhang
Ther.: Sitz oder Stand
Fixation: von ulnar oberhalb des Handgelenks
Bewegende Hand: umfaßt Karpus und Metakarpus von radial (Daumen auf Handrücken).

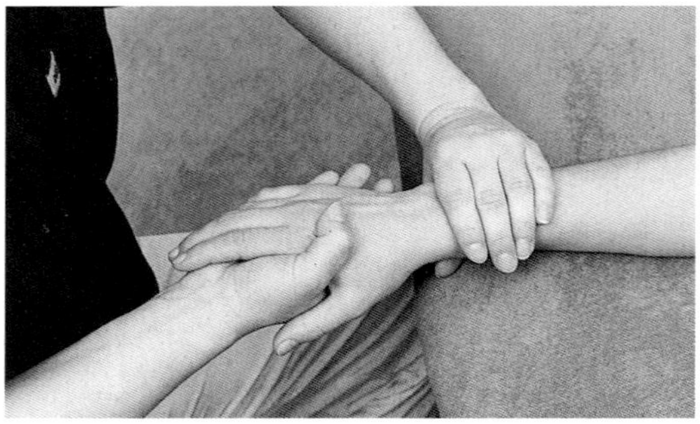

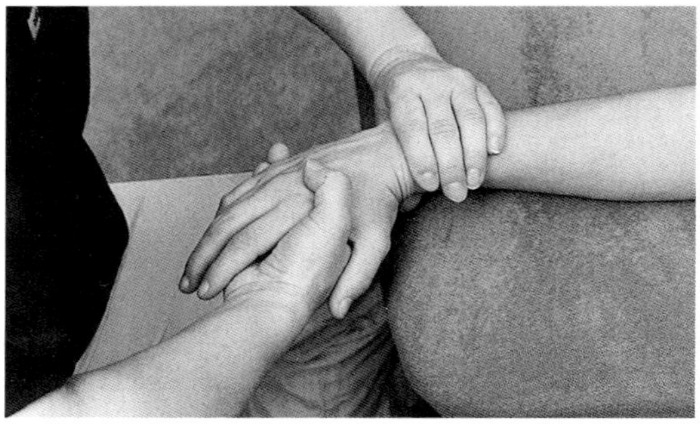

Langsames, zügiges Bewegen durch die ganze Bewegungsbahn aus der Nullposition in die radiale Duktion bei gutem Gegenhalt am Unterarm.

Vorteil: man muss nicht umgreifen.

Ulnare Abduktion

Aste: Sitz, Unterarm auf dem Behandlungstisch abgelegt, Hand im Überhang
Ther.: Sitz oder Stand
Fixation: von ulnar oberhalb des Handgelenks
Bewegende Hand: Hand umfasst Karpus und Metakarpus von radial (Daumen auf Kleinfingerseite, Finger zwischen Daumen und Metakarpale II).

Langsames, zügiges Bewegen durch die ganze Bewegungsbahn aus der Nullposition in die ulnare Duktion bei gutem Gegenhalt am Unterarm.

Anmerkung:
auch diese Bewegung kann anschließend aktiv-assistiv und danach als freie aktive Bewegung erfolgen. Aus dieser Aste ist die Bewegung für die radiale/ulnare Abduktion hubfrei.
Der Reibungswiderstand kann durch die Therapeutenhand oder ein Tuch auf glatter Unterlage herabgesetzt werden.

Zirkumduktion

Aste: Sitz, Unterarm auf dem Behandlungstisch abgelegt oder am Therapeuten fixiert
Ther.: Sitz oder Stand
Fixation: distales Ende des Unterarms
Bewegende Hand: umfaßt Karpus und Metakarpus von radial (Daumen auf Handrücken).

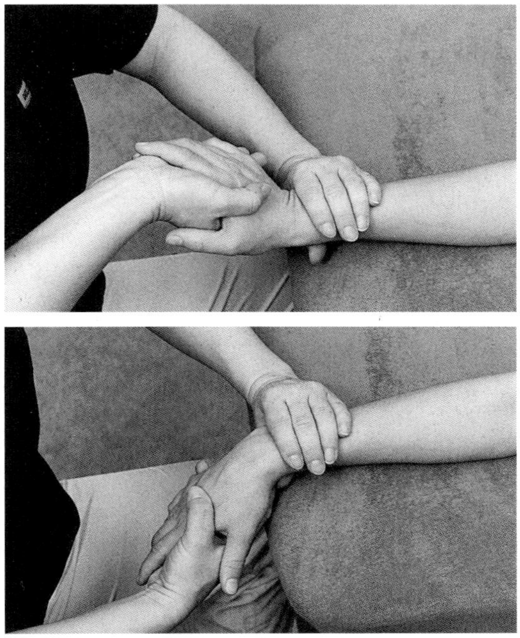

Es handelt sich um komplexes passives Bewegen
Die Hand wird zügig im Kreis geführt, dabei wird der Unterarm neutral gehalten. Die Bewegung kann einmal im Uhrzeigersinn und einmal entgegen dem Uhrzeigersinn erfolgen.

Die Bewegungskomponenten sollen voll ausgeschöpft werden.

Steigerung: aktiv-assistiv und dann als freie aktive Bewegung in beide Richtungen.

Flexion mit Supination – Extension mit Pronation

Aste: Sitz, Unterarm auf dem Behandlungstisch abgelegt oder RL, Arm neben dem Körper ausgestreckt
Ther.: Sitz oder Stand
Fixation: distales Ende des Oberarmes
Bewegende Hand: umfasst das distale Ende des Unterarmes, Zeigefinger fixiert das Handgelenk.

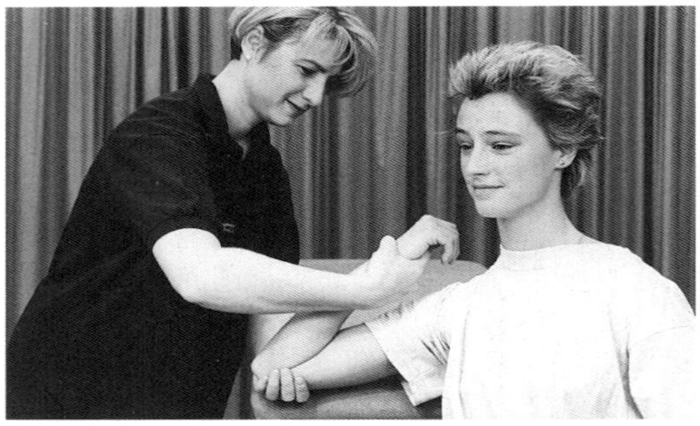

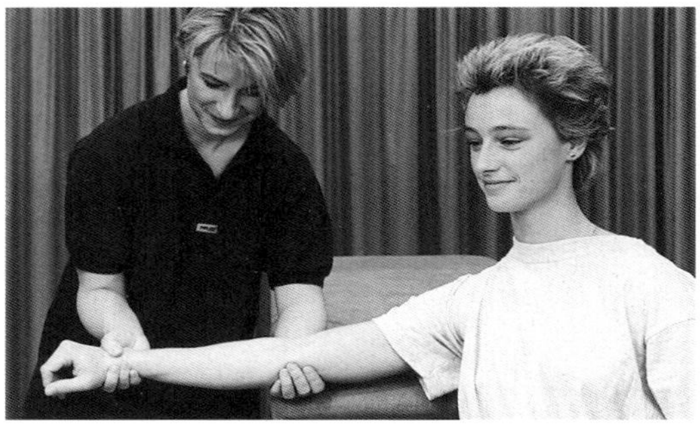

Es handelt sich um komplexes passives Bewegen, da mehrere Bewegungen miteinander kombiniert sind. Während der Ther. den Unterarm des Pat. in die Flexion bewegt, wird gleichzeitig der Unterarm supiniert, weil diese beiden Bewegungen arthrokinematisch zusammengehören.

Während der Ther. den Unterarm des Pat. in die Extension bewegt, wird der Unterarm gleichzeitig proniert, da diese beiden Bewegungen arthrokinematisch zusammengehören.

Anmerkung:
Wenn die bewegende Hand zur unterstützenden wird, erfolgt die Bewegung aktiv-assistiv. Der Ther. gibt leichten Führungswiderstand, damit die Muskelaktivität immer konzentrisch dynamisch ist.
Bei der freien aktiven Bewegung findet bei der Beugung positiver Hub (=konzentrisch-dynamisch) und beim Absenken des Armes negativer Hub (= exzentrisch dynamisch) statt.

Aste: RL
Beide Arme sind in den Ellenbogengelenken gebeugt.

Bewegung:
Die Hände werden in den Handgelenken dorsal- und volarflektiert. Es kann auch eine Zirkumduktion erfolgen.

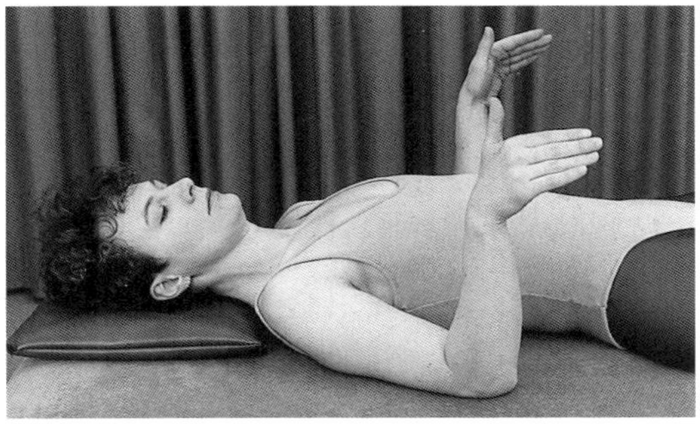

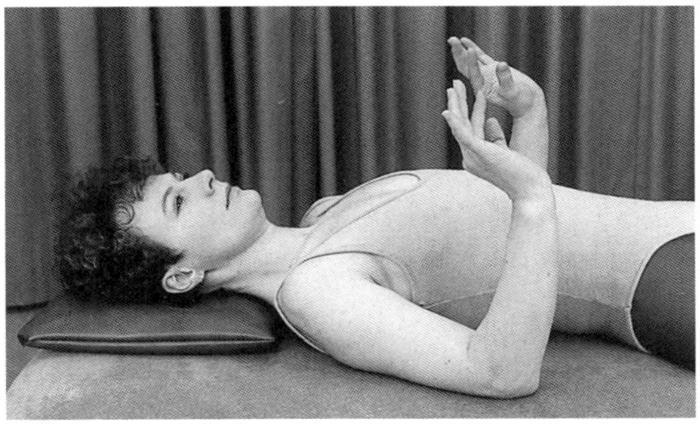

Die Bewegungen sollen langsam und ausführlich erfolgen, so dass das Maximum an Beweglichkeit ausgenutzt bzw. erarbeitet wird.
Wiederholungszahl beliebig. Übungsform kann in intermittierender oder kontinuierlicher Dauerform erfolgen.
Bei Zirkumduktion der Hände handelt es sich um komplexes freies Bewegen.

Aste: RL

Bewegung:
Die Arme werden gleichzeitig oder im Wechsel in den Ellenbogengelenken gebeugt und wieder ausgestreckt.

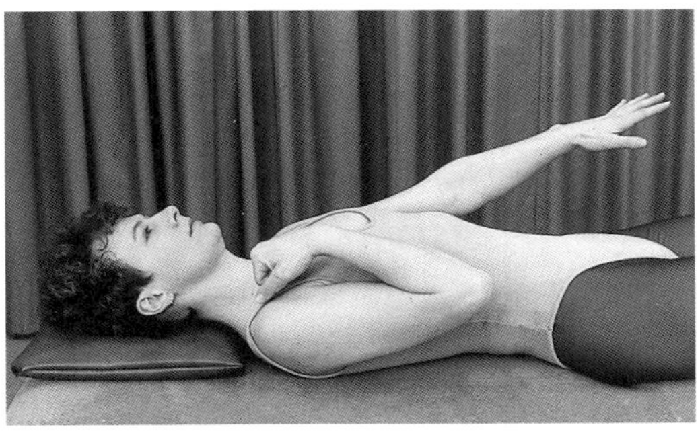

Die Bewegungen erfolgen langsam und ausführlich, um das größtmögliche Bewegungsausmaß zu erreichen. Die Unterarme können supiniert bzw. proniert werden.
Übungsform: kontinuierliche oder intermittierende Dauerform.

Aste: RL
Arme sind in den Ellenbogengelenken gebeugt, so dass die Fingerspitzen die Schultern berühren

Bewegung:
mit den Ellenbogen Kreise in den Schultergelenken ausführen.

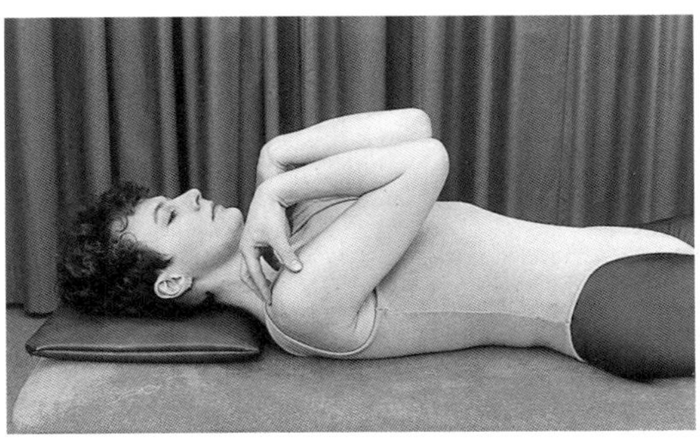

Die Bewegungen erfolgen langsam und ausführlich, so dass ein Maximum an Beweglichkeit erfolgt. Kombination mit der Atmung ist möglich.

Abduktion – Adduktion

Aste: RL
Ther.: seitlich neben dem Patienten auf Kopfhöhe
Fixation: von oben am Akromion
Bewegende Hand: unterfasst den gesamten Arm des Pat., der im Ellbogengelenk ca 90° gebeugt ist.

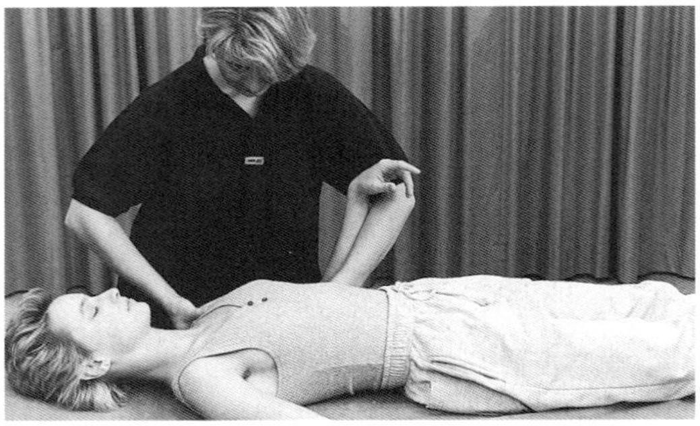

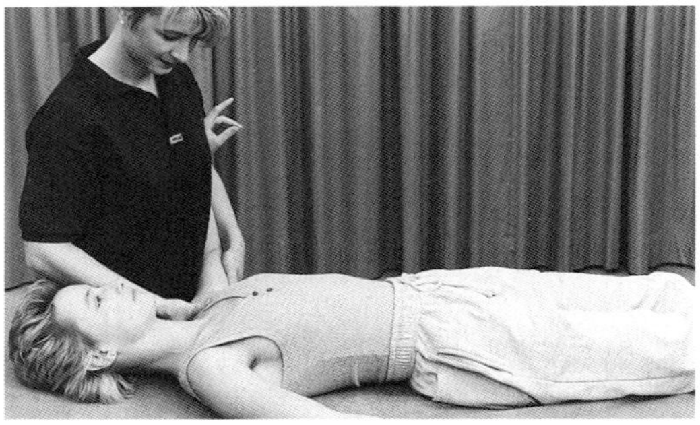

Zügig durch die ganze Bahn.
Das Schulterblatt muss gut festgehalten werden.
Der Ther. bewegt sich mit dem Arm des Pat.

Abduktion, Adduktion

Aste: RL
Ther.: steht auf der Seite des bewegten Armes
Stabilisation: vorne am Unterarm
Unterstützungsgriff: Oberarm von unten.

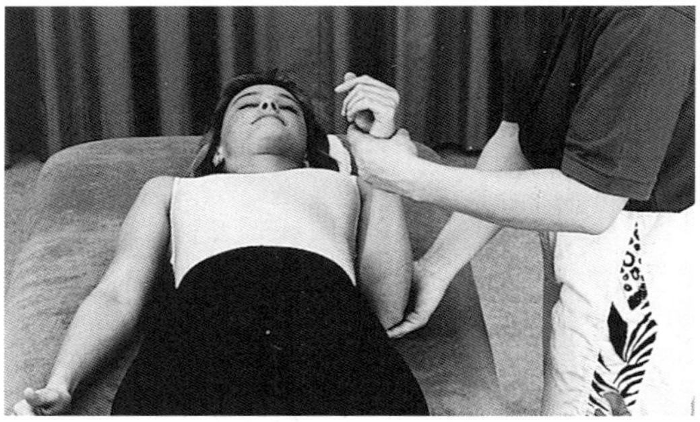

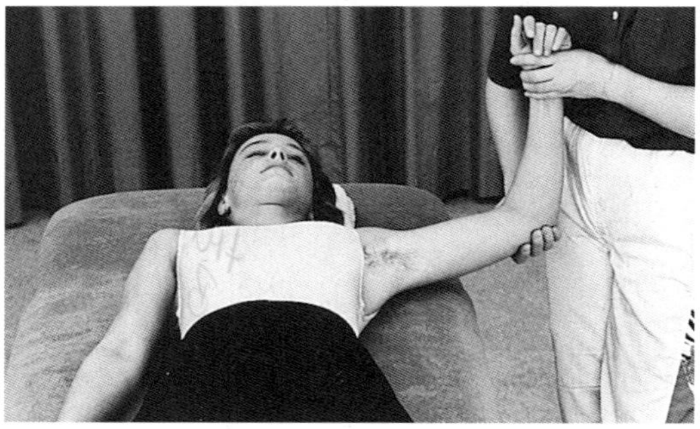

Der Pat. wird aufgefordert, den Arm vom Körper wegzubewegen und wieder heranzuführen.

Die Bewegung erfolgt hubfrei (= MFT 2)

Anmerkung:
Schließlich wird der Pat. aufgefordert, die Bewegung als freie aktive Bewegung durchzuführen (MFT 2). Der Ther. setzt den Reibungswiderstand etwas herab.
Erst danach wird zu resistiven Übungen übergegangen.

Abduktion, Adduktion

Aste: SL
Ther.: steht hinter dem Pat.
Stabilisation:
von oben gegen das Akromion
Bewegende unterstützende Hand:
Ober- und Unterarm von kaudal.

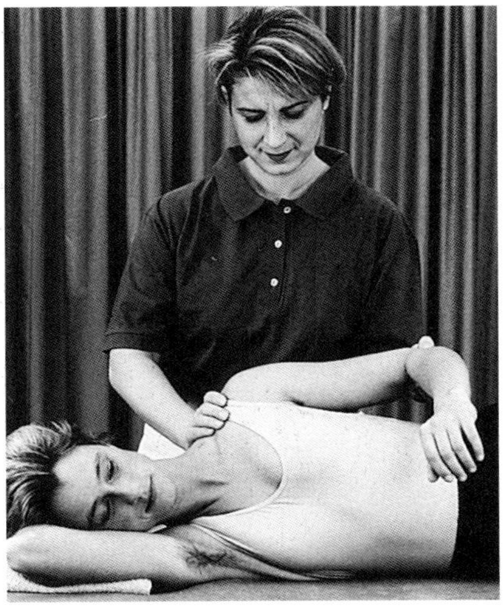

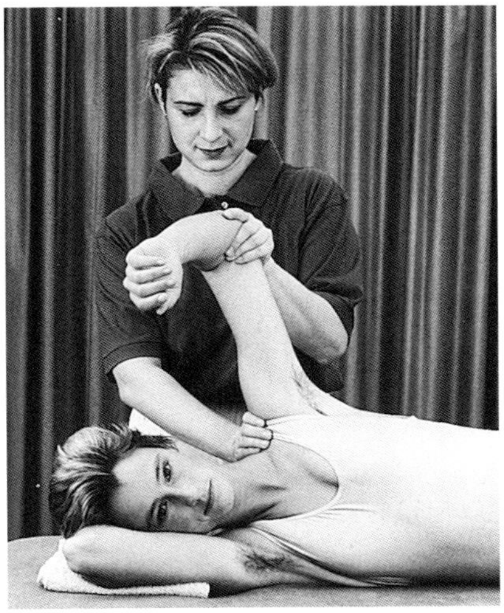

Anmerkung:
Zügig durch die ganze Bewegungsbahn.
Schulterblatt muss gut fixiert werden.

► Auf stabile Seitenlage achten.

Wenn die Bewegung auf das glenohumerale Gelenk beschränkt bleiben soll, muss die Skapula gut fixiert werden.
Beim aktiv-assistiven Bewegen wird der Pat. aufgefordert, sich an der Bewegung zu beteiligen.
Schließlich soll der Pat. die Bewegung alleine durchführen.
Dabei erfolgt bei der Abduktion konzentrisch-dynamische Muskelarbeit und beim Absenken des Armes bremsende Aktivität.

Abduktion

Aste: Sitz
Ther.: steht hinter dem Pat.
Fixation: von oben am Akromion
Bewegende bzw. unterstützende Hand:
unterstützt im Untergriff den Unterarm.

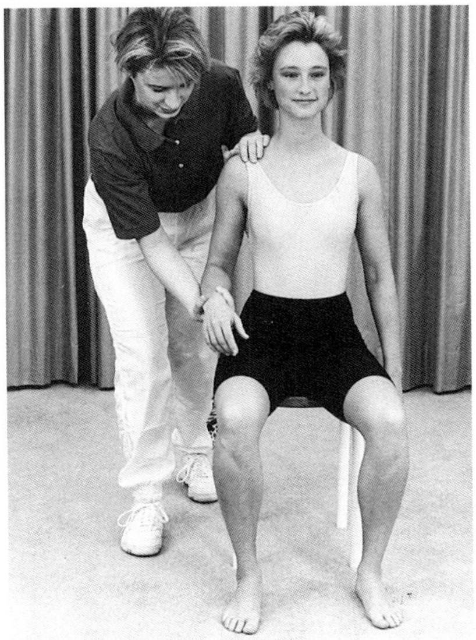

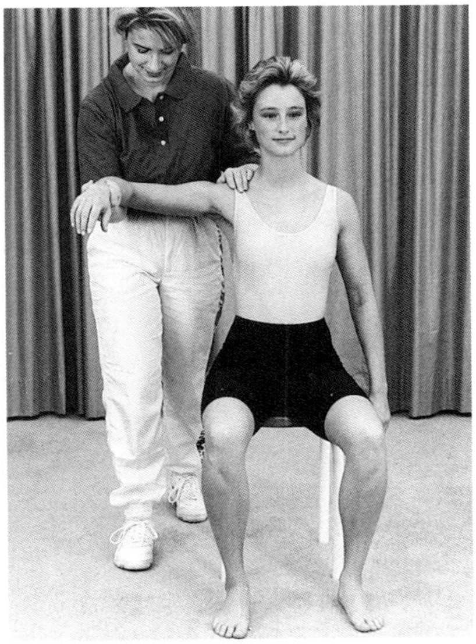

Transversale
Ab- und Adduktion

Aste: Sitz
Ther.: seitlich und hinter dem Pat.
Fixation: auf der Schulter
Bewegende unterstützende Hand: unterfasst von unten den im Ellenbogen gebeugten Arm des Pat.
Sicherer Griff am distalen Ende des Unterarms, Handgelenk stabilisiert.

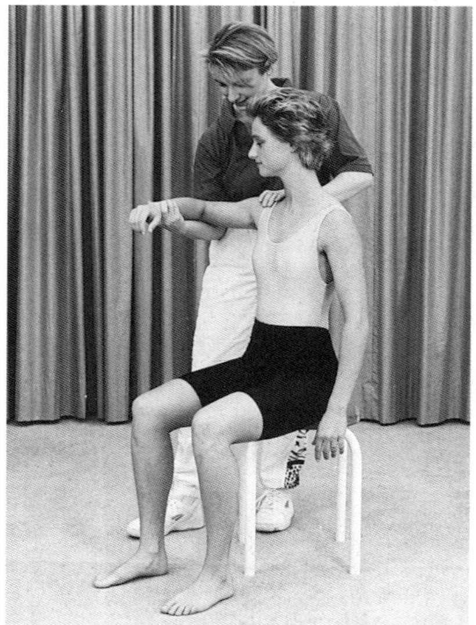

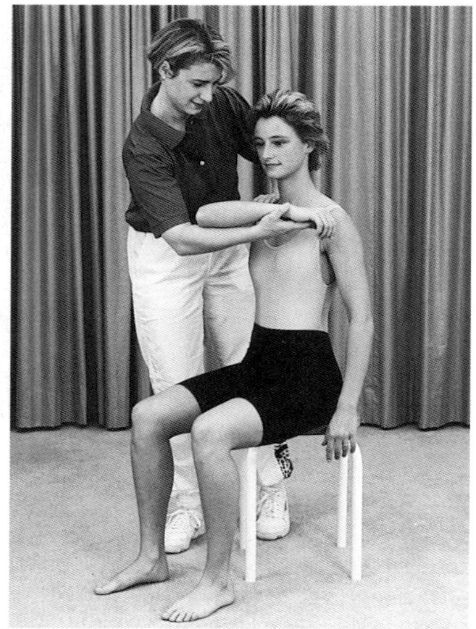

Zügig durch die gesamte Bahn führen, dabei darauf achten, wann sich das Schulterblatt mitbewegen will. Skapula gut fixieren. Aus dieser Stellung den Arm wieder in die Ausgangsposition zurückbewegen und dabei so weit wie möglich hinter die mittlere Frontalebene gehen.

Allmählich den Pat. auffordern, sich an der Bewegung zu beteiligen. Schließlich soll der Pat. die Bewegung aktiv alleine machen (= MFT 2, da hubfrei).

Transversale Adduktion – Abduktion

Aste: RL, 90° Abd.
Ther.: seitlich etwa auf Schulterhöhe
Fixation: Ellenbeuge
Bewegende Hand: greift in die Hand des Pat. und stabilisiert das Handgelenk.

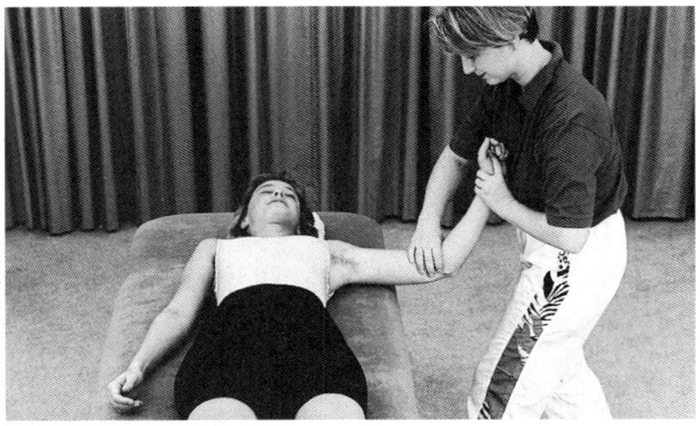

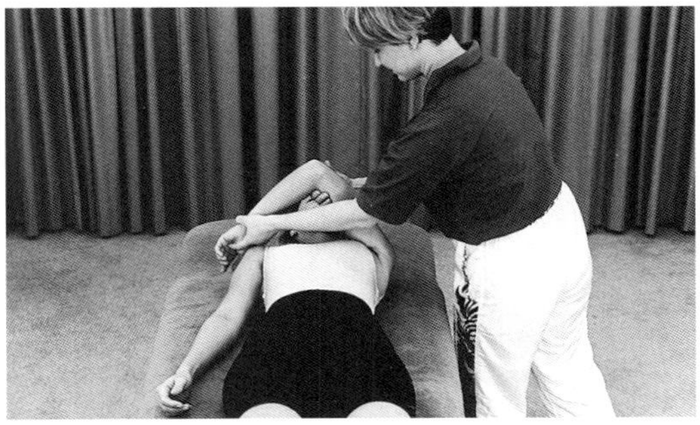

Anmerkung:
beim passiven Bewegen zügig durch die gesamte Bahn führen, dabei darauf achten, die Skapula gut zu fixieren.
Aus dieser Stellung den Arm wieder in die Ausgangsposition zurückbewegen und dabei so weit wie möglich hinter die mittlere Frontalebene gehen.

Soll der Arm hinter die mittlere Frontalebene geführt werden, muss der Pat. weit genug am Bettrand liegen, damit der Arm frei ist.

Transversale Ab- und Adduktion

Aste: SL
Der Arm ist 90° abduziert.
Ther.: steht hinter dem Pat.
Stabilisation: Ellenbogen
Unterstützungsgriff:
in die Hand von palmar.

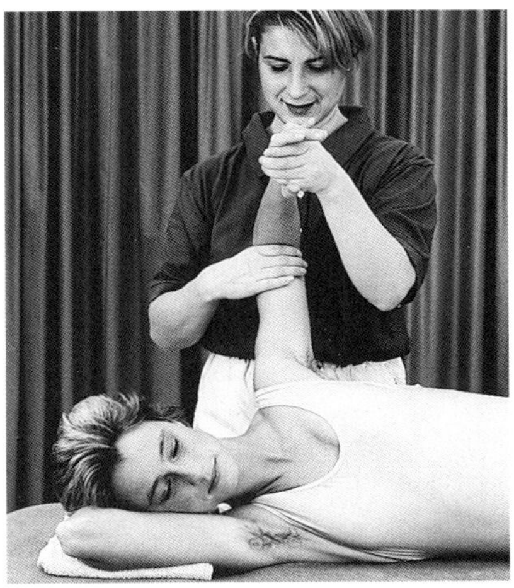

Beim aktiv-assistiven Bewegen wird der Pat. aufgefordert, den Arm nach vorne vor das Gesicht zu bewegen und wieder zurück.

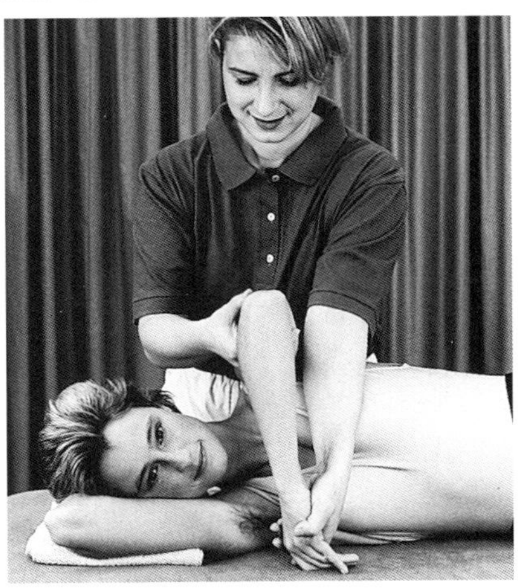

Dabei muss er die WS in SL gut stabilisieren können. Soll der Pat. die Bewegung als freie aktive Bewegung machen, ist darauf zu achten, dass sie exakt entlang der senkrecht stehenden Transversalebene erfolgt.

Außen- und Innenrotation aus Nullstellung des Oberarmes

Aste: Sitz
Ther.: hinter dem Pat.
Fixation: Schulter
Bewegende Hand: distales Ende des Unterarms.

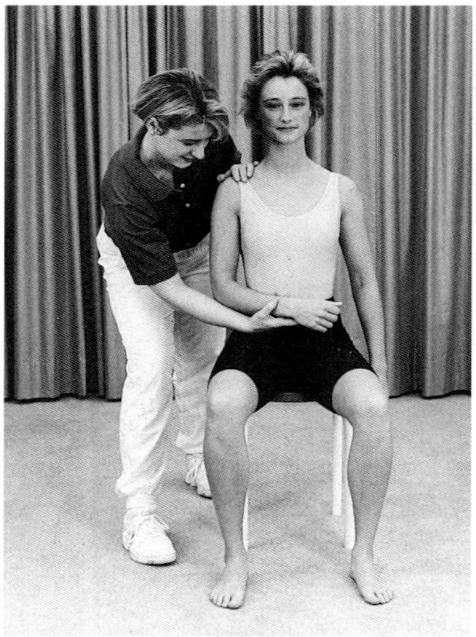

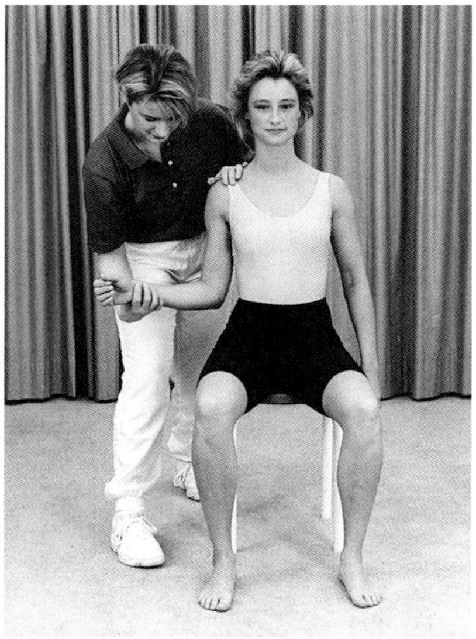

Der Arm wird in der Nullstellung gehalten. Die Skapula ist gut zu fixieren. Eine Mitbewegung des Oberkörpers ist zu vermeiden. Da die Umdrehungsachse vertikal steht, ist die Bewegung für den Pat. leicht assistiv und später als freie aktive Bewegung auszuführen.

Variante bei Pat., die MFT 3 oder weniger haben

Innen- und Außenrotation

Aste: BL
Der Arm hängt seitlich neben der Bank herab.
Stabilisation: nur Kontakt an der Schulter
Unterstützungsgriff: Unterarm.

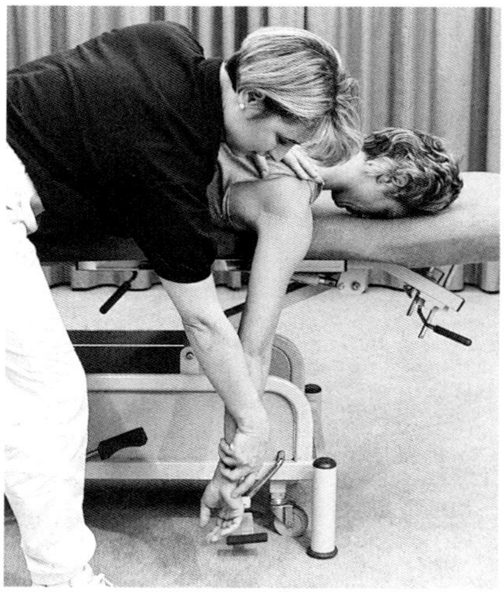

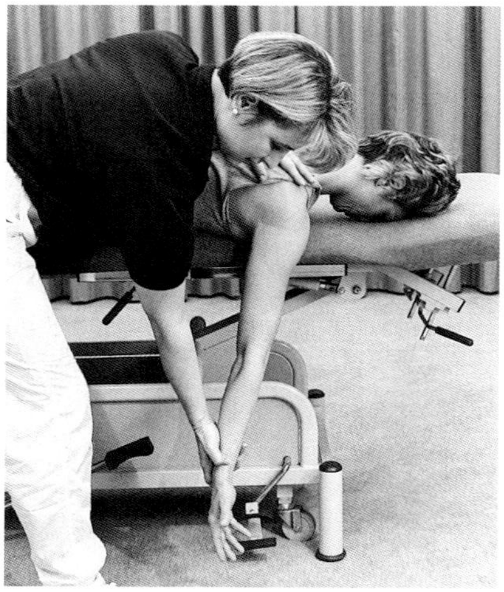

Da der gesamte Arm vertikal herabhängt, erfolgt die Bewegung unter hubfreien Bedingungen.

Außen- und Innenrotation aus 90° Abduktion

Aste: Sitz
Ther.: hinter dem Pat.
Fixation: von oben auf die Schulter und Oberarm
Bewegende Hand: distales Ende des Unterarms.

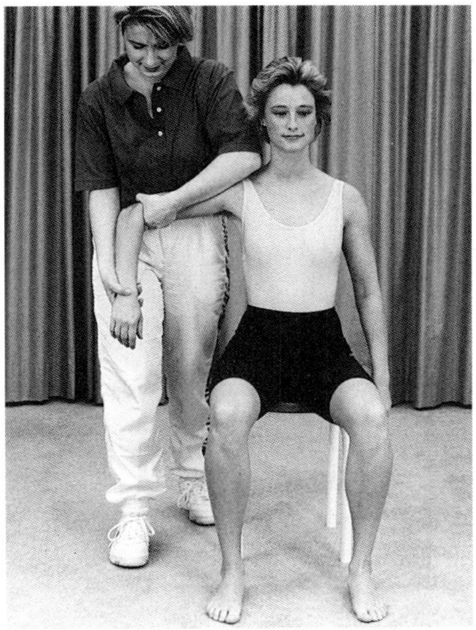

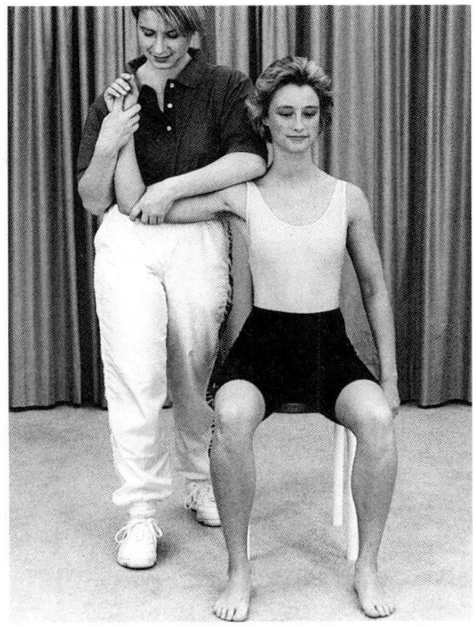

Isoliertes passives
Der Unterarm des Pat. wird nach oben und unten gebracht, wobei darauf zu achten ist, dass der Oberarm an Ort und Stelle bleibt.

Außen- und Innenrotation aus 90° Abduktion

Aste: RL
Der Oberarm des Pat. liegt in 90° Abduktion, der Ellenbogen ist 90° gebeugt, so dass ein Zeiger entsteht.
Ther.: steht am Kopfende
Fixation: Oberarm und Schulter
Bewegende Hand: umfasst das distale Ende des Unterarms und stabilisiert das Handgelenk

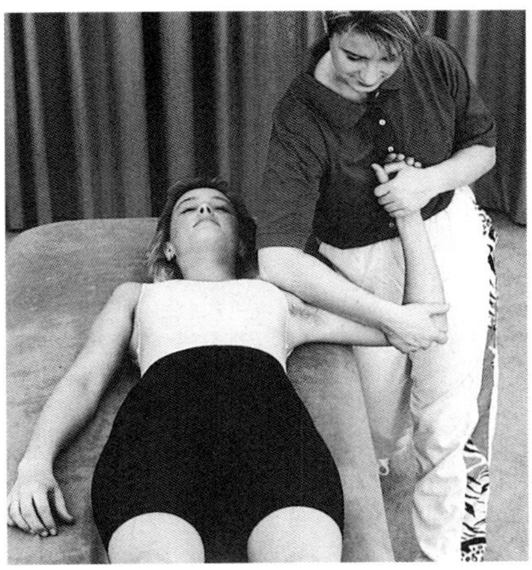

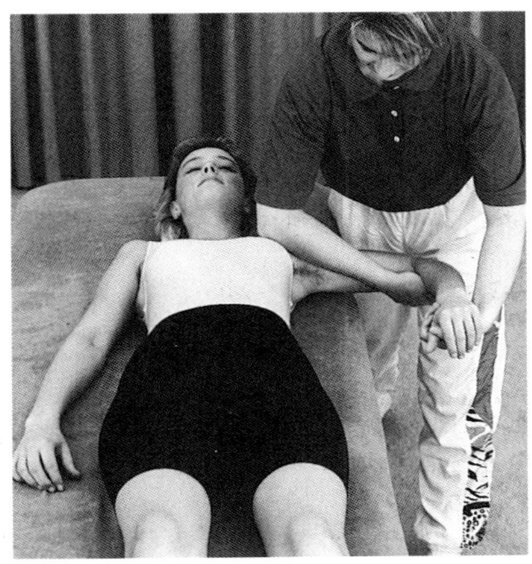

Variante aus der BL:

Aste: BL
Arm ist 90° abduziert, Oberarm liegt auf der Bank auf
Ther.: steht auf der behandelten Seite
Stabilisation: Ellenbogenbeuge
Unterstützende Hand: Unterarm.

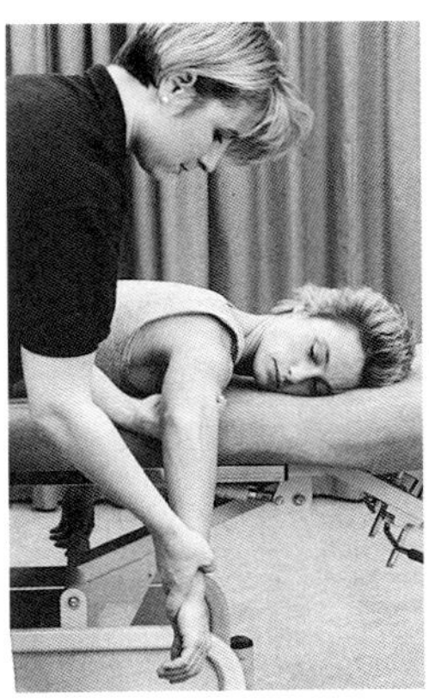

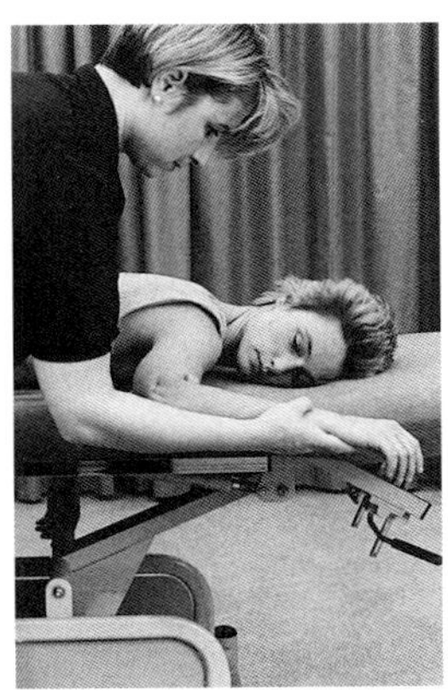

Beim aktiv-assistiven Bewegen kann durch Führungswiderstand die Bewegung immer konzentrisch-dynamisch erfolgen. Bei der freien aktiven Bewegung ist sie für die Außenrotatoren abwechselnd hebend und bremsend.

Anteflexion mit Elevation

Aste: SL
Ther.: hinter dem Pat.
Fixation: keine
Bewegende bzw. unterstützende Hand: Kaudale Hand umfasst im Untergriff den Unterarm, kraniale Hand liegt auf der Schulter.

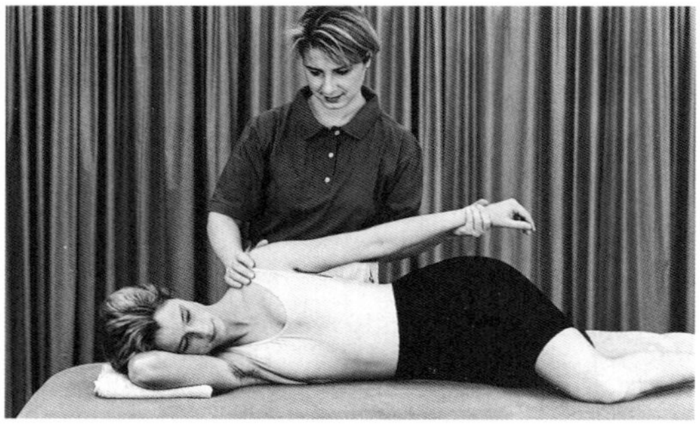

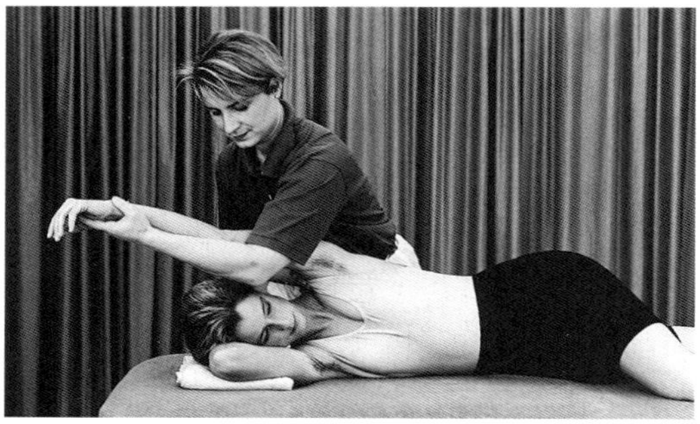

Der Arm wird aus der Nullstellung in die max. mögliche Anteflexion gebracht. Die Bewegung erfolgt in der Sagittalebene.

Anteflexion und Retroflexion

Aste: SL
Ther.: steht hinter dem Pat.
Stabilisation: nur Kontakt an der Skapula
Bewegende bzw. unterstützende Hand: Unterarm und Hand.

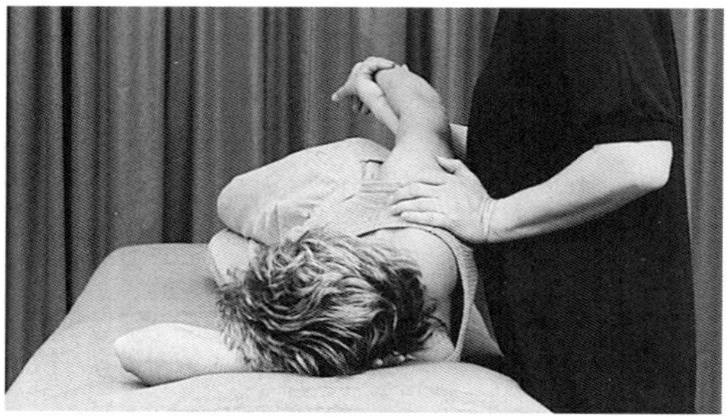

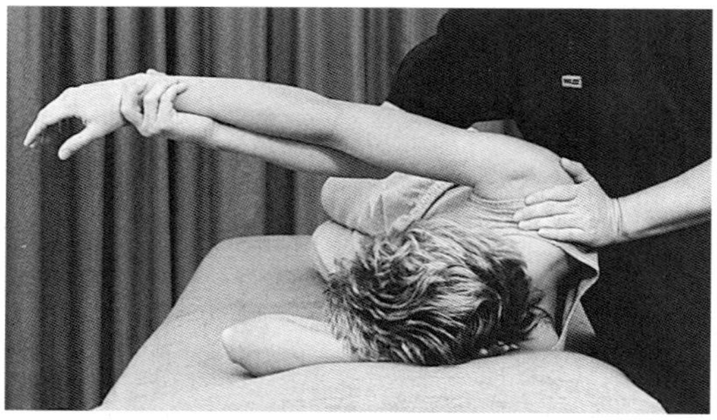

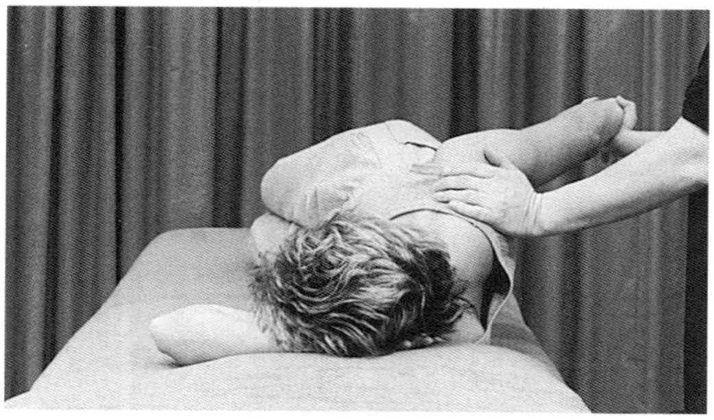

Bei der freien aktiven Bewegung wird darauf geachtet, daß der Pat. die Spur halten kann und die Bewegung parasagittal erfolgt. Die Bewegung erfolgt unter hubfreien Bedingungen

Abduktion mit Elevation

Aste: RL, Arm liegt gestreckt neben dem Körper
Ther.: Seitlich neben dem Pat.
Fixation: keine
Bewegende Hand: kaudale Hand umfasst distales Ende des Unterarmes, kraniale Hand umfasst Schulter.

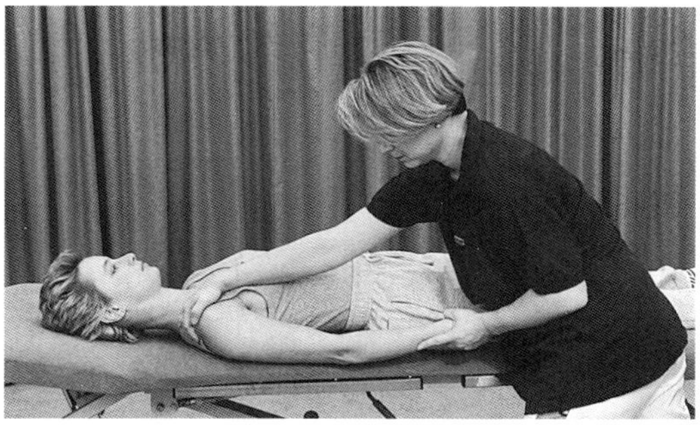

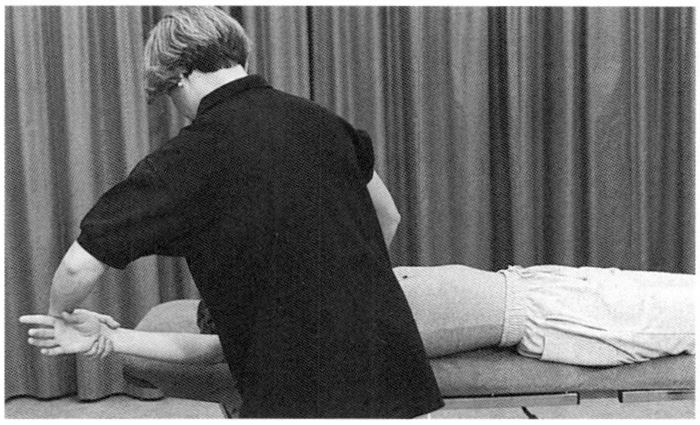

Die Bewegung erfolgt in der Frontalebene. Jedoch ist zu beachten, dass sich die Skapula in die Bewegung außenrotatorisch hineindrehen muss.

Mit leichtem Zug arbeiten.

Der Arm wird aus der Nullstellung in die maximale Abduktion mit Elevation gebracht und von dort wieder in die Aste zurück.
Die Bewegung erfolgt langsam und rhythmisch.

Beim aktiv-assistiven Bewegen wird der Pat. aufgefordert mitzumachen.

Anteflexion mit Elevation

Aste des Patienten: RL
Ther.: seitlich neben dem Pat.
Fixation: keine
Bewegende Hand: kaudale Hand umfasst Unterarm und Hand, die kraniale Hand umfasst Oberarm und Schulter.

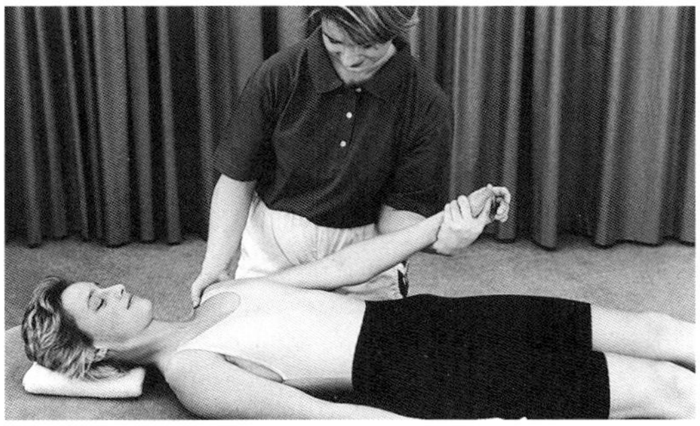

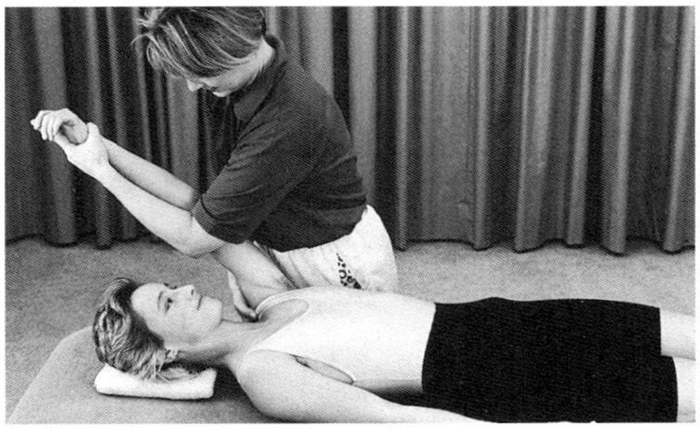

Die Bewegung erfolgt in der Sagittalebene.

Der Arm wird in die max. mögliche Endstellung gebracht und von dort wieder in die Aste zurück.

Zügiges Bewegen durch die ganze Bewegungsbahn.

Es handelt sich um eine Komplexbewegung im Sinne der PNF-Diagonalen.

Extension – Adduktion – Innenrotation

Aste: SL
Ther.: hinter dem Pat.
Fixation: keine
Bewegende Hand: Oberarm und Hand des Pat.

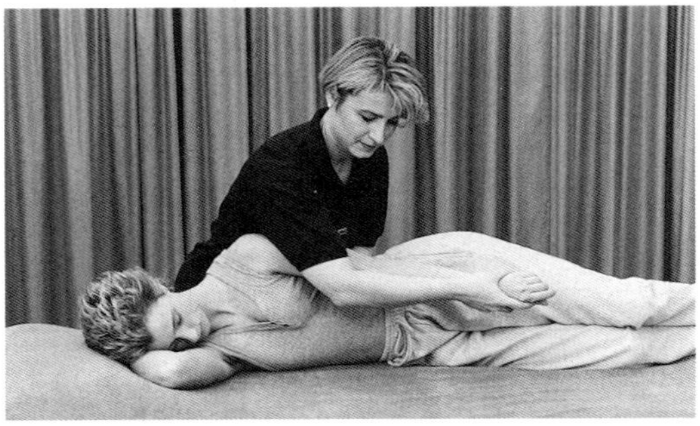

Der Arm wird in die max. mögliche Endstellung gebracht und von dort wieder in die Aste zurück.

> Die Bewegung kann nur in Richtung Flexion bzw. Extension durchgeführt werden oder mit Wechseln des Griffes in beide Richtungen.

Flexion – Abduktion – Außenrotation

Aste: SL
Ther.: hinter dem Pat.
Fixation: keine
Bewegende Hand: Oberarm und Hand des Pat.

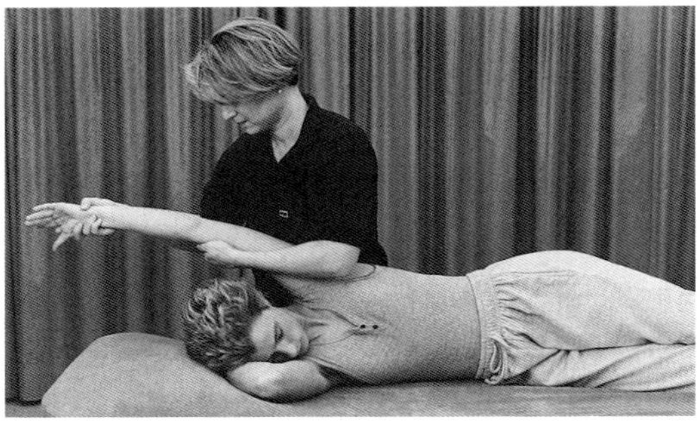

Der Arm wird in die max. mögliche Endstellung gebracht und von dort wieder in die Aste zurück.

Zügiges Bewegen durch die ganze Bewegungsbahn.

Anmerkung:
für die Flex/Ext.-Bewegung ist das Muster annähernd hubfrei. Der Pat. soll beim freien aktiven Bewegen die Spur halten können.

Flexion mit Abduktion und Außenrotation des Armes

Aste: RL
Ther.: seitlich neben dem Pat.
Fixation: keine
Bewegende Hand: distale Hand umfasst das distale Ende des Unterarmes und den Handrücken, die proximale Hand umfasst den Oberarm von innen.

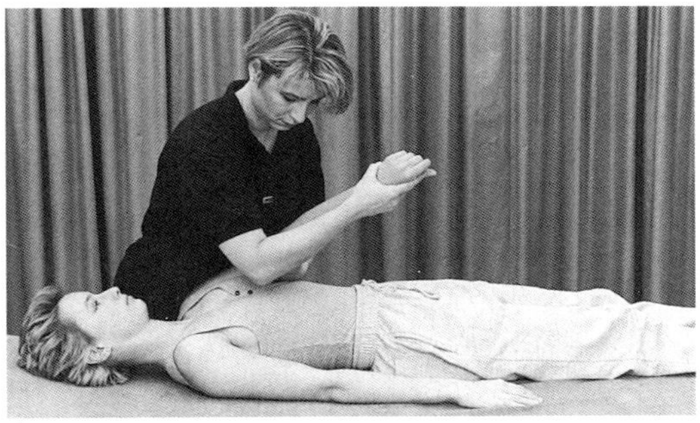

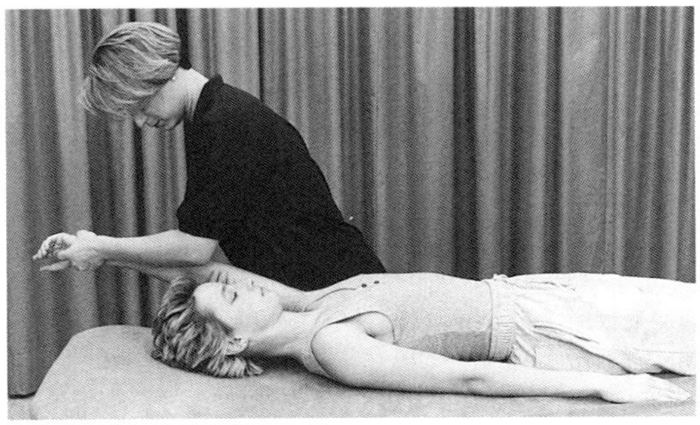

Komplexes passives Bewegen, da die Bewegung dreidimensional erfolgt.
Es handelt sich um eine Komplexbewegung im Sinne der PNF-Diagonalen.

Der Arm wird in die max. mögliche Endstellung gebracht.
Zügiges Bewegen durch die ganze Bewegungsbahn.

Extension mit Adduktion und Innenrotation des Armes

Aste: RL
Ther.: seitlich neben dem Pat.
Fixation: keine
Bewegende Hand: die distale Hand greift in die Hand des Pat., die proximale umfasst den Oberarm.

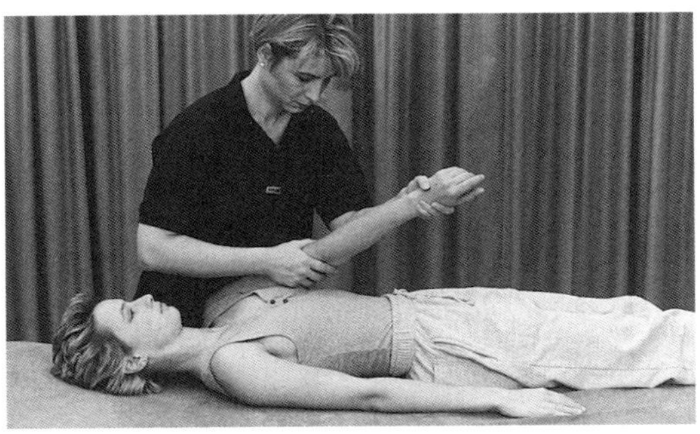

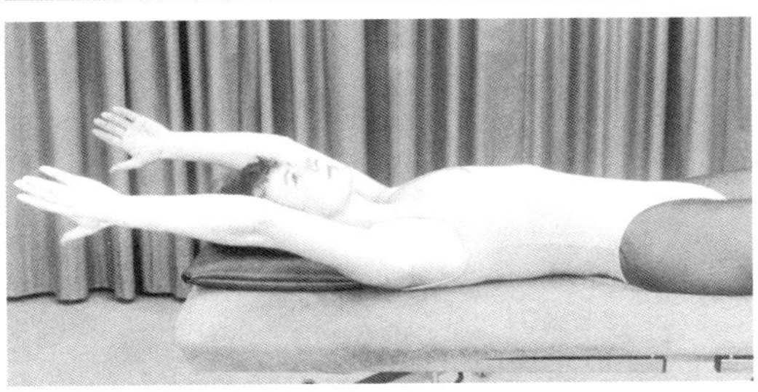

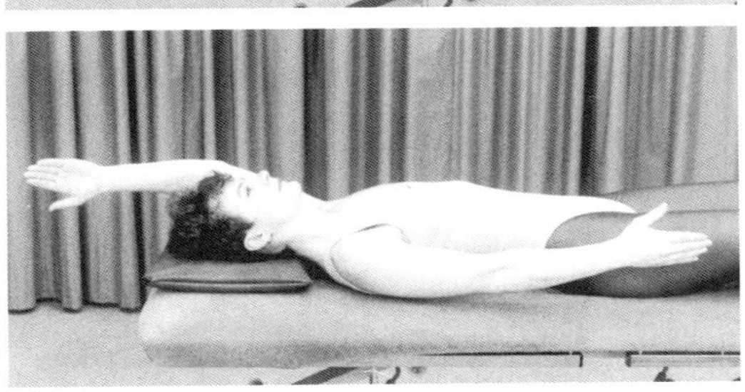

Komplexes passives Bewegen, da die Bewegung dreidimensional erfolgt.

Es handelt sich um eine Komplexbewegung im Sinne der PNF-Diagonalen.

> Die Bewegung kann nur in eine Richtung, d.h. Flexion bzw. Extension durchgeführt werden oder mit Wechseln des Griffes abwechselnd in beide Richtungen.

Beim freien aktiven Bewegen wird der Pat. aufgefordert, die Bewegung alleine zu machen. Der Ther. achtet darauf, ob die Spur gehalten werden kann.

Elevation – Depression

Isoliertes passives Bewegen

Aste: SL
Ther.: hinter dem Pat.
Fixation: Durchgreifen unter dem Arm des Pat. und Fixation am Körper des Ther.
Bewegende Hand: beide Hände auf der Skapula.

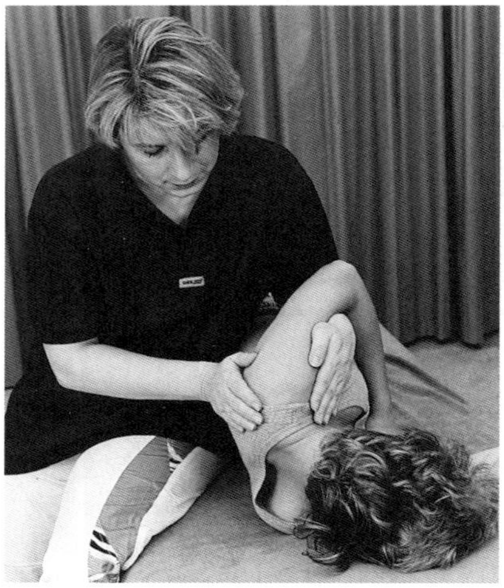

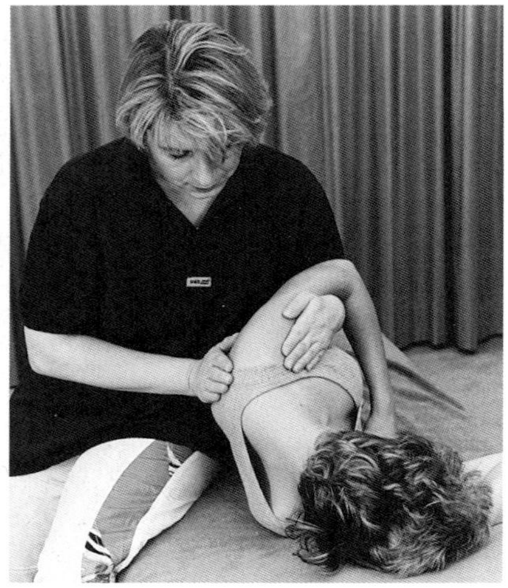

Die Bewegung erfolgt in der Frontalebene.
Langsames, zügiges Bewegen durch die gesamte Bewegungsbahn.

Die Bewegung richtet sich vor allem an das skapulothorakale Gleitlager.

Protraktion – Retraktion

Aste: SL
Ther.: hinter dem Pat.
Fixation: Durchgreifen unter dem Arm des Pat. und Fixation am Körper des Ther.
Bewegende Hand: beide Hände auf der Skapula.

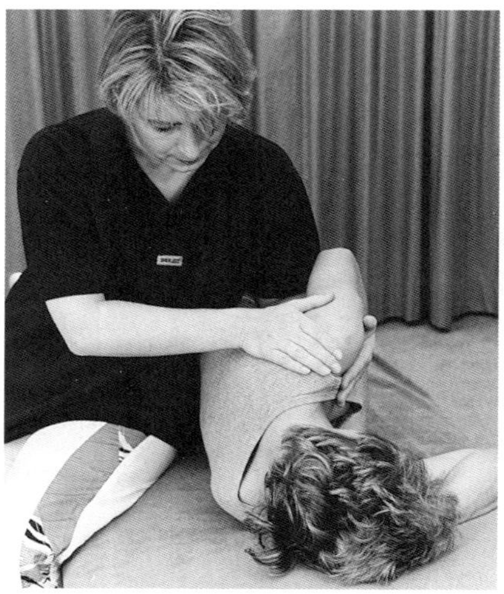

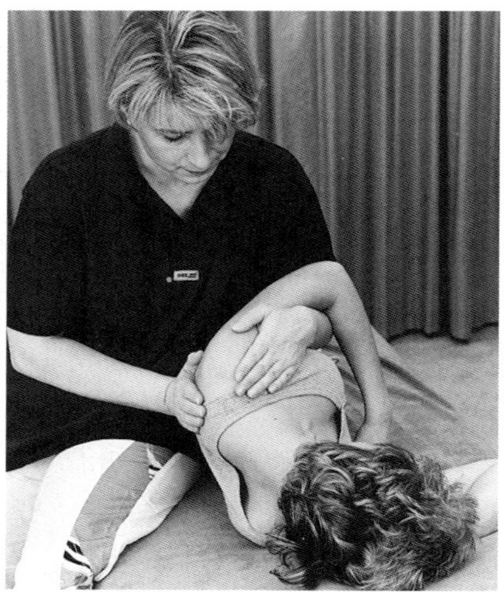

Die Bewegung erfolgt in der Transversalebene. Langsames, zügiges Bewegen durch die gesamte Bewegungsbahn.
Die Bewegung richtet sich vor allem an das skapulothorakale Gleitlager. Darauf achten, dass der Oberkörper nicht mitrotiert.

Aus den 4 Bewegungskomponenten kann auch eine Zirkumduktion durchgeführt werden. Es handelt sich dann um komplexes passives Bewegen.

Elevation – Depression

Aste: BL oder Stand
Oberkörper auf einem Tisch abgelegt, Arm hängt seitlich in vertikaler Position
Ther.: seitlich neben dem Pat.
Fixation: von anterior und posterior den gesamten Schultergürtel
Der Arm soll in der vertikalen Position bleiben.
Bewegende Hand: um Skapula.

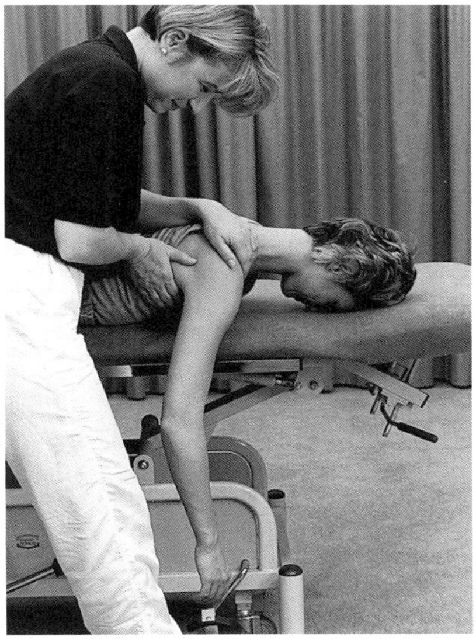

Die Bewegung erfolgt in der horizontal stehenden Frontalebene.

Beim freien aktiven Bewegen soll der Arm die vertikale Positon nicht verlassen (z.B. bei frischen Humerusfrakturen).

Protraktion – Retraktion
Aste: BL oder Stand
Oberkörper auf einem Tisch abgelegt, Arm hängt seitlich in vertikaler Position
Ther.: seitlich neben dem Pat.
Fixation: von anterior und posterior den gesamten Schultergürtel
Der Arm soll in der vertikalen Position bleiben.
Bewegende Hand: um Skapula.

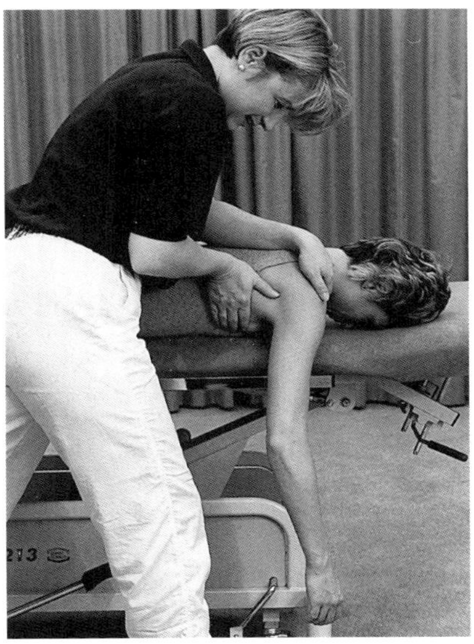

Die Bewegung erfolgt in der vertikal stehenden Transversalebene.

Beim freien aktiven Bewegen müssen die Schulterblattadduktoren hebend = überwindend und senkend = bremsend arbeiten.

Bei Zirkumduktion handelt es sich um komplexes passives Bewegen.

Aste: RL
Fixation: nicht erforderlich
Bewegende Hand:
eine Hand umfasst Kinn, andere Hand umfasst Hinterhaupt.

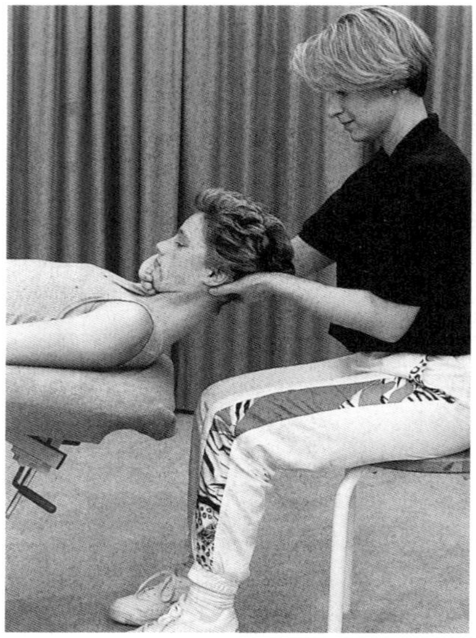

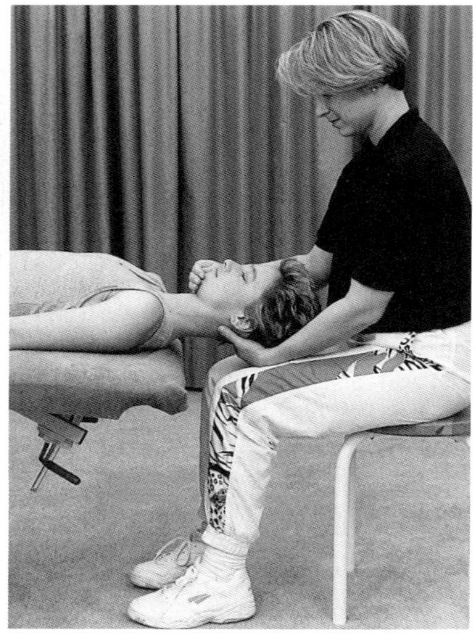

Sicherer Griff ist erforderlich, damit der Patient entspannen kann. Ggf. leichte Traktion anwenden. Die Extension wird eher vermieden.

Statt dessen ist es günstiger die HWS insgesamt zu strecken = Retraktion. Dabei kommen die Kopfgelenke in eine Vornickbewegung.

Links/rechts-Lateralflexion

Aste: RL
Fixation: nicht erforderlich
Bewegende Hand:
jeweils seitlich am Kopf.

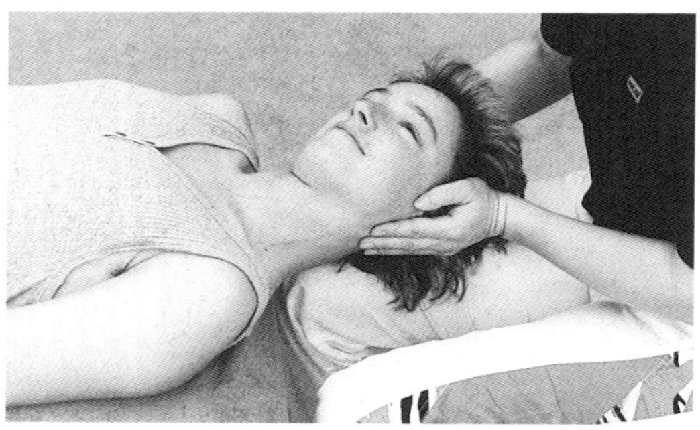

Sicherer Griff, damit der Patient entspannen kann.

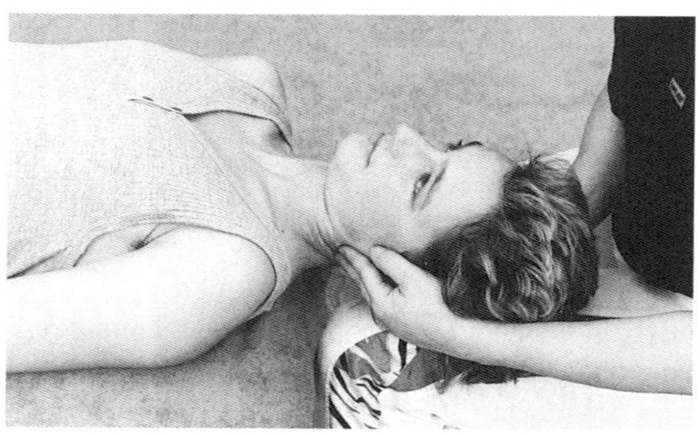

Alle Bewegungen lassen sich auch im Sitz durchführen. Dabei ändern sich die Schwerkraftverhältnisse.

Links/rechts-Rotation

Aste: RL
Fixation: nicht erforderlich
Bewegende Hand:
eine Hand umfasst das Kinn, die andere Hand umfasst Hinterhaupt.

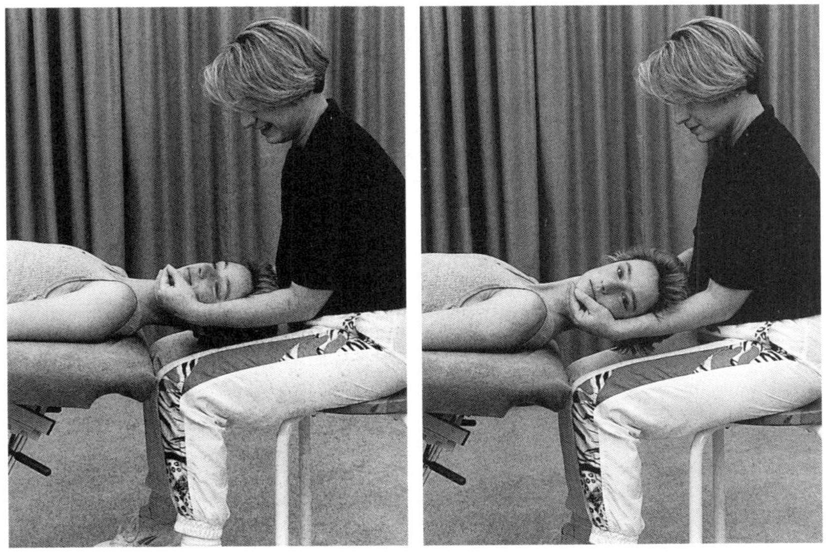

Sicherer Griff, damit der Patient entspannen kann.

Links/rechts-Rotation

Aste: Sitz
Fixation: ggf. an den Schultern
Bewegende Hand:
eine Hand umfasst von vorne die Stirn, andere Hand legt sich um das Hinterhaupt.

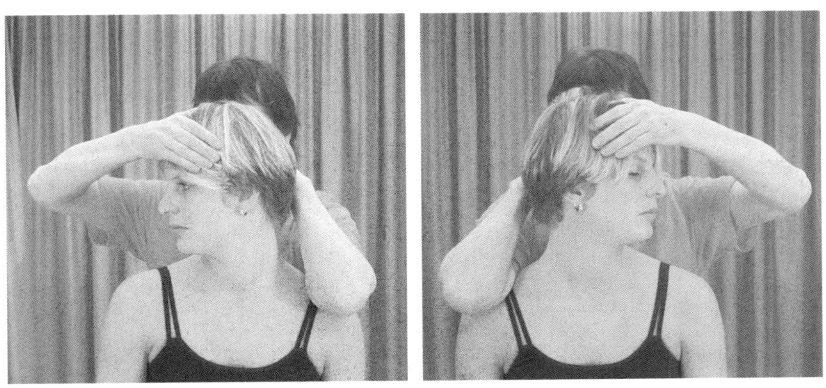

Im Sitz ist die Umdrehungsachse vertikal eingestellt.

Flexion, Extension bzw. Retraktion

Aste: RL, Kopf ragt über den Bankrand hinaus
Ther.: sitzt am Kopfende, dem Pat. zugewandt
Stabilisation: keine
Unterstützende Hand: von vorne um das Kinn, von hinten um das Hinterhaupt.

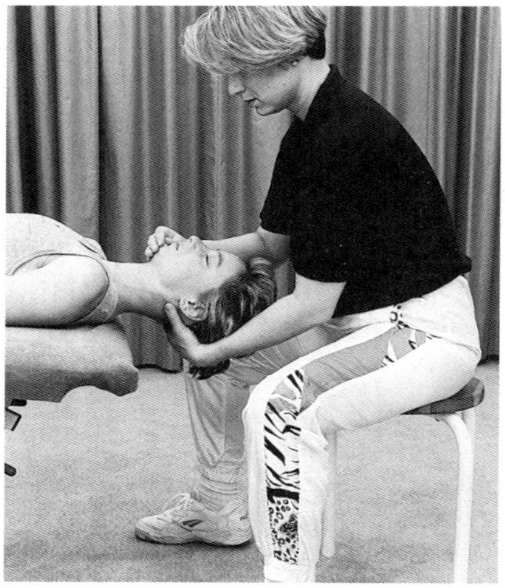

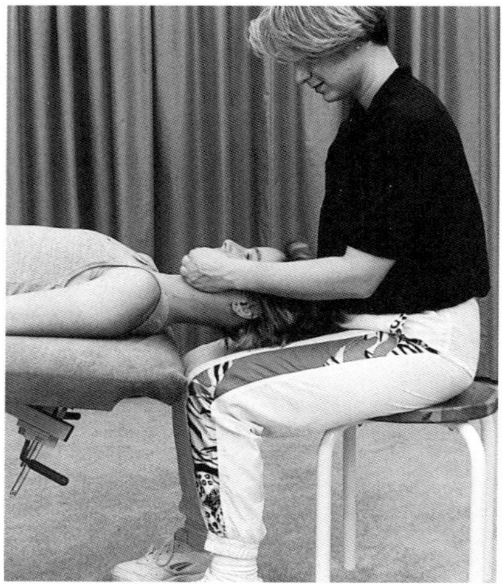

Bei der Flexionsbewegung soll Traktion die Bewegung gegen die Schwerkraft unterstützen.
Bei der Retraktionsbewegung erfolgt Streckung in der gesamten HWS und eine Vornickbewegung in den Kopfgelenken.

Flexion, Extension bzw. Retraktion

Aste: Sitz
Ther.: steht hinter dem Pat.
Stabilisation: keine
Unterstützende Hand: jeweils seitlich am Kopf.

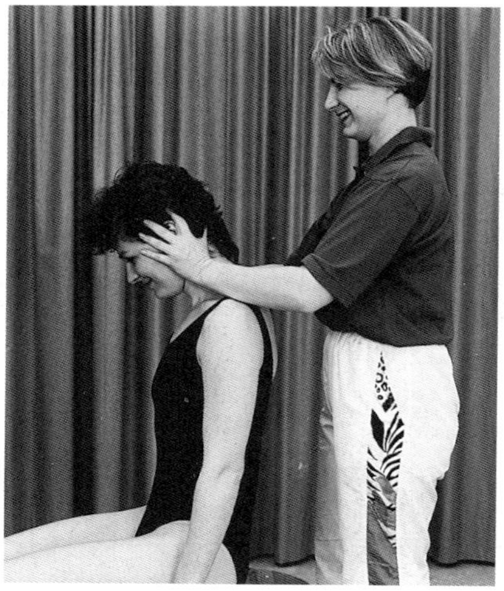

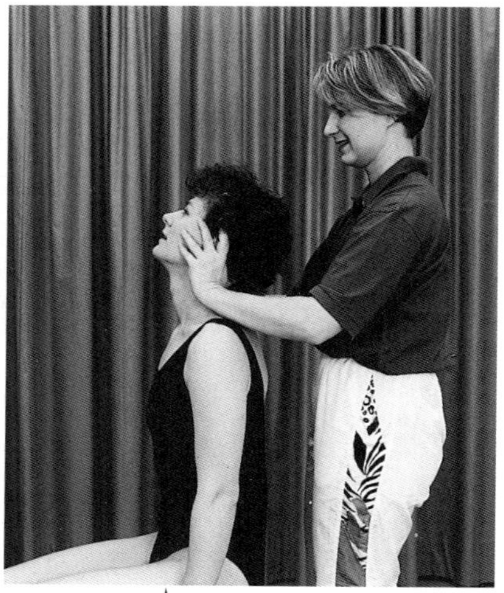

Die Bewegung erfolgt unter hubarmen Bedingungen.
Auf aufrechte Sitzhaltung achten!

Links-rechts-Lateralflexion

Aste: aufrechter Sitz
Ther.: steht hinter dem Pat.
Stabilisation: keine
Unterstützende Hand: jeweils seitlich am Kopf.

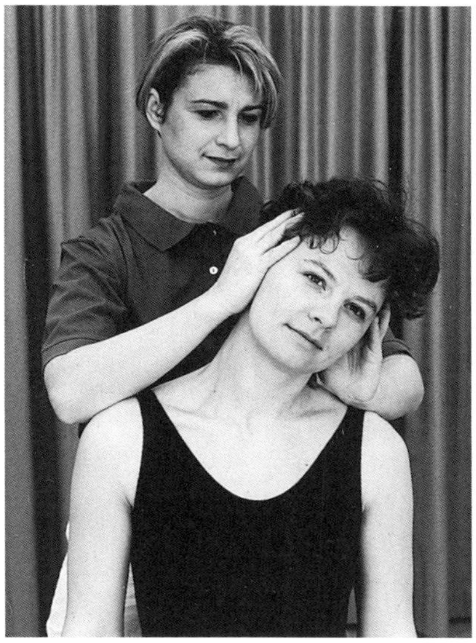

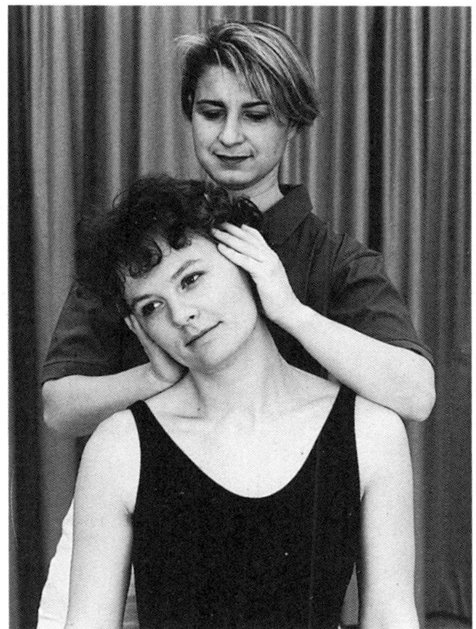

Die Bewegung erfolgt unter hubarmen Bedingungen.

Links-rechts-Rotation

Aste: aufrechter Sitz
Ther: steht hinter dem Pat.
Stabilisation: keine
Unterstützende Hand: jeweils seitlich am Kopf.

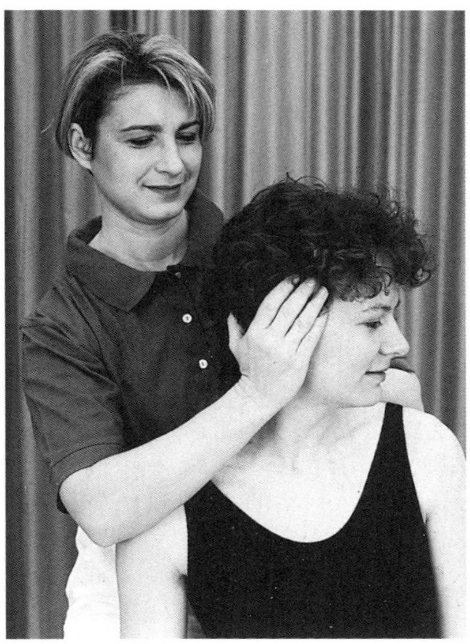

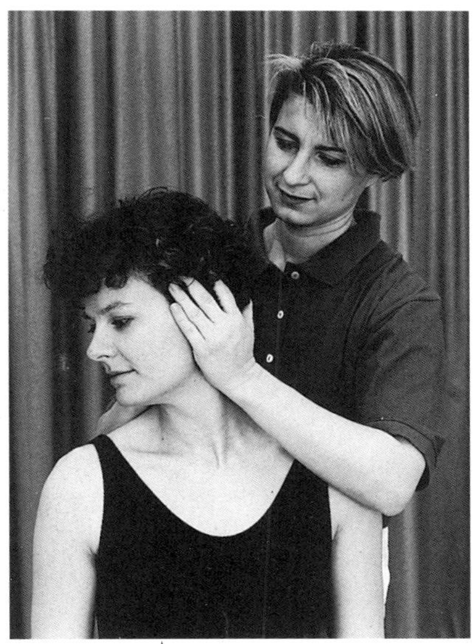

Die Bewegung erfolgt unter hubfreien Bedingungen. Der Ther. muss die Bewegung nur steuern und kann dosierten Widerstand geben.

Passives Bewegen, aktiv-assistives Bewegen | **im Schlingentisch** | **Schultergelenk**

Flexion – Extension

Aste: SL, Arm liegt am Körper an,
Schlingen an Oberarm und Unterarm/Hand, Drehpunkt lotrecht über dem Schultergelenk
Ther.: steht hinter dem Pat.
Stabilisation: von oben am Akromion
Bewegende unterstützende Hand: am Arm des Pat.

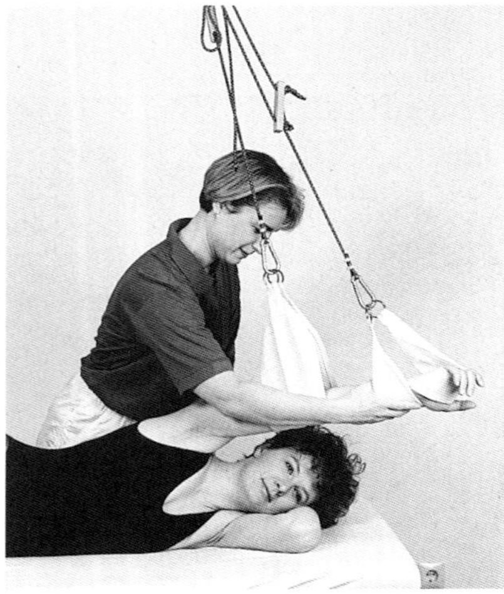

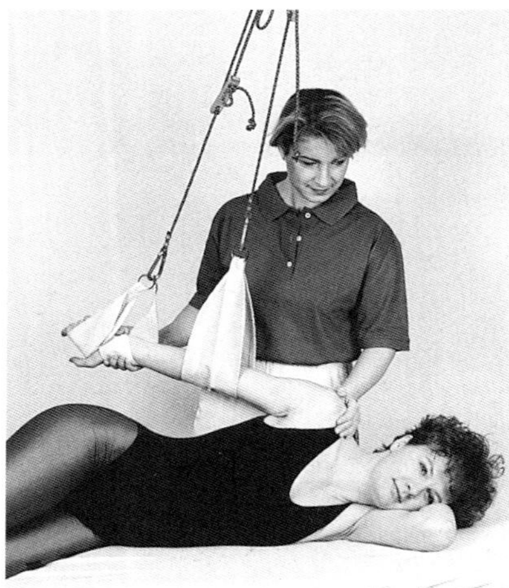

Beim passiven Bewegen hat der Ther. den Vorteil, dass er das Armgewicht des Pat. nicht tragen muss. Er kann beide Hände dazu benutzen, die Skapula gut zu fixieren und den Arm zu führen.

Beim aktiv-assistiven Bewegen wird der Pat. aufgefordert, den Arm nach vorn und nach hinten zu bewegen.

Anschließend soll der Pat. die Bewegung selber machen.

Die Bewegung erfolgt unter hubfreien Bedingungen.

Es werden nur einige Beispiele gegeben, da die Behandlung im Schlingentisch ein eigenes Thema ist und gesondert unterrichtet wird.

Passives Bewegen, aktiv-assistives Bewegen | **im Schlingentisch** | **Schultergelenk**

Abduktion, Adduktion

Aste: RL, Arm liegt am Körper an. Schlingen an Oberarm und Unterarm/Hand
Drehpunkt liegt lotrecht über dem Schultergelenk
Ther.: seitlich neben dem Pat. auf der bewegten Seite
Stabilisation: von oben am Akromion
Unterstützende Hand: am Arm des Pat.

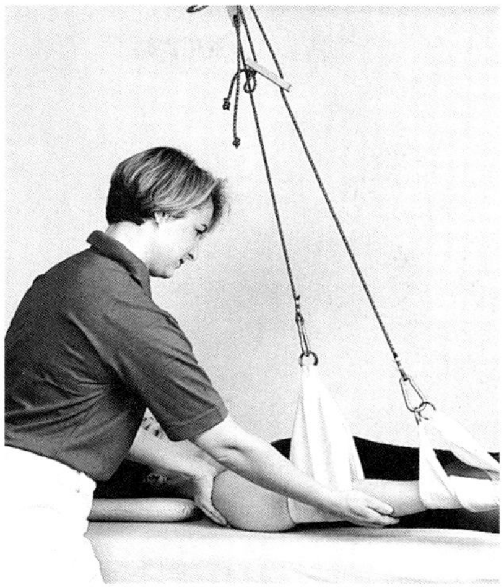

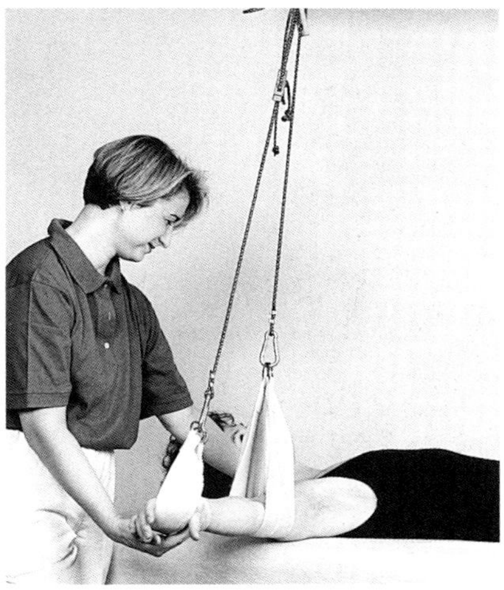

Der Pat. wird aufgefordert, den Arm vom Körper wegzubewegen und wieder heranzuführen.

Die Bewegung erfolgt unter hubfreien Bedingungen.

Passives Bewegen, aktiv-assistives Bewegen — **im Rollenzug** — **Schultergelenk**

Abduktion im Schultergelenk

Aste: Sitz auf dem Hocker, Schlinge am Unterarm Rolle lotrecht über dem Schultergelenk,
Griff in der Hand des Ther. oder des Pat.
Stabilisation: wenn erforderlich, am Akromion
Bewegung: Ab- und Adduktion
Unterstützende Hand: nicht erforderlich.

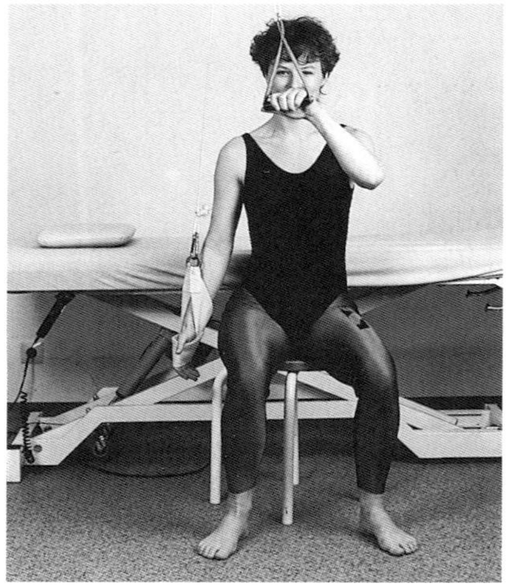

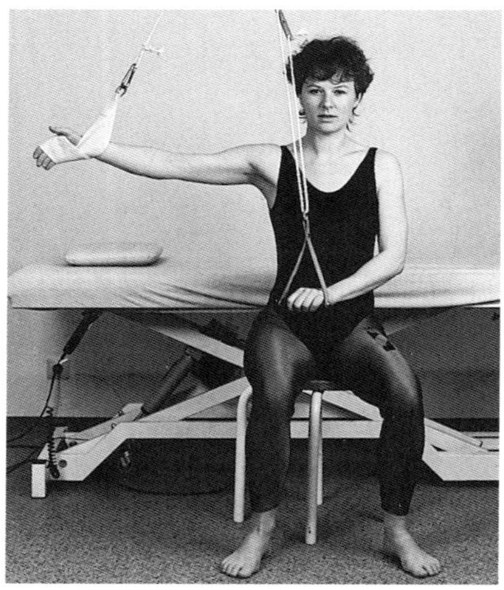

Der Pat. wird aufgefordert, den Arm seitlich abzuheben und wieder in die Ausgangsposition zurückzubringen.
Der Pat. kontrolliert die Bewegung selbst nach Anleitung.
Pat. macht so viel wie möglich aktiv.

Passives Bewegen, aktiv-assistives Bewegen — **im Rollenzug**

Streckung im Kniegelenk

Aste: Sitz am Bankende mit Unterschenkelüberhang Kniegelenk 90° gebeugt, eine Schlinge liegt am Unterschenkel.
Die Rolle befindet sich lotrecht über dem Kniegelenk. Der Griff befindet sich in der Hand des Ther. oder des Pat.
Stabilisation:
wenn notwendig, oberhalb der Kniescheibe auf dem Oberschenkel
Unterstützende Hand: nicht erforderlich.

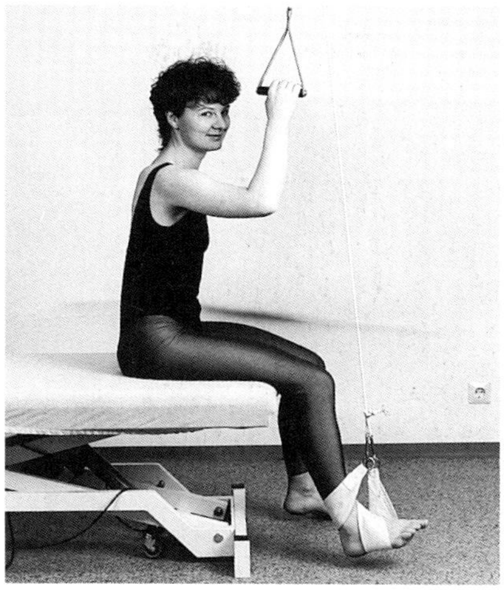

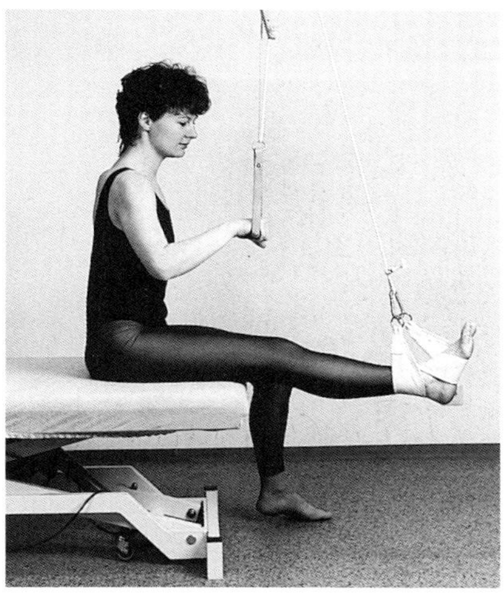

Der Pat. streckt nun mit Unterstützung des Rollenzuges den Unterschenkel.

Der Pat. kontrolliert die Bewegung selbst nach Anleitung.

Es werden nur einige Beispiele gegeben.

Bewegen

Passives Bewegen, aktiv-assistives Bewegen **im Wasser**

Bewegungen der Arme

Aste: Stand im Wasser
Die Arme werden vor- und zurückbewegt.

Es werden nur einige Beispiele gegeben, da die Bewegungstherapie im Wasser gesondert unterrichtet wird.

Hin- und Herbewegen des Rumpfes

Aste: RL im Wasser, die Hände fassen jeweils eine Haltestange.

Der Pat. wird aufgefordert, den Körper langsam hin- und herzubewegen.

Bewegungstherapie im Wasser ist immer eine ganzheitliche Therapie. Neben dem Auftrieb des Wassers wirken auch der hydrostatische Druck und, je nach Geschwindigkeit der Bewegung, auch der Reibungswiderstand. Deshalb kann das Wasser gut zum Üben gegen Widerstand eingesetzt werden.
Es muss vorher jeweils abgeklärt werden, ob keine Kontraindikationen für die Bewegungstherapie im Wasser bestehen (z.B. Herzinsuffizienz, offene Wunden, Schwindelanfälle). Zu bedenken ist auch, daß die Fixationsmöglichkeiten im Wasser begrenzt sind und deshalb exakte Bewegungen oft schwierig sind.

Übungsaufgaben ⇒ Bewegen

Fragen	Meine Lösung
1. Welche Möglichkeiten haben Sie, passives Bewegen durchzuführen?	
2. Beschreiben Sie 5 Richtlinien zur Durchführung des passiven Bewegens	
3. Wann setzt man aktiv assistives Bewegen ein?	
4. Was versteht man unter geschlossenem System?	
5. Was versteht man unter Agonisten?	
6. Definieren Sie den Begriff „Sensomotorische Fertigkeit“	
7. Welche Regeln sind zu beachten beim freien aktiven Bewegen?	
8. Was versteht man unter KSP ?	
9. Auf was müssen Sie achten beim passiven Bewegen der Akren?	
10. Sie bewegen passiv das Kniegelenk in Beugung und Streckung. Beschreiben Sie die Fixation dazu.	
11. Durch welche Muskeln wird die Abduktion und Adduktion in der Hüfte mit gestrecktem Bein begrenzt?	

Die Antworten finden Sie auf den Seiten 248–249

Fragen	**Meine Lösung**
12. Beschreiben Sie die Abduktion der Hüfte, aktiv-assistiv, in ASTE: SL	
13. Auf was müssen Sie besonders achten, wenn Sie die Hüfte in Außen- und Innenrotation passiv bewegen?	
14. Wie wird die bewegende Hand angelegt, wenn Sie das Handgelenk in Dorsalflexion passiv bewegen?	
15. Welche ASTE wählen Sie, wenn die Abduktion/Adduktion im Schultergelenk hubfrei sein soll?	
16. Beschreiben Sie eine passive Abduktion im Schultergelenk (ASTE: Sitz)?	
17. Was muss beachtet werden, wenn Abduktion mit Elevation der Schulter in der Frontalebene geschieht?	
18. Aus welchen 4 Bewegungskomponenten kann eine Zirkumduktion im Schultergürtel passiv durchgeführt werden?	
19. Warum eignet sich das Wasser besonders gut für Übungen gegen Widerstand?	

Die Antworten finden Sie auf den Seiten 248–249

Definition

Halten von Körper- und Gelenkpositionen mittels statischer Muskelkontraktion

Die beim Halten entwickelte Spannung ist die Kraft, die der Muskel aufzubringen vermag. Sie wird als Haltekraft bzw. **statische Kraft** bezeichnet.

Definition Halten in Prozent der Maximalkraft

Die bei willkürlicher maximal statischer Muskelanspannung aufwendbare Kraft

In der Behandlung wird zum isometrischen Training meist mit ca. 50 – 70 % der Maximalkraft und ca. 5 – 10 sec Haltedauer bei 3 – 5 Kontraktionen pro Tag gearbeitet. Der Prozentanteil ist in der Praxis an der Anzahl der Wiederholungen erkennbar: d.h., kann eine Muskelgruppe die Haltespannung 5 – 10-mal wiederholen, spannt sie mit 50 – 70 % der Maximalkraft an (Erfahrungswert).

Grundlagen

Halten gegen den Widerstand der Schwerkraft	Die Anziehungskraft der Erde kann – je nach Stellung des Körpers oder seiner Teile im Raum – einen größeren oder kleineren Widerstand setzen. Der Einfluss der Schwerkraft hängt von der Länge des Hebels ab, der gehalten werden muss. Je mehr er sich der Horizontalen nähert, desto größer ist die Haltekraft. Wenn der Hebel, der gehalten werden soll, annähernd vertikal steht, ist der Einfluss der Schwerkraft gering.	= statische Muskelarbeit
Halten gegen manuellen Widerstand, der fremd- oder eigentätig gegeben werden kann	Halten durch Anspannen bestimmter Muskelgruppen **Lokale isometrische Muskelarbeit:** weniger als $^1/_6$ - $^1/_7$ der gesamten Körpermuskulatur **Allgemeine isometrische Muskelarbeit:** mehr als $^1/_6$ - $^1/_7$ der Gesamtkörpermuskulatur.	= isometrische Muskelarbeit
Halten bzw. Stemmen gegen den Widerstand feststehender Teile der Umgebung,	z.B. Türrahmen, Wand, Boden. Wird häufig mit fast 100% der Maximalkraft ausgeführt. Dann ist in Bezug auf die statische Kraft eine Anspannungszeit von 2 – 3 sec ausreichend (n.Hettinger).	

Anspannung : Entspannung
1 : 2 schwach (Janda 2-3)
2 : 1 stärker (Janda 5)
(Grenze)
→ nicht 2 : 0,5 ~> zu kurz
Entspannung-Zeit niemals kürzer als die Hälfte von Ansp.-Zeit

Halten

Statische Muskelarbeit **Beispiele**

Aste: Sitz am Bankende oder aufrechter Stand

Muskelarbeit:
Rumpf in den Hüftgelenken nach vorne neigen, wobei die Körperabschnitte Becken, Brustkorb und Kopf lotrecht übereinander eingeordnet sind.

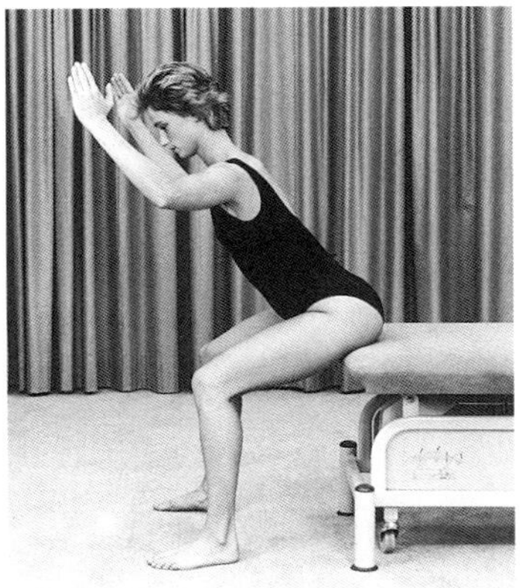

Statische Muskelarbeit gegen die Einwirkung der Schwerkraft.

Zielsetzung:
rückengerechte Haltung erlernen, z.B. bei Arbeiten in vorgeneigter Körperhaltung= reaktives Anspringen der Rückenmuskeln.

Aste: BL, Arme nach vorne ausgestreckt und halten einen Stab

Muskelarbeit:
Oberkörper etwas von der Unterlage abheben
Halten ca. 10 sec,
Pause: 30 sec

Zielsetzung:
Haltearbeit für die gesamte dorsale Muskulatur.

Aste: BL, Arme und Beine ausgestreckt

Muskelarbeit:
Arme und Beine werden von der Unterlage abgehoben und 6 – 8 sec in der Luft gehalten

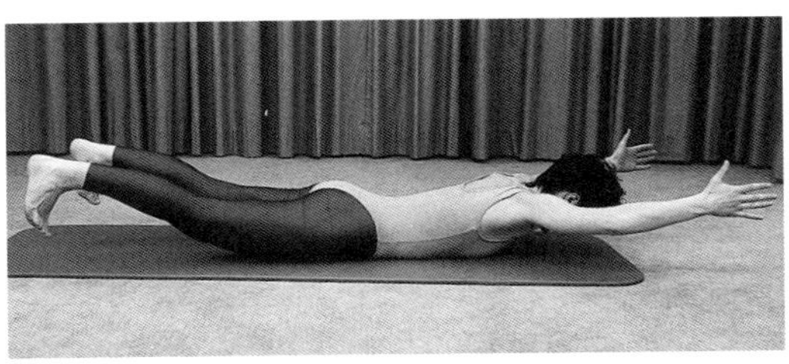

Zielsetzung:
Haltearbeit der gesamten ventralen Muskulatur z.B. Hüftbeuger, Bauchmuskeln, M. serratus anterior, M. pectoralis maior.

Aste: BL, Unterarme aufgestützt

Muskelarbeit:
Körper von der Unterlage abheben und 6 – 8 sec in der Luft halten.

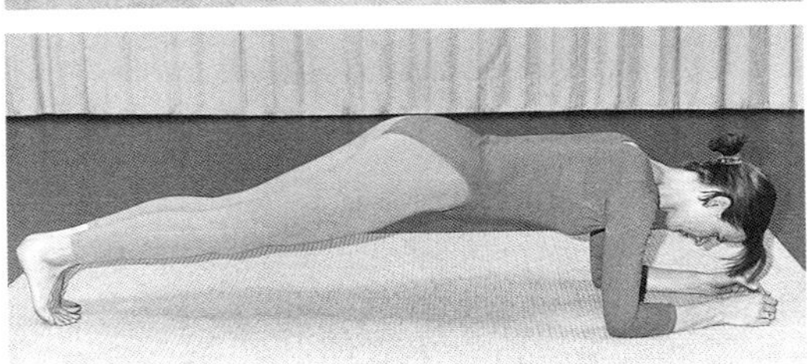

Statische Muskelarbeit | **Beispiele**

Aste: SL mit gestreckten Beinen, auf den Unterarm abgestützt, obere Hand stützt sich am Boden ab. Becken von der Unterlage abheben und 10 sec halten, 30 – 120 sec Pause.

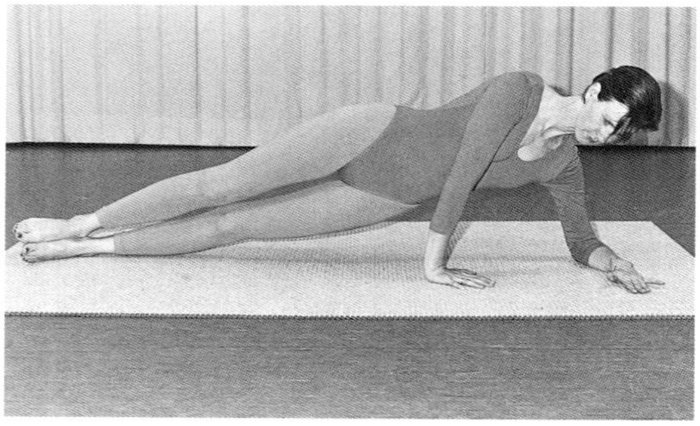

Zielsetzung:
Training der kleinen Glutäi.

Varianten durch Abheben des Stützarmes bzw. des obenliegenden Beines.

Aste: RL, Beine ausgestreckt, LWS unterlagert, Arme neben dem Körper oder hinter dem Kopf verschränkt

Oberkörper nur etwas von der Unterlage abheben, so dass sich die Schulterblätter vom Boden lösen.

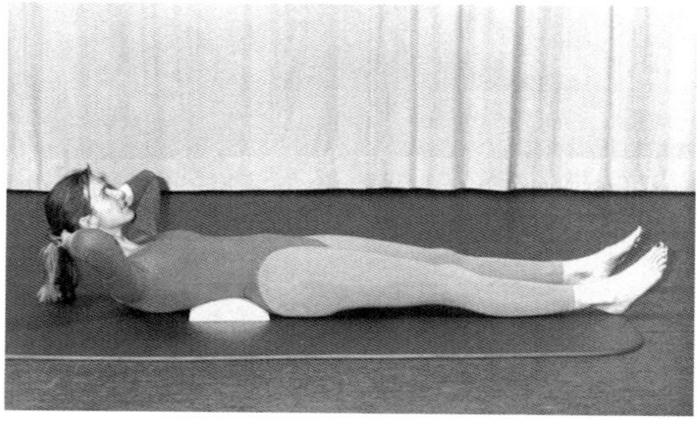

Zielsetzung:
Aktivierung der Bauchmuskeln.
Damit die LWS nicht rund wird, soll die Bewegung sehr klein gehalten werden. Die Übung ist günstig für die Bauchmuskeln bei achsengerechter Belastung der Bandscheiben, wenn gleichzeitig die Beine auf die Unterlage gepresst werden.

Aste: RL, Knie und Hüftgelenk 90° gebeugt, die Oberschenkel stehen vertikal, die Unterschenkel horizontal.
Die Knie entfernen sich etwas vom Bauchnabel, die Beine werden 10 sec in dieser Stellung gehalten, 30 sec Pause.

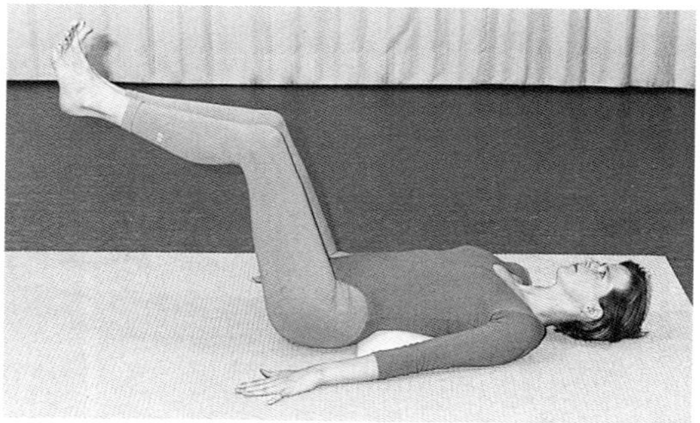

Die LWS darf den Kontakt zur Unterlage nicht verlieren.

Halten

Zielsetzungen isometrischer Muskelarbeit

max. isometrische Anspannung	Krafterhalt bzw. Kraftzuwachs	
isometrische Anspannung in einer angenäherten Position, dann bewegen	Verbesserung der Wahrnehmung	der Pat. bekommt nach isometrischer Anspannung ein anderes Kräftegefühl.
Ca. 10 Sek. verschiedene Muskelgruppen anspannen lassen	Verbesserung der Durchblutung	reaktive Hyperämie nach Absperren der Durchblutung durch die isometrische Muskelarbeit. Der Pat. bekommt ein Wärmegefühl.
Über einen längeren Zeitraum Agonisten und Antagonisten anspannen lassen	Schmerzlinderung	erfolgt durch Ausschwemmen der schmerzauslösenden Substanzen bei der reaktiven Hyperämie.
Ganzkörperspannung durch gleichzeitig ablaufende zentripetale und zentrifugale Muskelanspannung	Verbesserung der Haltung durch aufrichtende Wirkung auf das Achsenorgan	z. B. Stemmführung nach Brunkow.

Aste: BL
Fußspitzen aufgestellt, Hände in Dorsalflexion bei leicht gebeugten Fingern

Muskelarbeit: Handwurzeln in den Boden stemmen, Fersen herausschieben, Hinterhauptslinie lang machen.

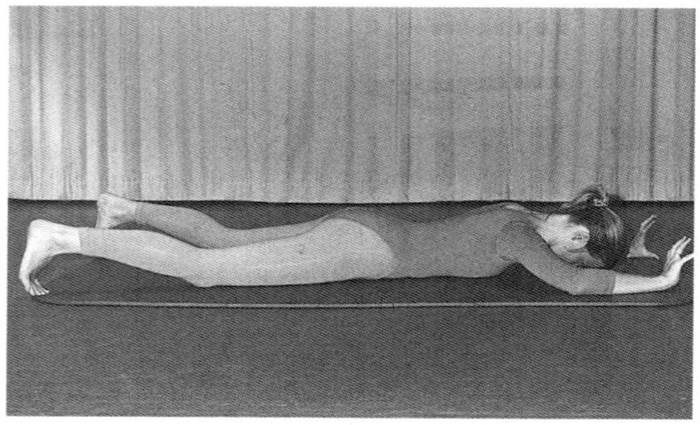

Allgemeine isometrische Muskelarbeit

Der Widerstand entsteht durch den Schub von Fersen und Handwurzel ohne weiteren äußeren Einfluss.
Die Stemmübung hat einen streckenden Effekt auf das Achsenskelett.

Aste: RL, LWS unterlagert, Knie und Ellenbogen leicht gebeugt

Muskelarbeit:
Fersen und Handwurzeln in die Unterlage stemmen, Spannung über einige Sekunden aufrechterhalten.

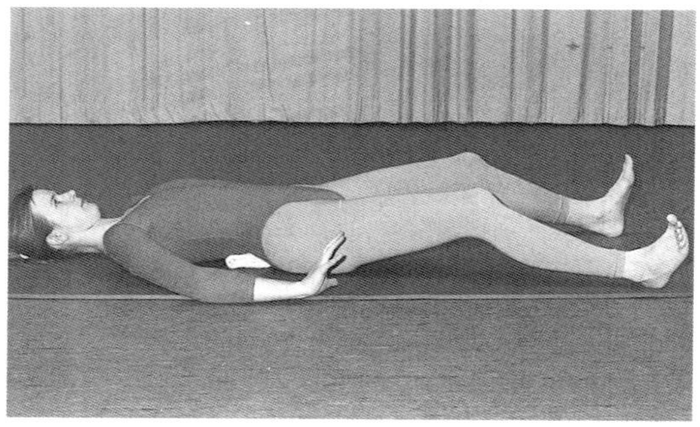

Ohne weiteren Einfluss von außen.

Aste: Sitz

Muskelarbeit:
Fußspitzen hochziehen, Fersen in den Boden stemmen, die Arme stemmen von den Handwurzeln aus gegensinnig in Flexion bzw. Extension, dabei Dorsalextension in den Handgelenken bei leicht gebeugten Fingern, Hinterhaupt herausschieben.

Ohne weiteren Einfluss von außen.
Die Wirbelsäule soll sich strecken.

Eine isometrische Muskelspannung sollte ca. 6 – 8 sec gehalten werden. Die Atmung darf nicht angehalten werden, sondern sollte ruhig und oberflächlich weitergehen.

Halten

Isometrische Muskelarbeit gegen eigentätig gegebenen Widerstand **Beispiele**

Aste: SL links, der linke Arm liegt unter dem Kopf, das linke Bein ist weit angebeugt, die rechte Handfläche drückt gegen das linke Knie, das rechte Bein wird nach hinten weggestreckt, Ferse zur Decke herausgeschoben. Bis 5 zählen, dann lösen.

Beansprucht werden vor allem die Hüftbeuger, Bauchmuskeln und Adduktoren des Armes.

Aste: RL, Beine gestreckt. Rechtes Knie anbeugen, mit der linken Hand von vorne gegen das Knie drücken, dabei den Kopf etwas anheben. Der andere Arm liegt neben dem Körper.

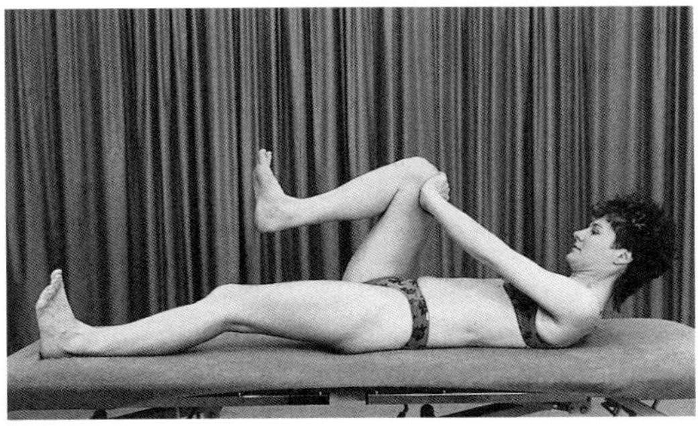

Die Übung richtet sich vor allem gegen die schrägen Bauchmuskeln.

Die Übung erfolgt im Wechsel.

Aste: aufrechter Sitz auf dem Hocker. Der Pat. drückt beide Handflächen fest gegeneinander und behält die gerade Rückenhaltung.

Aste: Sitz auf dem Hocker Der Pat. drückt mit einer Hand von vorne gegen den Kopf, die andere Hand stabilisiert von dorsal die HWS.

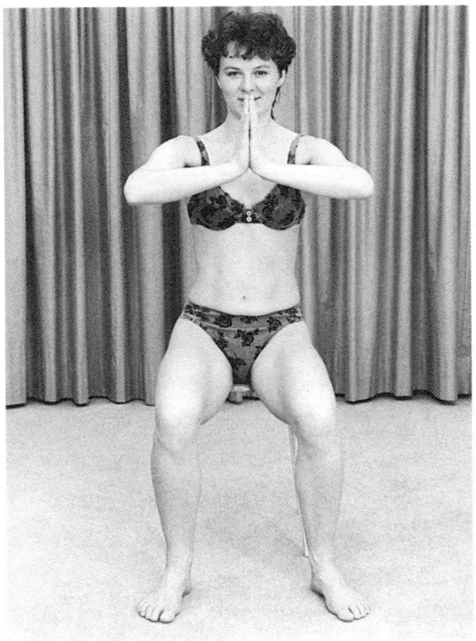

Sie richtet sich vor allem gegen die Brustmuskulatur. Die Zielsetzung kann unterschiedlich sein: So kann die anschließende Entspannung bewusst empfunden werden, so dass die Brustmuskulatur im Tonus nachlassen kann.

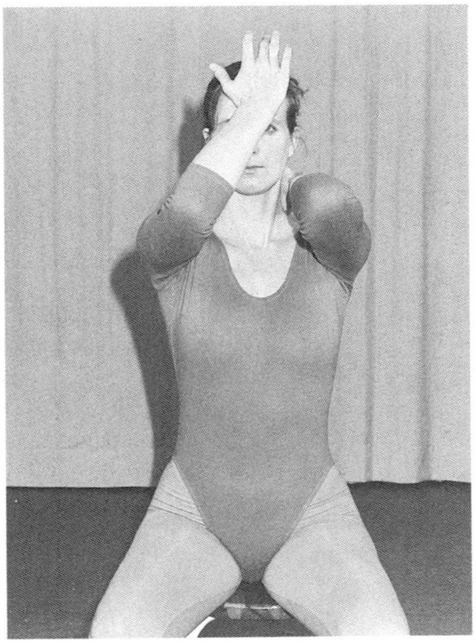

Sie richtet sich gegen die vordere Halsmuskulatur. Die HWS soll dabei gestreckt werden.

Halten

Isometrische Muskelarbeit durch manuellen Widerstand — **Beispiele**

Aste: RL
Der Ther. legt die flache Hand unter die Kniekehle und Fußsohle des Pat. und fordert ihn auf, das Knie fest durchzustrecken.

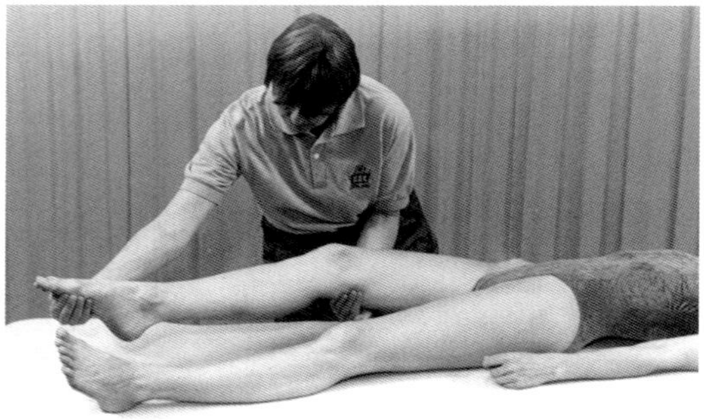

Isometrische Spannungsübung
Die Ferse soll möglichst nah am Boden bleiben.

Zielsetzungen können unterschiedlich sein, z.B. Erhöhung des Muskelquerschnittes, aber auch Anregung der Durchblutung und Auspressen des Recessus suprapatellaris. Die Übung kann mehrmals wiederholt werden.

Aste: SL, das obere Bein wird gegen den Widerstand des Ther. abgespreizt.
Der Pat. wird aufgefordert, das Bein gegen Widerstand in der Luft zu halten.

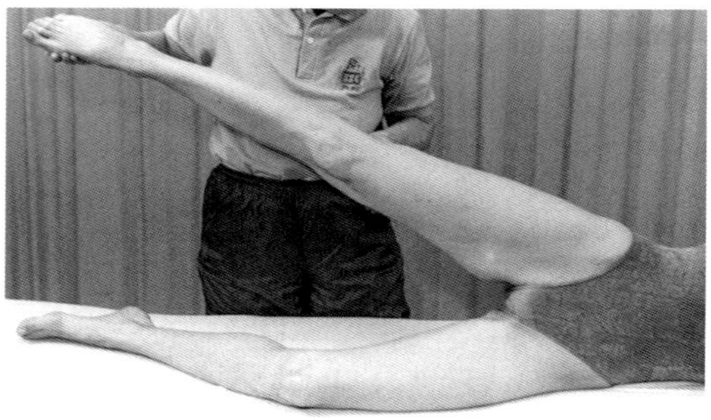

Intensive Arbeit der kleinen Glutäi.
Widerlager am untenliegenden Bein durch Irradiation.

Aste: RL
Fuß ist aufgestellt, der Ther. gibt isometrischen Widerstand für die Dorsalextensoren.

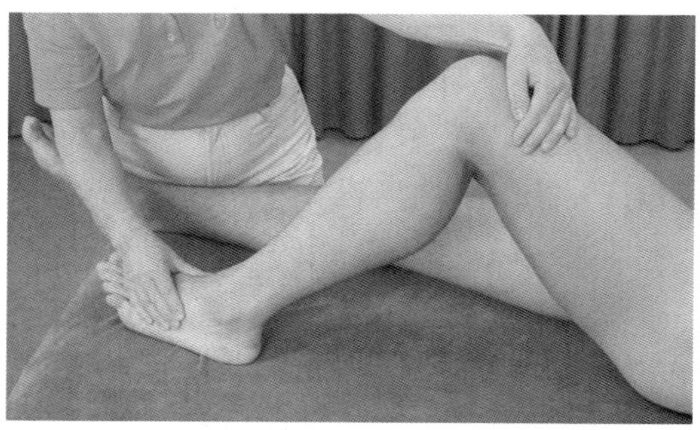

Widerlager am Oberschenkel.

Die isometrische Haltearbeit kann als Vorbereitung dienen für eine nachfolgende dynamische Muskelarbeit (konzentrisch-exzentrisch) für die Dorsalextensoren.

Aste: Kurzsitz
Der Ther. gibt isometrischen Widerstand am distalen Ende des Unterschenkels für die Kniestreckung.

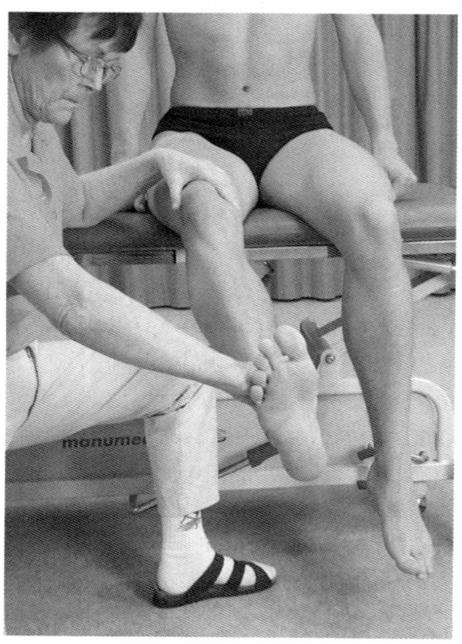

Es muss sichergestellt sein, dass in der offenen Kette geübt werden darf.
Vielfach ist das geschlossene System durch die Kokontraktion von Beugen und Strecken des Kniegelenks vorzuziehen.

Andererseits kann in der offenen Kette ein schneller Kraftaufbau erreicht werden.

Stabilität

Stabilisation durch isometrische Muskelarbeit gegen manuellen Widerstand

Definition:

Reaktionen des Patienten auf Angriffe aus unterschiedlichen Richtungen

Die Angriffe können erfolgen

- durch den Therapeuten
- durch eine labile Unterlage, z. B. Weichbodenmatte,
- propriozeptive Trainingsgeräte

Aste: RL
Ein Arm ist senkrecht erhoben. Der Ther. gibt Druck von oben zur Förderung der Stabilität und fordert die Pat. auf, gegen Widerstände aus unterschiedlichen Richtungen die Stellung zu verteidigen.

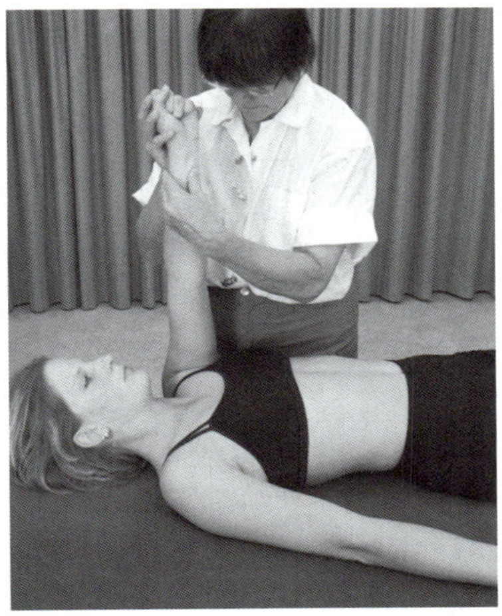

Gut geeignet bei Schulterinstabilitäten

Aste: RL, Füße sind aufgestellt. Der Ther. gibt von den Seiten Widerstand gegen die Knie und die senkrecht erhobenen Arme. Der Pat. soll die Stellung verteidigen und die Knie in der Mitte halten.

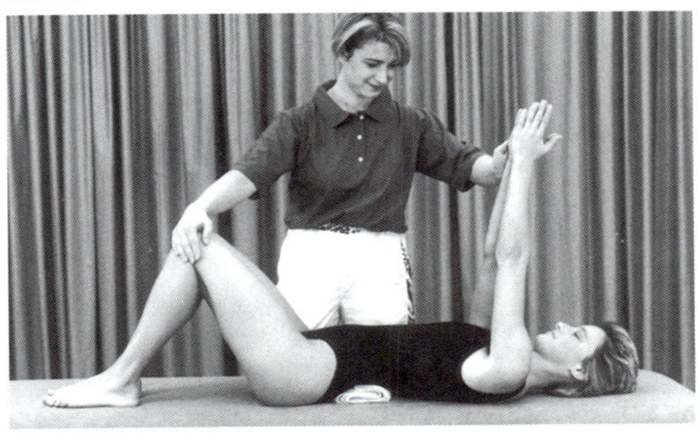

Isometrische Spannungsübung als stabilisierende Übung für die Rumpfmuskulatur, z.B. bei Rückenproblemen und mangelnder Haltekraft.

Der Ther. wechselt die Richtungen für den Widerstand.

Vaiante: Beine rechtwinklig gebeugt in der Luft.

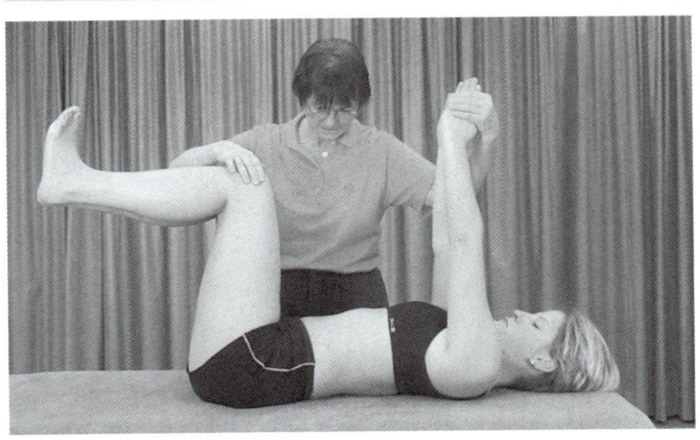

Stabilität

Stabilisation durch isometrische Muskelarbeit gegen manuellen Widerstand

Aste: RL
Der Ther. gibt Widerstand an Skapula und Becken und fördert den Pat. auf, die Stellung zu verteidigen.

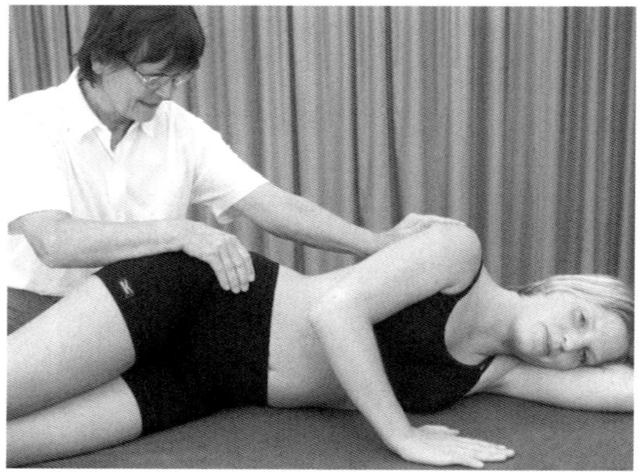

Gut geeignet für die Stabilisation des Rumpfes (z.B. bei Rückenpatienten).

Aste: Halbseitsitz.
Der Ther. gibt Widerstand an der untenliegenden Schulter.

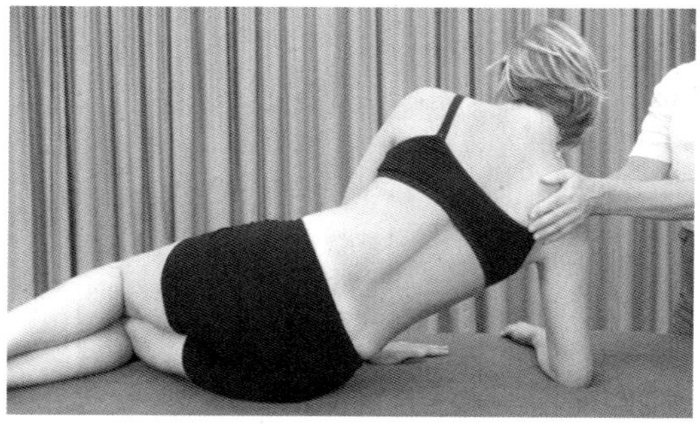

Der Pat. muss in der Lage sein, sich auf den unteren Arm zu stützen (Serratusfunktion).
Gut geeignet bei Schulterinstabilitäten, da geschlossenes System.

Aste: Seitenlage.
Der Pat. hebt das obenliegende Bein ab und den obenliegenden Arm in die Senkrechte.
Der Ther. gibt unterschiedliche Widerstände.

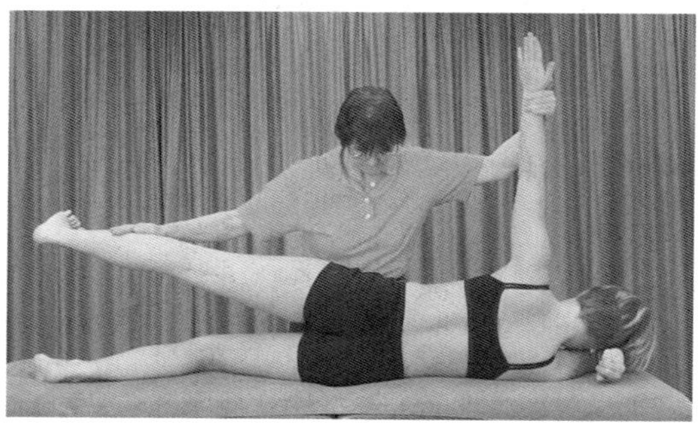

Anstrengende Übung, da die Hebel lang sind.
Der Pat. muss in der Lage sein, diese Stellung zu verteidigen.
Gut geeignet bei Skoliosepat.

Stabilisation durch isometrische Muskelarbeit gegen manuellen Widerstand

Aste: RL
Der Pat. hat die Füße aufgestellt. Der Ther. gibt Widerstand an den Händen für die Extension der Arme, Hände sind in Dorsalextension.

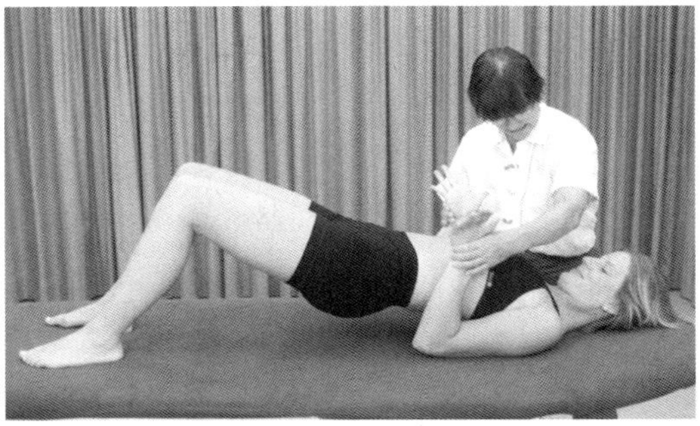

Der Pat. soll die Oberarme fest auf die Unterlage drücken. Dadurch hebt sich das Gesäß von der Unterlage ab. Diese Stellung soll gehalten werden. Aktivierung der Hüftstrecker im geschlossenen System gegen die Schwerkraft.

Aste: RL auf dem Boden. Ein Handtuch liegt unter dem Körper. Die Beine sind in Hüft- und Kniegelenken 90° gebeugt in der Luft. Der Ther. gibt Widerstand an den Fußrücken. Der Pat. soll die Stellung verteidigen.

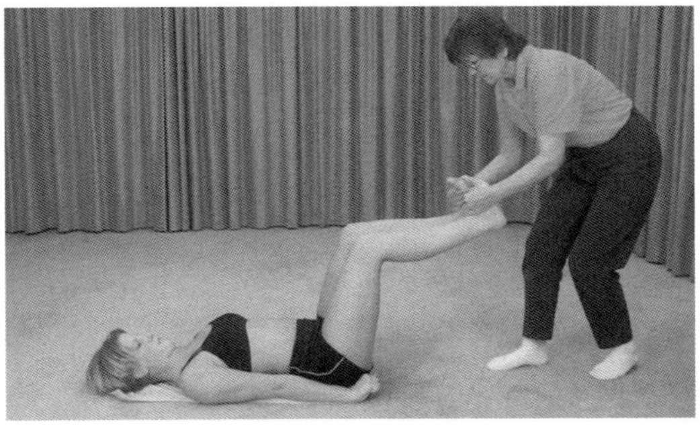

Das Handtuch wird vom Pat. unter Spannung gehalten. Intensive Muskelarbeit für Hüftbeuger und gesamte Rumpfmuskeln.
Dient der Symmetrie (z.B. bei Skoliose)

Aste: Sitz auf dem Hocker, Arme sind erhoben
Der Pat. gibt Widerstand an den Schultern, wobei eine Hand von vorne drückt, die andere von hinten.
Der Pat. soll die Stellung verteidigen.

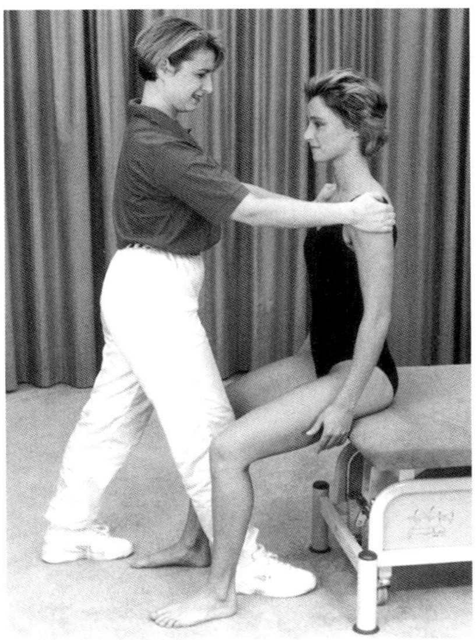

Isometrische Übung gegen Widerstand
Intensive Übung für die Rumpfmuskulatur.

Der Ther. wechselt die Hände.

Halten

Isometrische Muskelarbeit gegen Widerstand kleiner Geräte | **Beispiele**

Aste: Sitz auf dem Hocker
Die seitlich erhobenen Arme halten ein Handtuch unter Spannung.
Die Hände ziehen das Handtuch nach den Seiten fest auseinander.
Die Stellung muss gehalten werden.

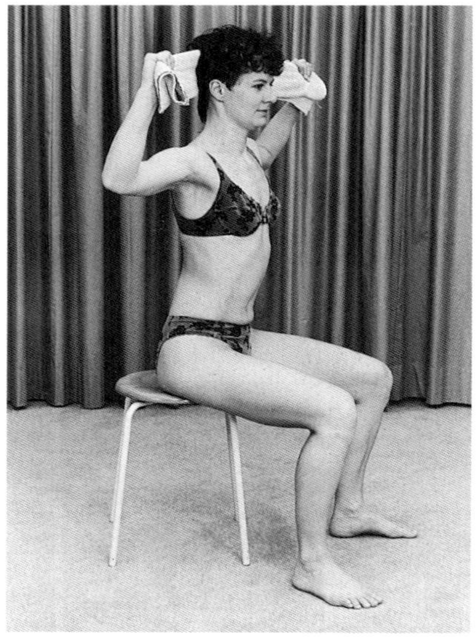

Der Widerstand entsteht durch die Spannung des gestrafften Handtuchs.
Er steigt mit der Kraft, mit der das Handtuch in Spannung versetzt wird.
Die Armstellung kann variiert werden.

Aste: Sitz auf dem Hocker
Die nach vorne erhobenen Arme halten einen Gymnastikball.
Der Gymnastikball wird fest zusammengepresst, die Stellung muss ansonsten gehalten werden.

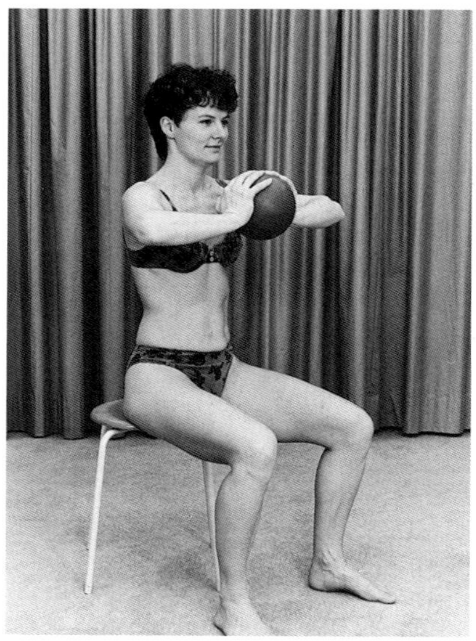

Der Widerstand entsteht durch den Druck gegen den Ball.
Er steigt mit der Kraft, mit der der Ball unter Druck gesetzt wird.
Die Armstellung kann variiert werden.

Aste: Bauchlage, unter dem Rumpf liegt ein Handtuch, ein Ende des Handtuches wird durch den Rumpf fixiert. Das andere Ende halten die Hände nach vorne. Die Hände versuchen, das Handtuch nach vorne herauszuziehen, was aber nicht gelingen darf.

Die Übung richtet sich vor allem an die Rückenmuskulatur und die Armheber. Sie beansprucht einen großen Teil der Körpermuskulatur.

Immer auf gleichmäßige Atmung achten.

Isometrische Muskelarbeit gegen Widerstand feststehender Teile | **Beispiele**

Aste: Stand in einem Türrahmen
Die Arme sind erhoben.
Die Handflächen legen sich gegen den Türrahmen und versuchen, ihn nach oben wegzudrücken.

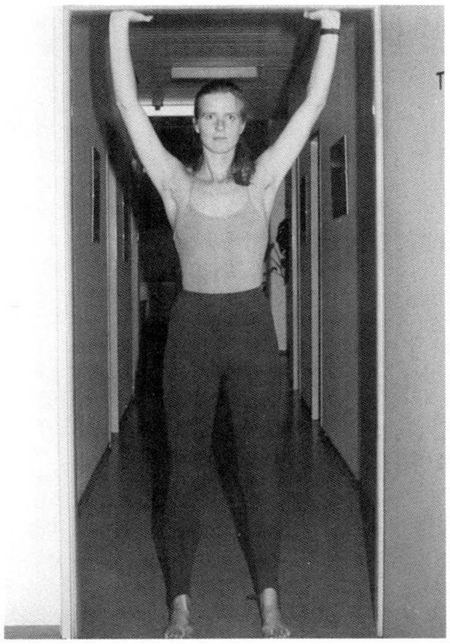

Die Übung richtet sich vor allem gegen Armheber und Rückenstrecker.
Varianten sind möglich durch Änderungen der Position der Arme.

Aste: RL
Die erhobenen Beine werden mit den Außenseiten gegen den Türrahmen gelegt und stemmen sich dagegen.

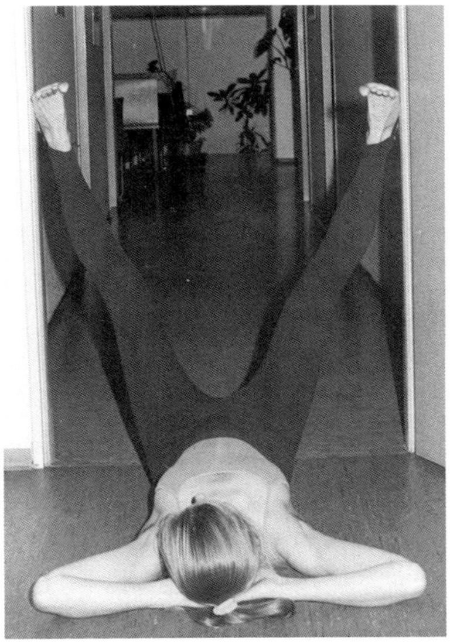

Die Übung richtet sich vor allem gegen die Abduktoren der Beine.

Werden die Beine gekreuzt, können die Adduktoren aktiviert werden.

Isometrische Muskelarbeit gegen Widerstand des Partners **Beispiele**

Aste: RL, Unterarme aufgestützt
Die Partner liegen sich gegenüber, gegenseitig zugewandt.
Ausführung:
jeweils ein Bein gegen das Bein des Partners gedrückt, Stellung halten.

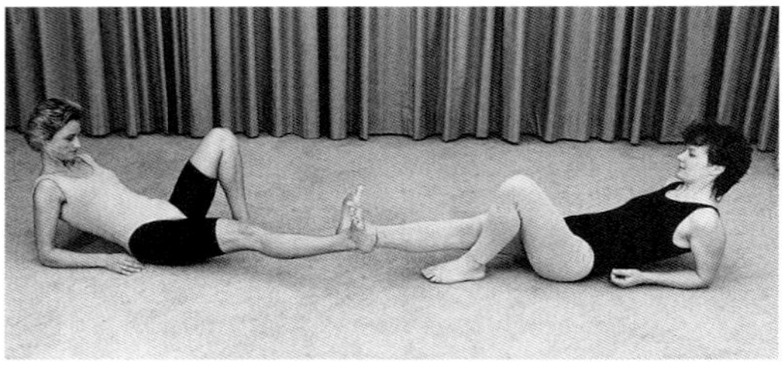

Beansprucht werden die Abduktoren oder Adduktoren, je nach Druckrichtung.

Aste: Stand, die Partner stehen sich gegenüber und halten einen Stab.
Ausführung:
Der eine Partner versucht, den Stab nach oben oder unten zu ziehen, der andere hält dagegen.

Intensive Muskelarbeit für die gesamte Muskulatur, die WS muss in ihren physiologischen Schwingungen gehalten werden.

Halten

Isometrische Muskelarbeit unter Konzentration auf den Spannungswechsel

Definition:

Man versteht darunter das Lenken der Aufmerksamkeit auf bestimmte Körperempfindungen beim Anspannen und Entspannen der Muskeln einzelner Körperabschnitte oder des ganzen Körpers

Zielsetzung:

Lenken der Aufmerksamkeit

- auf das Anspannungsgefühl
- auf das Entspannungsempfinden
- auf das Lage- und Gewichtsempfinden (d.h. wie liegt der betreffende Körperabschnitt vorher und nachher auf der Unterlage)
- auf die sich verändernde Atemform

Regeln für den Ablauf

Spannungsaufbau und Spannungsabbau müssen im gleichen Tempo erfolgen.
Für die Schulung des Körperempfindens ist das langsame Entspannen wichtig.
Jeder Spannungswechsel kann in der krankengymnastischen Behandlung mit dem Wahrnehmen bzw. Lenken der Aufmerksamkeit verbunden werden.

Halten

Isometrische Muskelarbeit unter Konzentration auf den Spannungswechsel | **Beispiel in 3 Lernschritten**

Durchspannen des ganzen Körpers im Liegen

1. Lernschritt
Spannungsaufbau: Fußspitzen hochziehen, Kniekehlen auf die Unterlage drücken, Gesäßmuskeln anspannen und nachspüren, ob sich die Lendenwirbelsäule in Richtung Unterlage bewegt. Ca. 10 sec halten.
Spannungsabbau: in freier Wahl eine Muskelgruppe nach der anderen.

2. Lernschritt:
Spannungsaufbau: wie beim 1. Lernschritt beginnen, dann beide Hände an den äußeren Beinseiten in Richtung Füße ziehen. Ca. 10 sec halten (weiteratmen!).
Spannungsabbau: nach freier Wahl eine Muskelgruppe nach der anderen entspannen.

3. Lernschritt:
Spannungsaufbau wie beim 1. und 2. Lernschritt. Zusätzlich Kinn zur Brust ziehen – Kopf in Richtung Scheitel bzw. Kopfende der Liege ziehen. Ca. 10 sec halten, dabei in kleinen Atemzügen weiteratmen.
Spannungsabbau: entweder eine Muskelgruppe nach der anderen entspannen oder alle Muskeln gleichzeitig lösen.

Übungsaufgaben ⇒ Halten

Fragen	Meine Lösung
1. Differenzieren Sie allgemeine und lokale isometrische Muskelarbeit.	
2. Durch welche Übung können Sie ein reaktives Anspringen der Rückenmuskeln erreichen?	
3. Kann man durch isometrische Muskelarbeit eine Schmerzlinderung erreichen? Erklären Sie:	
4. Wie lange sollte eine isometrische Muskelarbeit gehalten werden?	
5. Welche Möglichkeiten des Haltens gegen Widerstand fallen Ihnen ein?	
6. Definieren Sie: Halten unter Konzentration auf den Spannungswechsel.	
7. Beschreiben Sie die drei Lernschritte beim Halten unter Konzentration auf den Spannungswechsel.	
8. Definieren Sie Stabilität.	

Die Antworten finden Sie auf Seite 250

Definition

- Es erfolgt Bewegen gegen zusätzlichen Widerstand, d.h. zusätzlich zum Eigengewicht des zu bewegenden Körperabschnittes und zum Widerstand der Schwerkraft.
- Der Widerstand wird immer entgegen der geforderten Bewegungsrichtung gesetzt.
- Der Widerstand, d.h. die äußere Kraft, muss so groß sein, dass der Muskel vermehrt Spannung entwickelt, aber auch noch eine koordinierte Bewegung zustande kommt.

Resistives Bewegen | **Entwicklung muskulärer Leistungsfähigkeit**

Fünf Faktoren

Kraft, Ausdauer, Volumen, Schnelligkeit der Kontraktion und Koordination.

Die ersten drei stehen untereinander in Wechselwirkung und können durch Widerstandsübungen trainiert werden.

Kraft

Sie entwickelt sich als Antwort auf die Anwendung des Maximalwiderstandes, der mit der Fähigkeit des Muskels, ihn zu überwinden, übereinstimmt. Die Kraft des Muskels kann zunehmen, wenn die Muskeln gegen einen allmählich zunehmenden Widerstand arbeiten.

Entscheidend für die Kraftentwicklung ist die Größe des Widerstandes. Starke Widerstandsübung mit geringer Repetitionszahl
= intensives Training

Ausdauer

ist eine Qualität, die sich auf Grund wiederholter Kontraktion entwickelt. Leichte Widerstandsübung mit häufiger Repetitionszahl
= extensives Training
Grundsätzlich werden Kontraktionen **in intermittierender oder kontinuierlicher Dauerform** unterschieden.

Volumen

kann als Anzeichen von Hypertrophie beobachtet und gemessen werden. Es entwickelt sich gewöhnlich proportional der Kraft.
Es dient als Mittel, dem Patienten den Fortschritt der Behandlung zu zeigen (nicht immer ein verlässliches Zeichen für eine erfolgreiche Behandlung).

Bewegungskontrolle

Resistives Bewegen	Stärke der Widerstände
Führungswiderstand	Der manuelle Widerstand wird entgegen der gewünschten Bewegungsrichtung gesetzt und entsprechend der Muskelkraft des Patienten dosiert. In diesem Fall braucht der Patient noch Hilfe.
Leichter bis starker Widerstand	Dabei spielt die Anzahl der gewünschten Wiederholungen eine Rolle.
Maximaler Widerstand	Hier ist nur eine Wiederholungszahl von 1–5 möglich.
Optimaler Widerstand	Die Muskelkraft schwankt in den verschiedenen Bereichen ihres Bewegungsausmaßes: Muskeln, die fähig sind, ein beträchtliches Ausmaß an Gelenkbewegung hervorzubringen, sind nicht in allen Bereichen ihres Bewegungsausmaßes gleich kräftig. Aus einer Dehnung heraus können Muskeln optimale Kraft entwickeln, ihre Kraft verringert sich, wenn sie in eine angenäherte Position kommen. In einer mittleren angenäherten Position entwickeln Muskeln ihre größte Hubkraft. Deshalb ist der Widerstand der jeweiligen verlängerten, mittleren oder angenäherten Position des Muskels anzupassen.

Resistives Bewegen kann mit überwindender Muskelarbeit = konzentrisch – dynamisch und mit bremsender Muskelarbeit = exzentrisch – dynamisch erfolgen.

Bremsende Aktivität dient in erster Linie der Bewegungskontrolle.

Isoliertes Bewegen gegen Widerstand	Bewegen um eine klar definierte Achse und in nur einer Körperebene.
Komplexes Bewegen gegen Widerstand	Bewegung um schräg liegende Bewegungsachsen (Kompromissachsen) in mehr als zwei Körperebenen.
Die äußere Kraft	kann an den Körperhebeln angreifen, um der Kraft der Muskelkontraktion entgegenzuwirken.
Die Spannung	wird durch die entgegenwirkende Kraft in den Muskeln erhöht. Die Muskeln antworten mit einer Vermehrung ihrer Kraft und mit Hypertrophie.
Die Zunahme der muskulären Entwicklung	tritt als Antwort auf die Zunahme von intramuskulärer Spannung auf.
Das Maximum an Entwicklung	entsteht durch die Anwendung des maximalen Widerstandes. Dieser muss mit der Fähigkeit des Muskels, ihn zu überwinden, übereinstimmen.

Die Widerstandskraft muss ausreichen, um die intramuskuläre Spannung bis zum Maximum zu erhöhen. Sie darf nicht auf die Fähigkeit der Muskeln, koordinierte Bewegungen zu erzeugen, störend einwirken.

Resistives Bewegen	Ausführung
Ausgangsstellung	Die Aste muss die Bequemlichkeit und Stabilität für den ganzen Körper garantieren, so dass die volle Aufmerksamkeit des Patienten und die verlangte Anstrengung auf die Überwindung des Widerstandes konzentriert wird.
Bewegungsmuster	Die Übung muss dem Patienten gut bekannt sein. Sie muss ihm vorher passiv, aktiv-assistiv oder als freie aktive Bewegung vermittelt worden sein.
Stabilisierung	• Die Stabilisierung oder Fixierung des Körperteils, an dem der zu kräftigende Muskel seinen Ursprung hat, sollte, wenn möglich, aktiv sein. • Die Funktion der Muskeln, die normalerweise für die Stabilisierung verantwortlich sind, dient zur Verstärkung des Musters. Deshalb sollten sie dafür auch benutzt werden. • Wenn jedoch die Neigung besteht, dass die Bewegung auf Nachbargelenke übertragen wird und sich dadurch das Bewegungsmuster ändert (Ausweichbewegung), soll manuelle Fixation oder Fixation durch äußere Hilfe (z.B. Gurt) benutzt werden.
Zug	Vorausgehende Dehnung der Muskeln, um den myotatischen Dehnreflex zu erreichen, stellt ein kräftiges Reizmittel für die Kontraktion dar. Zug, der während einer ganzen Bewegung beibehalten wird, erleichtert die Bewegung gegen die Schwerkraft, erhält die Spannung der Muskeln und vergrößert so die Wirkung der widerstandgebenden Kraft.
Druck	fördert die Stabilität. Druck kann bei resistiven Bewegungen gegeben werden, die **mit** der Schwerkraft erfolgen.

Resistives Bewegen	Ausführung
Widerstandgebende Kraft	Es gibt eine Vielzahl von Möglichkeiten für den Widerstand, der der Kontraktion der arbeitenden Muskeln entgegengesetzt werden kann: manueller Druck, Gewichte, Federn etc. Die Größe der widerstandgebenden Kraft ändert sich im Verhältnis zur Muskelkraft und entspricht so dem Zweck, zu dem sie angewandt wird. **Maximaler Widerstand** bringt maximale Leistung der Muskeln hervor und wird daher zur Entwicklung von Kraft und Hypertrophie verwandt. Die **Eigenschaft zur Ausdauer** wird durch wiederholte Kontraktion entwickelt. Der Widerstand ist nun erheblich kleiner als maximal und erlaubt eine größere Anzahl von Wiederholungen.
Art der Bewegung	• Sie soll fließend sein und vom Patienten ständig, d.h. durch die ganze Bewegungsbahn, kontrolliert werden können. • Das Tempo soll angemessen sein und dem Pat. möglich sein. • Der Widerstand kann in jedem Bewegungsabschnitt variabel sein, verstärkt, vermindert oder auch wiederholt werden. • Der Widerstand kann so gestaltet sein, dass die Muskeln an jedem Punkt der Bewegung auch statisch arbeiten können. • Das Bewegungsausmaß ist, wenn möglich, endgradig.

Resistives Bewegen	Ausführung
Wiederholungen	Die Zahl der Wiederholungen ändert sich dem Zustand des Pat. entsprechend. Eine allgemeine Regel kann hierfür nicht angegeben werden. Für ältere Patienten eignen sich eher leichte Widerstandsübungen mit häufiger Repetitionszahl. Andererseits bauen starke Widerstandsübungen eher Kraft und Hypertrophie auf. Bei Schmerzen oder Erguss im Gelenk sind statische Kontraktionen eher angezeigt. Die Zahl der Wiederholungen kann bestimmt sein durch • den Wunsch, den neuromuskulären Mechanismus bei der Behandlung eines bestimmten Zustandes zu ermüden oder • eine Gegenindikation, den Muskel zu ermüden (z.B. Muskeldystrophie).
Mitarbeit des Patienten	Die Anstrengung und sein Interesse an der Behandlung spielen ohne Zweifel eine große Rolle. Interesse wird geweckt durch Genauigkeit der Anwendung des Widerstandes, regelmäßige Messung und Aufzeichnung des Fortschrittes der Behandlung, mündliche Ermutigung, genügend aber nicht übertriebenes Lob. In geeigneten Fällen können Wettbewerbe förderlich wirken.

Andere Formen des Widerstandes außer der Schwerkraft

Manuell durch den Physiotherapeuten	Dieser wird gegen die Bewegungsrichtung gegeben. Dabei soll der Hautkontakt so erfolgen, dass der Patient genau die Bewegungsrichtung spürt. Der Physiotherapeut sollte selbst auf eine ergonomische Arbeitshaltung achten. Zug und Druck können während der ganzen Bewegung beibehalten werden. Der Widerstand wird den Kräfteschwankungen des Patienten entsprechend angepasst. Der Vorteil des manuellen Widerstandes liegt in der Anpassung an die jeweilige Kraft des Pat. während der gesamten Bewegung. Allerdings hat er den Nachteil, dass er nicht objektiv gemessen werden kann.
Durch den Patienten selbst oder durch einen Partner	Der Patient kann seiner eigenen Bewegung z.B. mit der gesunden Extremität Widerstand leisten. Er kann auch sein eigenes Körpergewicht einsetzen, wobei dies wohl genauer als freie Bewegung bezeichnet wird. Dennoch kann das Körpergewicht gezielt als Widerstand benutzt werden. Partnerübungen sind gut geeignet, um dosierte Widerstände zu geben. Sie bieten sich vor allem bei der Gruppentherapie an.
Durch Gewichte	Mögliche Geräte sind z.B. Hanteln, Sandsäcke, Medizinball, Gewichtsmanschetten etc. Es ist dafür zu sorgen, dass die Gewichte fest auf dem zu bewegenden Körperteil befestigt sind, wenn sie der Pat. nicht halten kann oder wenn z.B. das Bein bewegt werden soll. Mechanische Widerstände sind gewöhnlich messbar. Somit ist der Behandlungsfortschritt objektivierbar.
Rollenzüge mit Gewicht	Wenn eine Schlinge und ein Rollenzug eingesetzt werden, kann das Gewicht in jeder Richtung einwirken. Die Muskeln müssen nicht gegen den Widerstand von Schwerkraft und Gewicht arbeiten. Wenn in einer horizontalen Ebene um eine vertikal stehende Umdrehungsachse gearbeitet wird, erfolgt die Bewegung im Grunde hubfrei. Fein dosiertes Gewicht kann von einem Patienten bewegt werden, der weniger Kraft hat als Muskelstatus 3. Der Zugwinkel der Schlinge, durch die der Widerstand gesetzt wird, und damit der Widerstand selbst muss sich im Laufe der Bewegung ändern.

So kann den Muskeln ein Widerstand gegeben werden, der den Schwankungen ihrer Kraft in verschiedenen Bereichen des Bewegungsausmaßes genauer entspricht als der Widerstand durch ein Gewicht oder durch eine Feder, die direkt an der Extremität wirken.
Um Entspannung zu ermöglichen und Überanstrengung zu vermeiden, ist ein Entspannungsstopp mittels eines Clips eingebaut, der die Schlinge davor bewahrt, den Rollenzug zu überschreiten.
Psychologisch ist es für den Patienten von großer Wichtigkeit, dass er das Ergebnis seiner Arbeit sieht und vermerkt.

Federn und andere elastische Geräte

Die Widerstandskraft einer Feder nimmt zu, je mehr sie gedehnt oder zusammengedrückt wird.
Die Anpassungsfähigkeit dieser Art der Widerstandsübung ist allerdings begrenzt. Auch das Tempo der Bewegung muss beachtet werden. Eine gedehnte Feder hat ein großes Rückschnelltempo.
Andere dehnbare Materialien, wie z.B. Gummibänder, vor allem die jetzt sehr häufig angewandten Therabänder, benehmen sich ähnlich wie Federn, sind aber weniger dauerhaft.

Verformbare Substanzen

Substanzen wie Kitt, Ton, Plastilin, nasser Sand können als Widerstand dienen. Es lassen sich verschiedene Gestalten formen. Geeignet sind diese Art der Widerstände insbes. für die Finger- und Handmuskeln. Der Widerstand, den die Substanzen der Formänderung bieten, ist veränderlich.
Er kann sowohl zu Kräftigung wie auch zur Mobilisation dienen.

Durch den Widerstand des Wassers

Der Widerstand, der durch das Wasser entsteht, ist abhängig von der Geschwindigkeit, mit der man sich im Wasser bewegt bzw. mit der man bestimmte Auftriebskörper bewegt. Der Widerstand erhöht sich mit der Geschwindigkeit und mit der Oberfläche des bewegten Körpers. Ist die Bewegung senkrecht, kommt der Auftrieb zum Widerstand beim Weg nach unten hinzu und hebt viel vom Widerstand beim Weg nach oben auf.

Vergrößerung des Gewichtes der widerstandgebenden Kraft

Wenn eine Muskelgruppe einen bestimmten Widerstand, z.B. 1,5 kg, am Anfang überwinden konnte, so kann, wenn die Kraft zunimmt, das Gewicht bzw. der Widerstand auf 2,0, 2,5, 3,0 kg gesteigert werden, während alle anderen Bedingungen gleich bleiben.
Dient zur Verbesserung der Muskelkraft.

Zunahme der Hebelkraft der widerstandgebenden Kraft

Der totale Widerstand, der durch eine bestimmte Last gegeben wird, hängt von der Lage seines Angriffspunktes im Verhältnis zum Drehpunkt ab.
Drehmoment = Last x direkte Entfernung zum Drehpunkt.
Je größer die direkte Entfernung zum Drehpunkt wird, desto größer ist die Last, die bewegt werden muss.

Regulierung durch das Tempo der Bewegung

Muskelkontraktion ist bei optimalem, natürlichen Tempo am wirkungsvollsten. Dieses Tempo ändert sich entsprechend der Form und Struktur der betreffenden Muskeln, dem Widerstand und dem Pat. selbst. Zu- oder Abnahme dieses natürlichen Tempos der Kontraktion vermehrt die Wirkung des Widerstandes, wenn der Muskel konzentrisch arbeitet. Wenn er exzentrisch arbeitet, so ist die Wirkung des Widerstandes umso größer, je langsamer die Bewegung ist.

Steigerung in der Dauer der Übung

Wenn Muskeln sich bei Widerstandsübungen erwärmen, werden sie wirkungsvoller. Daher nimmt die Wirkung des Widerstandes ab und die Übung scheint leichter. Wenn jedoch eine genügende Anzahl von Wiederholungen weitergeführt wird, so verringert Ermüdung die Leistungsfähigkeit der Muskeln und der Widerstand erscheint daher größer.
D.h. nach längerem Üben wird aus der Widerstandsübung harte Arbeit.

Resistives Bewegen	Wirkungen und Anwendungen von Widerstandsübungen
Zunahme von Kraft und Ausdauer	Widerstandsübungen werden benutzt, um schwache Muskeln wieder aufzubauen, um so das muskuläre Gleichgewicht wiederherzustellen und Stabilität und eine koordinierte Bewegung zu ermöglichen.
Vergrößerung des Blutstroms	Die Vergrößerung des Blutstroms liefert die nötigen Stoffe für Ernährung und Hypertrophie. Der vermehrte Blutstrom dauert noch eine Weile nach der Widerstandsübung an. Er bringt Sauerstoff und Nahrung zu dem Muskel und unterstützt den Abtransport der Stoffwechselendprodukte.
Anstieg des Blutdrucks	Ein Anstieg des **Blutdrucks** geht häufig der Übung voraus und kann durch die geistige Anstrengung, die für die Verrichtung dieser Übung verlangt wird, erhöht werden.
Wärme	als Ergebnis von anstrengender muskulärer Arbeit erzeugt, regt das Wärmeregulationszentrum an, das eine Gefäßerweiterung in der Haut verursacht. Diesem folgt eine Zusammenziehung dieser Gefäße, die hauptsächlich auftritt, um die vermehrte Blutzufuhr zu den Muskeln auszugleichen. Wenn genügend Übung stattfand, fühlt sich die Haut warm und evtl. feucht an und erscheint rosa. Dies ist ein Zeichen, daß Wärme an der Oberfläche abgegeben wird, um den Wärmegewinn durch die Muskelfunktion auszugleichen und um die Körpertemperatur in normalen Grenzen zu halten.

Resistives Bewegen **in Dauerform**

Definition

Man versteht darunter Bewegungen gleicher Muskelgruppen gegen bewegliche Widerstände über längere Zeit, d.h. mindesten 5–10 Minuten.
- Die Widerstände werden durch Geräte oder Wasser gegeben, kaum manuell, da das zu zeitaufwendig ist.
- Das Bewegen gegen Widerstand in Dauerform ist meist ein komplexes Bewegen.
- Die Muskelausdauer hängt wesentlich von der Höhe der Maximalkraft eines Menschen ab.

Geringe Widerstände

Die Muskelkraft bleibt unter 15–20% der Maximalkraft, der Muskel arbeitet mit **aerober Energiebereitstellung**, **d.h.** unterhalb oder im Bereich der Dauerleistungsgrenze bzw. der **aerob-anaeroben** Schwelle.
Das ist an der längeren Zeit des Bewegens in Dauerform zu erkennen, z.B. 5–10 Min. Rad fahren.

Hat ein Patient schwache Muskulatur, d.h ist seine Maximalkraft niedrig, dann ist seine Zeit für das Bewegen in Dauerform kürzer und die Anzahl der Bewegungswiederholungen ist geringer.

Hohe Widerstände

Es muss zu ihrer Überwindung die Muskelspannung zunehmen und der Muskel bzw. die Muskelgruppen spannen mit höheren Prozentzahlen der Maximalkraft, z.B. 40–50% an. Der statische Anteil bei der dynamischen Kontraktion ist dann erhöht, die Energie muss **anaerob** bereitgestellt werden, der Muskel ermüdet schneller. Er arbeitet dann **oberhalb der aerob-anaeroben Schwelle**.
Das ist erkennbar an der kürzeren Bewegungsdauer gegen hohe Widerstände.

Formen des Bewegens gegen Widerstand

- in intermittierender Dauerform.
- in kontinuierlicher Dauerform. Bewegt werden kleine, mittelgroße und große Muskelgruppen.

Bewegen gegen Widerstand in intermittierender Dauerform

Kennzeichen sind wie beim freien Bewegen in intermittierender Dauerform. Auch hier richtet sich die Pausendauer nach der Leistungsfähigkeit des Patienten, andererseits nach der Belastungsintensität, d.h. nach der Höhe der Widerstände und nach dem Bewegungstempo.

Formen des Bewegens gegen Widerstand in intermittierender Dauerform

- Bewegungsserien kleiner bis mittelgroßer und großer Muskelgruppen, z.B. Bewegungsserien der Arme oder Beine bzw. Arme und Beine gleichzeitig.
- Bewegen gegen bewegliche Widerstände
- Gehen im Wasser
- Rad fahren auf ebener Strecke oder auf dem Standfahrrad.

Bewegen gegen bewegliche Widerstände

Eine Bewegungsserie besteht aus 5–30 Bewegungswiederholungen. Zu berücksichtigen ist das „Gegenhalten“ der Rumpfmuskeln als Punctum fixum für die Extremitätenmuskeln. Dies gilt im besonderen Maße für die Bewegungen der Arme in aufrechter Körperstellung.

Bewegliche Widerstände sind u.a. elastisches Material wie z.B. Knetmasse oder Paraffin, Gummizüge, elastische Stahlfedern (Baligerät), Schaumgummipolster, Pedale eines Fahrrades.

Gehen im Wasser in intermittierender Dauerform

Beim Gehen im Wasser kombinieren sich unterstütztes Bewegen und Bewegen gegen Widerstand. Beim langsamen Gehen wirkt die Auftriebskraft einerseits unterstützend, z.B. Heben des Schwungbeines, andererseits als Widerstand, z.B. beim Aufsetzen des Schwungbeines.
Beim schnellen Gehen überwiegt der Reibungswiderstand.

Rad fahren auf dem Standfahrrad (Heimtrainer-Fahrradergometer) in intermittierender Dauerform

Das Fahrradtraining kann vorbereitend auf eine kontinuierliche Belastung auch intervallisiert durchgeführt werden, z.B. 1 Minute auf der Belastungsstufe 75 Watt, 2 Minuten auf der Stufe mit 25 Watt und mit 2–3 Wiederholungen.

Beispiele:

Bewegungsserien der Beine gegen Widerstand
Aste: RL

Bewegung: Fußtreten gegen elastisches Schaumgummipolster am Fußende des Bettes (Unterschenkel gewickelt)

Reizintensität:	20-mal Treten im Tempo 1-mal/sec
Reizdauer:	20 sec (1 Serie)
Pausendauer:	10 sec
Reizdichte:	groß, da die Pause kurz ist
Reizumfang:	50 sec bei 3 Serien mit 2 Pausen

Bewegungsserien der Arme gegen Widerstand
Aste: Grätschstand

Bewegen mit dem 4-kg-Baligerät

Reizintensität:	30 schwunghaft angesetzte Kreise im Tempo 2 sec pro Kreis
Reizdauer:	60 sec (Pulsfrequenz auf 120/min)
Pausendauer:	90 sec (Pulsfrequenz auf 100/min am Ende der Pause abgesunken)
Reizdichte:	mittelgroß (Pause länger als Belastung)
Reizumfang:	6 min bei 3 Serien und 2 Pausen

Bewegungsserien der Arme und Beine gleichzeitig gegen Widerstand
Aste: RL

Bewegung: Arme gegen Hantelwiderstand bewegen, Beine frei bewegen

Reizintensität:	Arme und Beine so schnell wie möglich beugen und hochstrecken
Reizdauer:	30 sec (Pulsfrequenz auf 170/min)
Pausendauer:	40 sec (Pulsfrequenz auf 120/min am Ende der Pause abgesunken)
Reizdichte:	mittelgroß, da Pause länger als Belastung
Reizumfang:	ca. 3 min bei 3 Serien und 2 Pausen

Definition

Kennzeichen ist die gleichbleibende Belastung gegen den Widerstand beweglicher Geräte und des Wassers über längere Zeit, mindestens 5–10 Min. Entscheidend für eine kontinuierliche Ausdauerleistung ist die Höhe des Widerstandes.

Lokale anaerobe dynamische Muskelausdauer

Die Muskulatur arbeitet zur Überwindung des Widerstandes mit hohen statischen Anteilen – auch im Rahmen einer allgemeinen aeroben dynamischen Ausdauerbelastung.
Der Anteil an anaerober Energiebereitstellung ist hoch und die dynamische Kraftausdauer hängt von der Fähigkeit des Muskels ab, die Energie anaerob bereitzustellen, d.h. von seiner **anaeroben Kapazität.** Ist diese Fähigkeit gering, wird die Bewegung der Arme oder Beine mit Zeichen der peripheren Ermüdung abgebrochen, z.B. auf dem Fahrrad, wenn beim Treten gegen hohen Bremswiderstand die Beinmuskulatur zu schwach ist.

Lokale oder allgemeine aerobe Energiebereitstellung

Die Muskulatur arbeitet über eine längere Zeit mit geringem Widerstand.
Die Leistung hängt von der **aeroben Kapazität** der Muskulatur ab.

Bewegen gegen bewegliche Widerstände

Die Bewegung wird mit gleichbleibendem Widerstand über einen längeren Zeitraum und in gleichbleibendem Tempo durchgeführt. Die Dauer hängt von der Größe der Widerstände ab.

Gehen im Wasser

Es wird mit gleichbleibendem Muskelkrafteinsatz der Beine und in gleichbleibendem Tempo über 5–10 Minuten durchgeführt.
Es beansprucht den Körper auf allgemeine aerobe Ausdauer.

Rad fahren auf ebener Strecke oder auf dem Standfahrrad

Es wird mit gleichbleibendem Krafteinsatz über eine längere Zeit (10–15 Min.) durchgeführt.
Der Körper wird auf allgemeine aerobe Ausdauer beansprucht.

Resistives Bewegen **Widerstand: Schwerkraft**

Aste: BL,
Beine gestreckt

Bewegung:
ein Bein abheben und wieder ablegen.

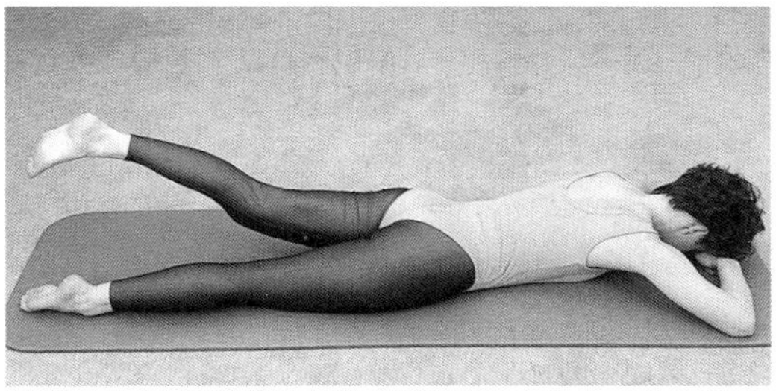

Das Gewicht des Beines muss gegen die Schwerkraft angehoben und wieder abgelegt werden (konzentrisch-exzentrisch).
Das Bewegungsausmaß ist begrenzt, die Bewegung kommt sehr schnell bei der Lendenwirbelsäule an. Deshalb soll das Bein nicht zu sehr vom Boden hochkommen.

Aste: BL

Bewegung:
ein Bein vom Boden abheben und zur Seite abspreizen und wieder heranführen.

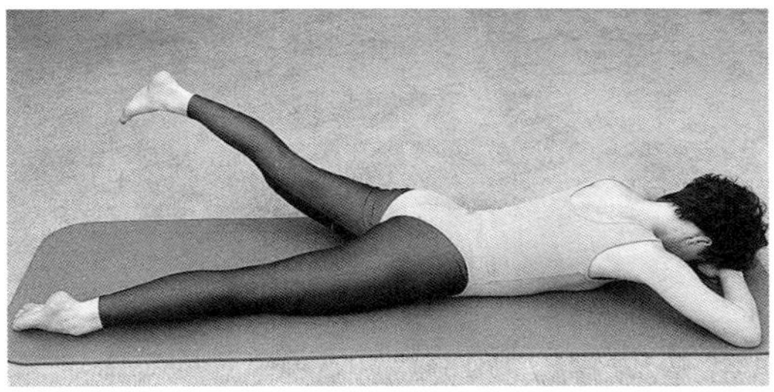

Die Bewegung als solche erfolgt über die Abduktoren und Adduktoren hubfrei, allerdings muss das Gewicht des Beines von den Hüftstreckern in der Luft gehalten werden.

Aste: Überhang am Ende einer Bank
Fußspitzen auf dem Boden aufgestellt

Bewegung:
Ein Bein wird vom Boden abgehoben und bis zur Horizontalen ausgestreckt, Steigerung erfolgt durch gleichzeitiges Abheben beider Beine.

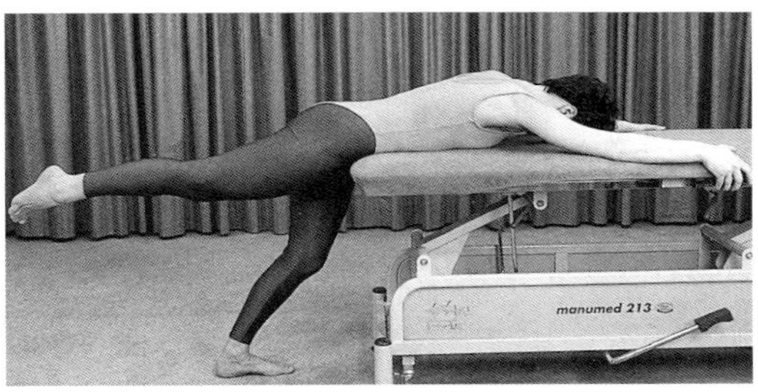

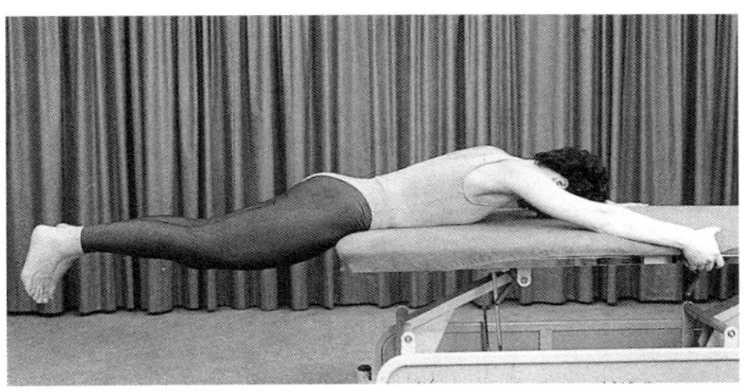

Durch den Überhang ist ein größeres Bewegungsausmaß möglich.
Die Bewegung erfolgt für die Hüftstrecker durch die ganze Bahn gegen die Schwerkraft, konzentrisch und exzentrisch dynamisch. Beim Anheben beider Beine werden auch die Rückenstrecker aktiviert.

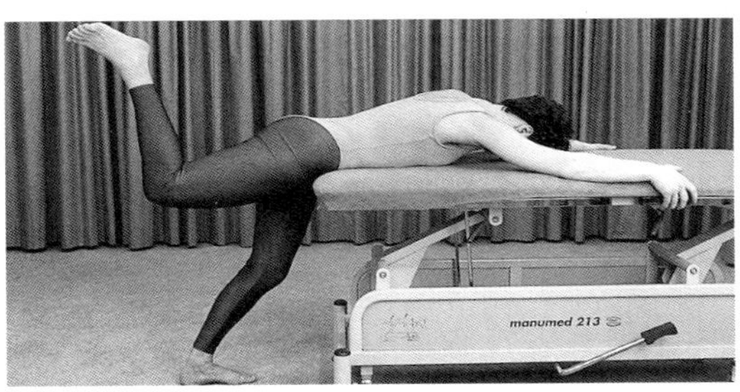

Die Bewegung wird auf den M. glut. max. konzentriert, wenn das Bein mit gebeugtem Knie angehoben wird.

Bewegungskontrolle

Resistives Bewegen **Widerstand: Schwerkraft**

Aste: BL, Stirn liegt auf den Händen

Bewegung:
Oberkörper abheben und wieder ablegen.

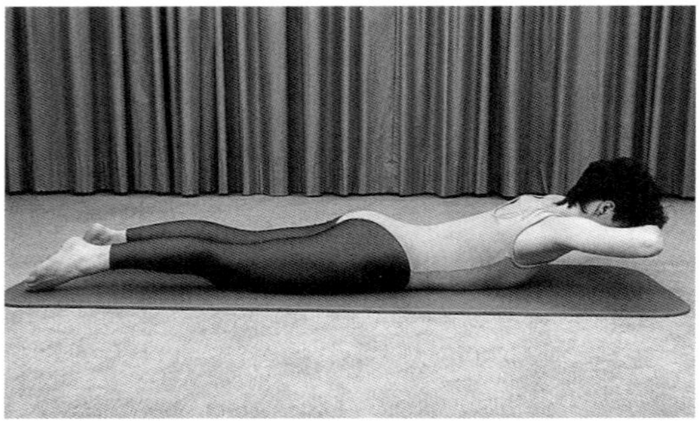

Wenn die Bewegung in der Sagittalebene stattfindet. Die beteiligten Muskeln arbeiten gegen die Schwerkraft.

Variante:
Oberkörper abheben, in der Luft zur Seite bewegen und ablegen.

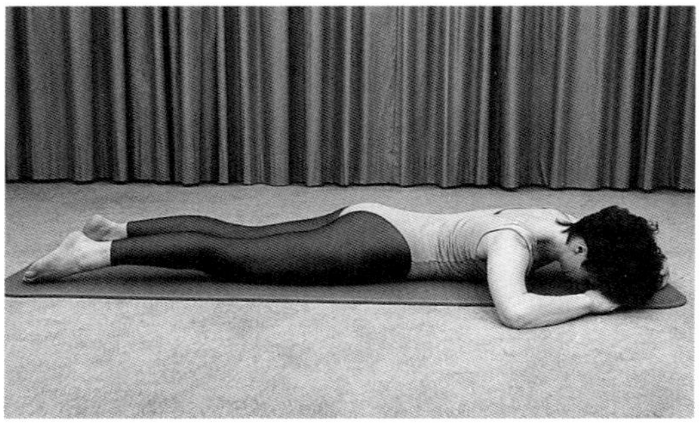

Die Muskeln arbeiten gegen die Schwerkraft.
Bei der Variante handelt es sich um komplexes freies Bewegen, da zwei Bewegungsrichtungen miteinander kombiniert werden.

Aste: BL, Arme und Beine ausgestreckt

Bewegung:
Arm und Bein der gegenüberliegenden Körperhälften jeweils gestreckt abheben.

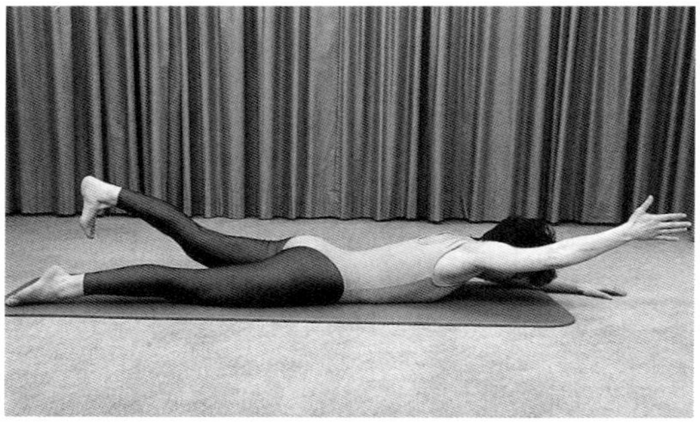

Da mehrere Gelenke an der Bewegung beteiligt sind. Die beteiligten Muskeln arbeiten gegen die Schwerkraft.

Aste: BL

Bewegung:
beide gestreckte Beine abheben –
spreizen – schließen oder beide Arme und beide gebeugten Beine gleichzeitig abheben.

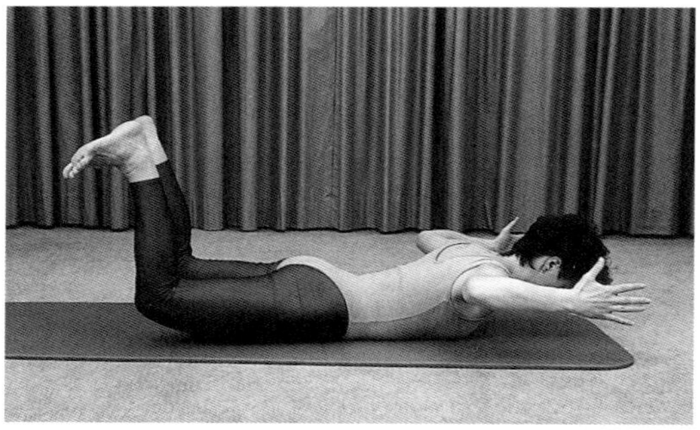

Aktivierung der gesamten dorsalen Muskulatur gegen die Schwerkraft in maximaler Annäherung der betr. Muskulatur.
Dies ist eine hohe Anforderung.
Darauf achten, dass kein übertriebenes Hohlkreuz entsteht.

Bewegungskontrolle

Resistives Bewegen gegen manuellen Widerstand — Finger und Hand

Bewegung: Beugung im DIP II

Aste: Sitz, ulnare Handkante des Pat. auf einem Behandlungstisch abgelegt
Ther.: seitlich vor dem Pat.
Fixation: Mittelphalanx des Zeigefingers
Widerstand: gegen Beugung des Endgliedes des Zeigefingers.

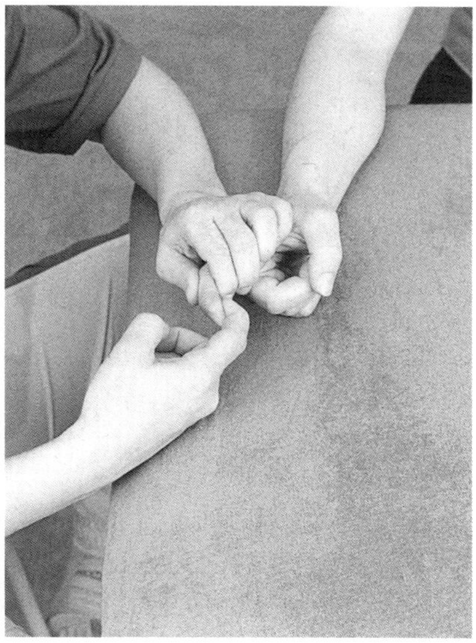

Isolierte Bewegung eines Fingerendgliedes ist prinzipiell nur bei guter Fixation der Mittelphalanx möglich. Entsprechend können Widerstände für alle anderen Fingerend-, Mittel- und Grundgelenke gegeben werden.
Kombination von konzentrischer und exzentrischer Muskelarbeit ist möglich.

Bewegung: Dorsalextension im Handgelenk

Aste: Sitz, der Unterarm des Pat. ist auf einem Behandlungstisch abgelegt
Ther.: seitlich vor dem Pat.
Fixation: oberhalb des Handgelenkes
Widerstand: gegen Dorsalextension im Handgelenk

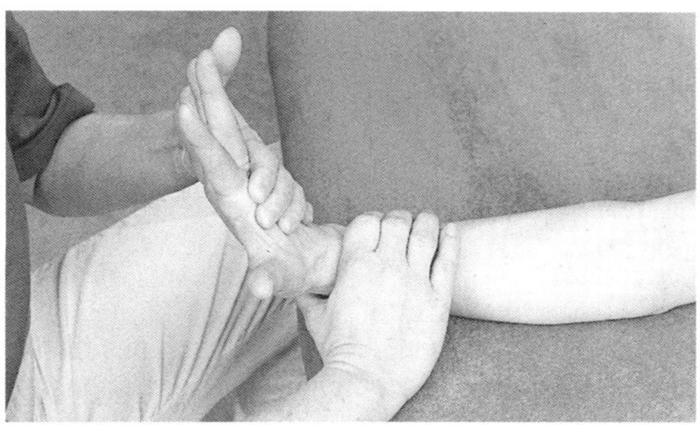

Die Hand kann so gelagert werden, dass die Bewegung mit, gegen die Schwerkraft oder hubfrei erfolgen kann. Entsprechend kann isoliertes Bewegen gegen Widerstand für die Volarflexion erfolgen.

Bewegung: Dorsal- bzw. Volarflexion im Handgelenk

Aste: RL, der Arm des Pat. ist im Ellenbogen 90° angebeugt, der Unterarm steht vertikal
Ther.: seitlich
Fixation: am distalen Ende des Unterarmes
Widerstand: gegen Dorsalflexion (Volarflexion) des Handgelenkes.

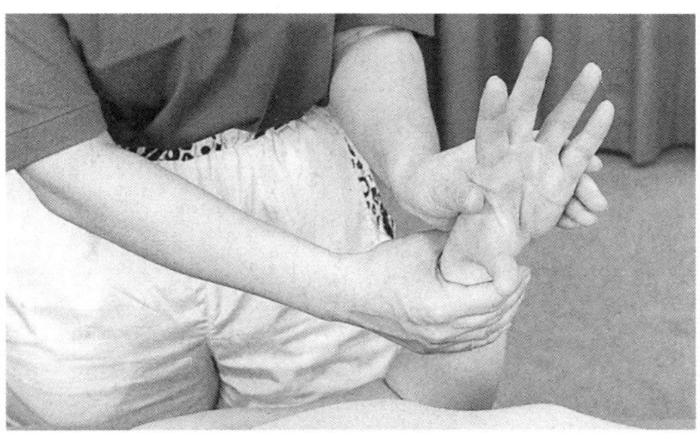

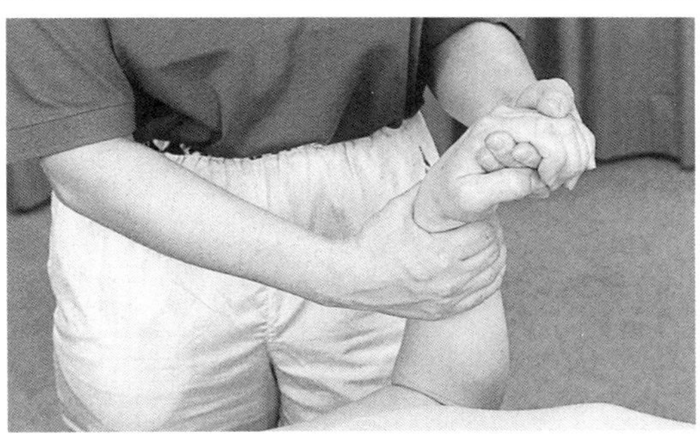

Resistives Bewegen gegen manuellen Widerstand **Unterarm**

Bewegung: Pronation – Supination

Aste: Rückenlage, der Arm des Pat. ist im Ellenbogen 90° angebeugt, der Unterarm steht vertikal
Ther.: seitlich
Fixation: am distalen Ende des Oberarmes
Widerstand: Griff in die Hand und Widerstand gegen Pronation (Supination)

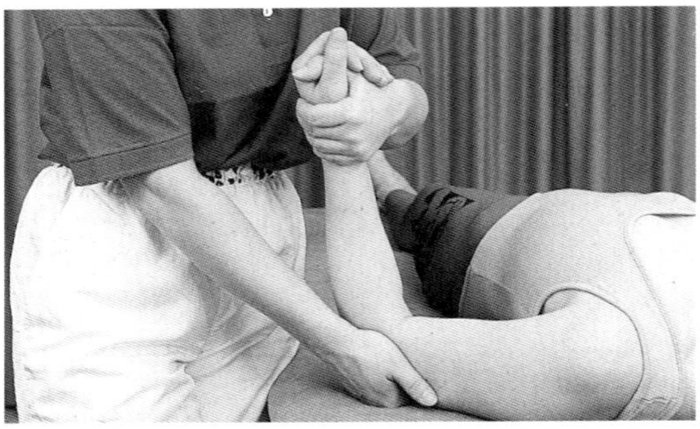

Da die Umdrehungsachse vertikal steht, erfolgt die Bewegung unter hubfreien Bedingungen. Handgelenk muss gut stabilisiert werden.

Bewegung: Pronation – Supination

Aste: Sitz, der Unterarm des Pat. ist auf dem Behandlungstisch abgelegt
Fixation: am Ellenbogen
Widerstand: Griff in die Hand des Pat. gegen Pronation oder Supination.

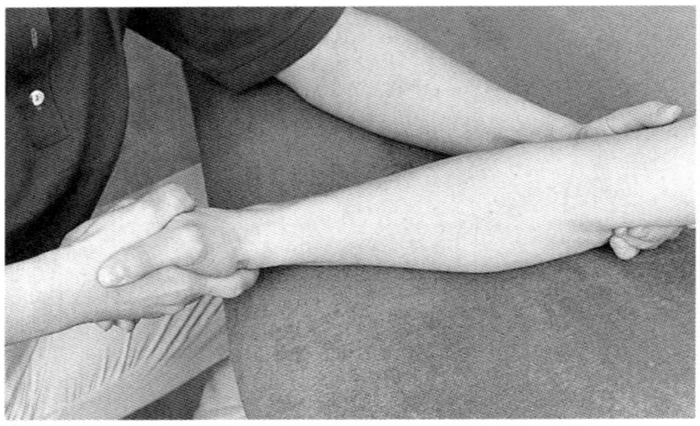

Handgelenk muss stabilisiert werden, damit die Bewegung in den Unterarmgelenken stattfindet.

Für alle Bewegungen gilt: gute Fixation des nicht bewegten Körperabschnittes, widerstandgebende Hand soll am distalen Ende des zu bewegenden Körperabschnittes sitzen. Kein Gelenk dazwischenschalten, das nicht an der Bewegung beteiligt werden soll.

Resistives Bewegen gegen manuellen Widerstand **Ellenbogen**

Bewegung:
Ellenbogenbeugung

Aste: RL, der Arm liegt gestreckt neben dem Körper
Ther.: seitlich
Fixation: am distalen Ende des Oberarmes
Widerstand: gegen die Ellenbogenbeugung.

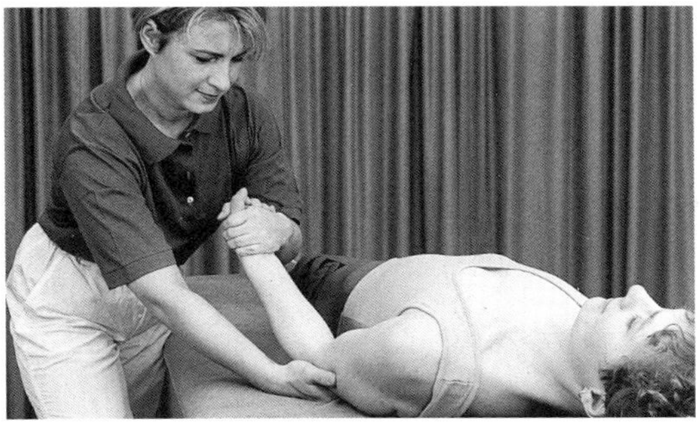

Die Bewegung kann bei der Beugung mit Supination und bei der Streckung mit Pronation kombiniert werden.
Es handelt sich dann um komplexes Bewegen.

Bewegung: Ellenbogenstreckung

Aste: Sitz, der Ellenbogen des Pat. ist auf dem Behandlungstisch abgelegt
Ther.: seitlich vor dem Pat.
Fixation: am Oberarm
Widerstand: gegen Ellenbogenextension.

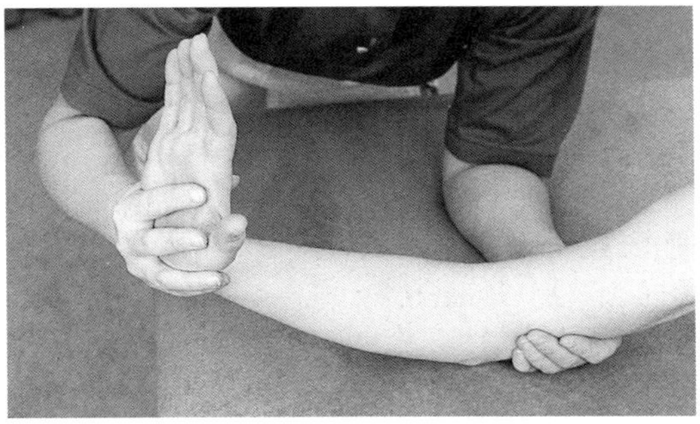

Widerstand erfolgt am distalen Ende des Unterarmes. Entsprechend kann isoliertes Bewegen gegen Widerstand für die Ellenbogenflexion erfolgen.

Resistives Bewegen gegen manuellen Widerstand **Schulter**

Bewegung: Abduktion im Schultergelenk

Aste: RL, Im Ellenbogen 90° gebeugt
Ther.: am Kopfende der Bank
Fixation: von oben gegen die Schulter
Widerstand: gegen die Abduktion des Armes

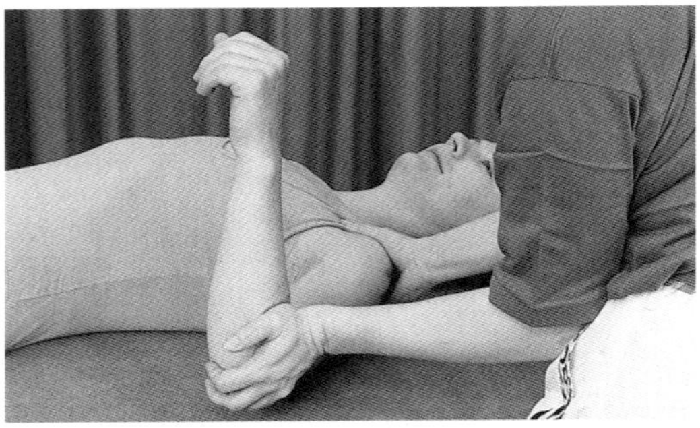

Entsprechend kann Widerstand für die Adduktion des Armes gegeben werden. Armgewicht abnehmen.

Bewegung: Abduktion im Schultergelenk

Aste: Sitz auf einem Hocker
Ther.: hinter dem Pat.
Fixation: von oben am Akromion
Widerstand: gegen die Abduktion

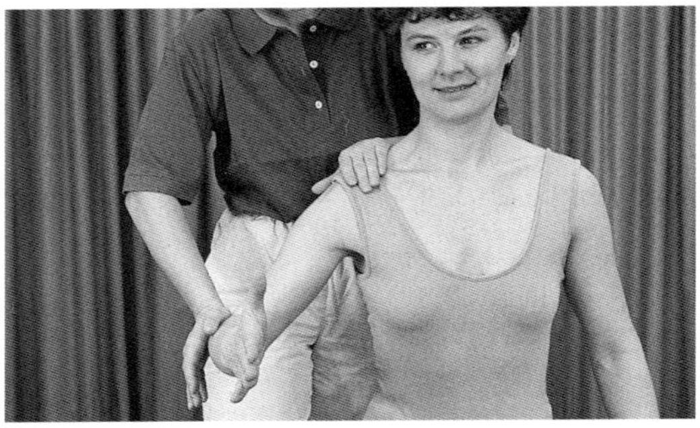

Widerstand erfolgt am distalen Ende des Oberarmes. Entsprechend kann der Widerstand für die Adduktion gegeben werden.

Bewegung: Abduktion im Schultergelenk

Aste: SL
Arm des Pat. liegt dem Körper an, Ellenbogengelenk 90° gebeugt.
Ther.: am Kopfende, dem Pat. zugewandt
Fixation: Schulter von oben
Widerstand: gegen die Abduktion

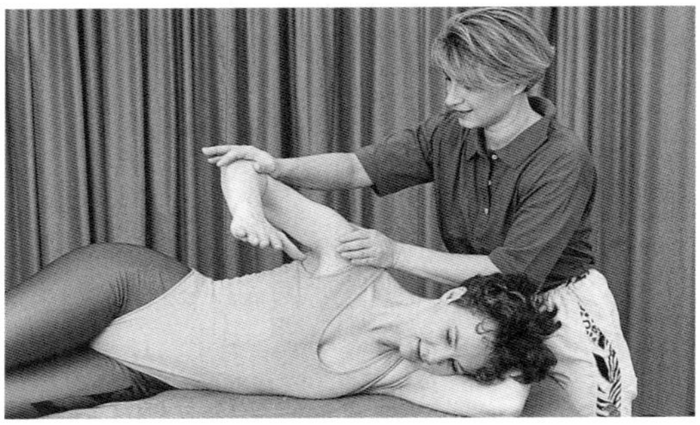

Widerstand erfolgt am distalen Ende des Oberarmes.
Entsprechend kann Widerstand gegen die Adduktion gegeben werden.

Bewegung: Anteflexion im Schultergelenk

Aste: Sitz
Ther.: seitlich, etwas hinter dem Pat.
Der Arm ist gestreckt oder im Ellenbogen um 90° gebeugt.
Fixation: an der Schulter
Widerstand: erfolgt gegen die Anteflexion.

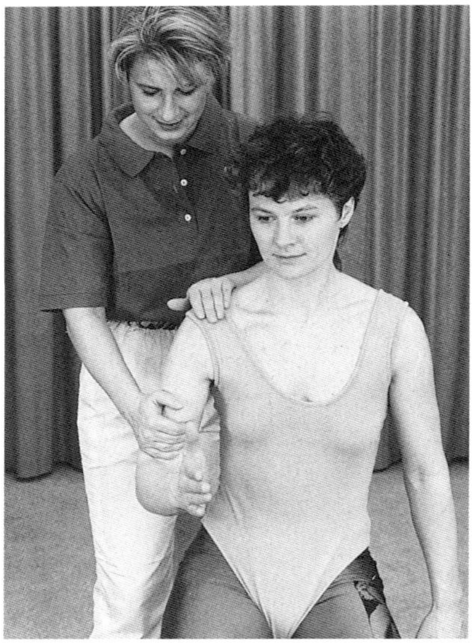

Widerstand erfolgt am distalen Ende des Oberarmes. Entsprechend erfolgt der Widerstand gegen die Retroflexion, dabei vor allem darauf achten, dass der Oberkörper gerade bleibt.

Bewegungskontrolle

Resistives Bewegen gegen manuellen Widerstand **Schulter**

Bewegung: transversale Ab- und Adduktion im Schultergelenk

Aste: SL, der im Ellenbogen um 90° gebeugte Arm des Pat. ist im Schultergelenk 90° abduziert, so dass der Oberarm vertikal steht.
Ther.: auf der Rückseite, dem Pat. zugewandt
Fixation: Oberarm
Widerstand: von vorne gegen die transversale Adduktion des Oberarmes

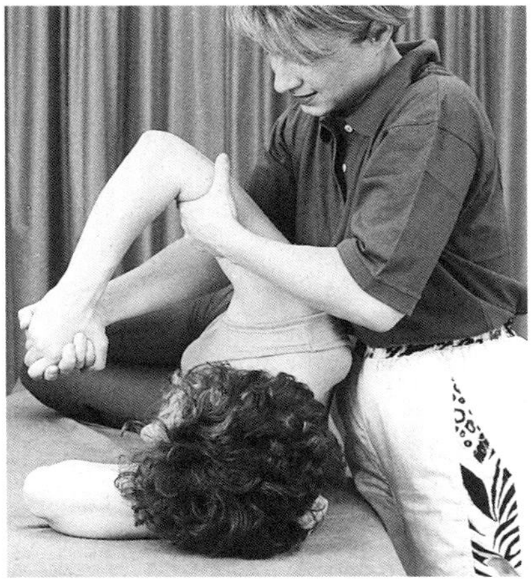

Darauf achten, dass der Oberkörper des Pat. stabil liegen bleibt.
Ebenso kann die Bewegung hinter die mittlere Frontalebene ausgeführt werden.

Bewegung: Innen-Außenrotation im Schultergelenk

Aste: SL,
Oberarm des Pat. liegt am Oberkörper an, im Ellenbogen um 90° gebeugt
Ther.: hinter dem Pat.
Fixation: an der Schulter
Widerstand: am distalen Ende des Unterarmes gegen die Außen-(Innen-) rotation

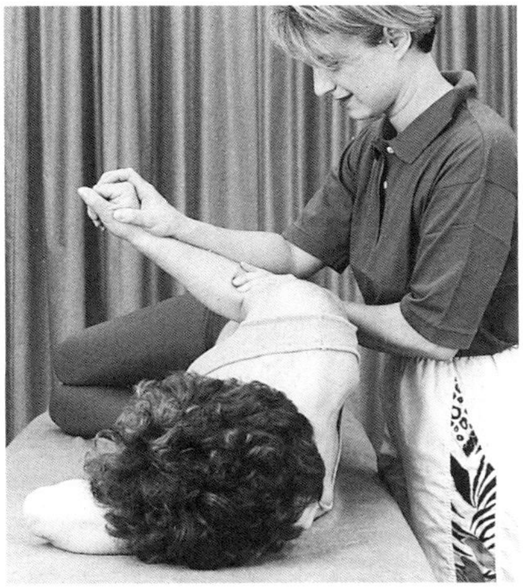

Oberkörper muss stabil liegen bleiben.

Bewegung: Außenrotation (Innenrotation) im Schultergelenk

Aste: RL, der Arm ist im Schultergelenk 90° abduziert und im Ellenbogengelenk 90° gebeugt.
Ther.: seitlich
Fixation: distales Ende des Oberarmes
Widerstand: gegen die Außenrotation (Innenrot.)

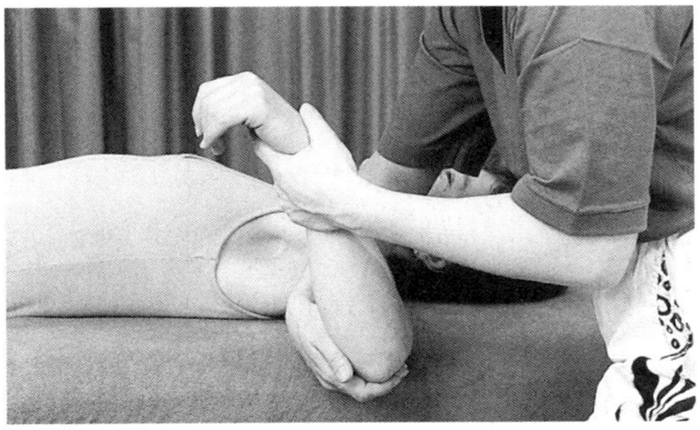

Die Bewegung kann auch bei Nullstellung im Schultergelenk erfolgen.

Bewegung: Außenrotation im Schultergelenk

Aste: Sitz
Ther.: seitlich hinter dem Pat. Unterarm ist im Ellenbogen um 90° angewinkelt
Fixation: von oben am Akromion
Widerstand: gegen die Außenrotation.

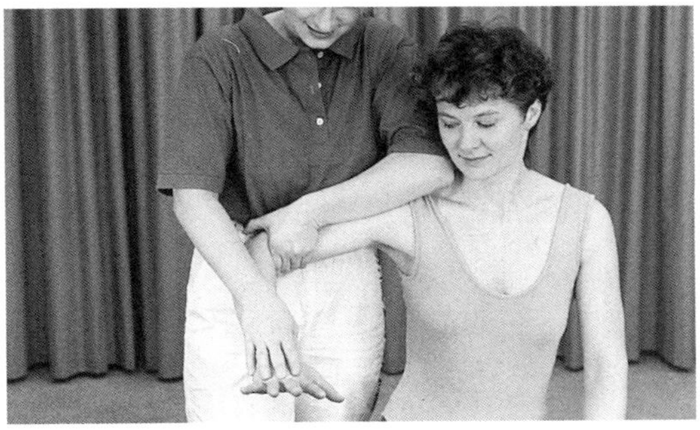

Widerstand erfolgt am distalen Ende des Unterarmes, der als Zeiger benutzt wird. Entsprechend kann der Widerstand für die Innenrotation gegeben werden.

Resistives Bewegen gegen manuellen Widerstand **Schulter**

Bewegung: Flexion, Abduktion, Außenrotation mit beiden Armen

Aste: RL, die Arme des Pat. sind vor dem Körper überkreuzt
Ther.: am Kopfende
Widerstand: von den Handrücken aus. Der Pat. wird aufgefordert, die beiden Arme anzuheben und nach oben außen (diagonal) zu bewegen.

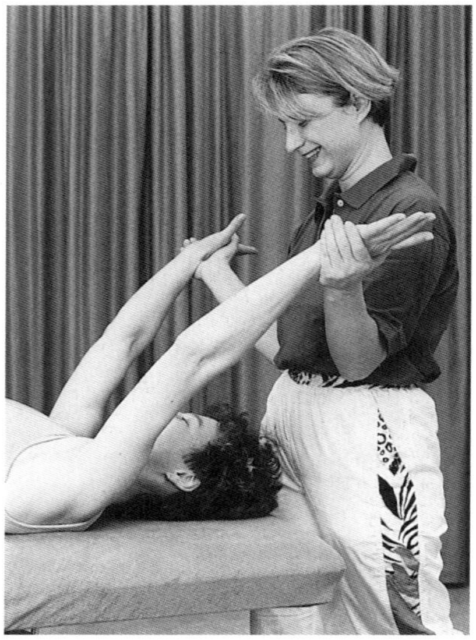

Komplexes Bewegen
Die Bewegung ist auch nur mit einem Arm ausführbar, jedoch sind bilaterale Bewegungen für die Pat. in der Regel leichter.

Overflow auf die Rückenstrecker und die Hüftextensoren.

Resistives Bewegen gegen manuellen Widerstand **Arme**

Bewegung: Extension (Retroversion), Abduktion, Innenrotation

Aste: SL, der gestreckte Arm des Pat. liegt in Anteflexion diagonal vor dem Gesicht.
Ther.: hinter dem Pat.
Widerstand: Der Ther. greift von hinten gegen Handrücken und Oberarm des Pat. und fordert ihn auf, die Hand zu strecken und den Arm nach hinten in die Retroversion zu führen.

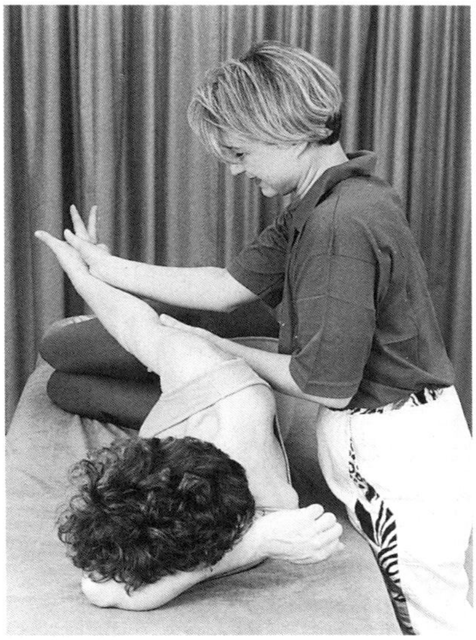

Der Pat. muss den Rumpf selbst stabilisieren.
Die Bewegung entspricht einer PNF-Diagonale.

Bewegung: Flexion, Adduktion, Außenrotation

Aste: SL, der gestreckte Arm des Pat. liegt dem Körper an.
Ther.: hinter dem Pat.
Widerstand: Der Ther. greift von vorne in die Hand des Pat., fordert ihn auf, zuzufassen und den Arm nach vorne vor das Gesicht zu ziehen.

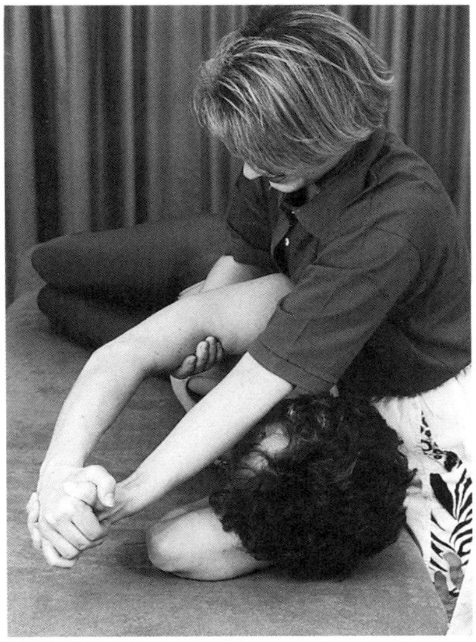

Der Pat. muss den Rumpf stabilisieren können.
Die Bewegung entspricht einer PNF-Diagonale.

Resistives Bewegen gegen manuellen Widerstand **Arme**

Bewegung: Flexion, Abduktion, Außenrotation im Schultergelenk, Elevation im Schultergürtel

Aste: Sitz auf einem Hocker
Ther.: hinter dem Pat. Der Arm des Pat. ist diagonal vor dem Körper abgelegt. Hand auf dem Handrücken des Pat. Die andere Hand kann am Hinterkopf sein.
Widerstand: gegen die Armhebung in Flex., Abd., Außenrot., Elevation des Schultergürtels. Der Pat. öffnet dabei die Hand und streckt Finger- und Handgelenk. Die zweite Hand gibt Widerstand am Hinterkopf.

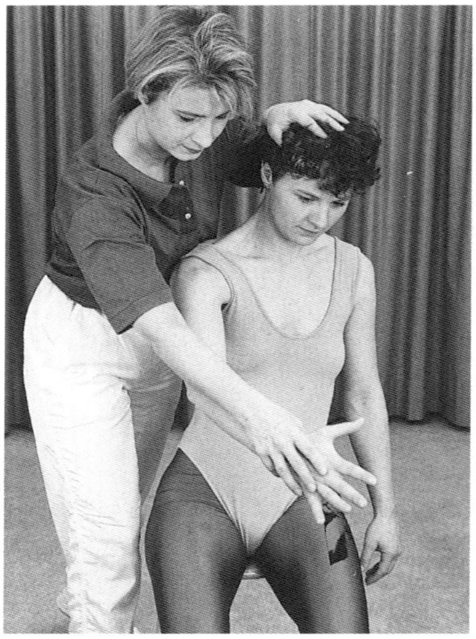

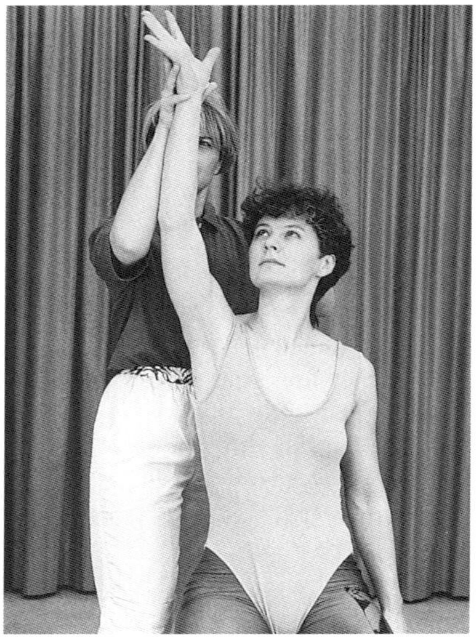

Der Pat. muss selbst die Wirbelsäule stabilisieren können. Die Wirbelsäule kann etwas in die Bewegung mitdrehen oder soll dies verhindern (Koordination!) Die Bewegung erfolgt **gegen** die Schwerkraft. Die Kraftübertragung erfolgt auf die Rückenstrecker.

Bewegung: Extension, Adduktion, Innenrotation, Depression des Schultergürtels

Aste: Sitz auf einem Hocker
Ther.: seitlich, etwas hinter dem Pat. Der Arm ist erhoben.
Widerstand: Der Ther. greift in die Hand hinein, fordert den Pat. auf, zuzufassen und den Arm diagonal nach vorne unten vor den Körper zu ziehen. Die zweite Hand gibt leichten Widerstand an der Stirn.

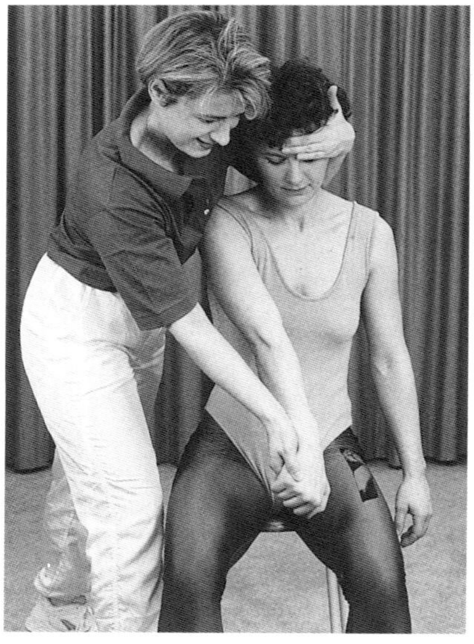

Die Wirbelsäule kann etwas flexorisch folgen. Die Bewegung erfolgt für den Pat. **mit** der Schwerkraft, deshalb muss der Widerstand deutlich sein. Die Kraftübertragung erfolgt auf die Bauchmuskeln.

Bewegung: Extension (Flexion) im Großzehengrundgelenk

Aste: RL
Ther.: seitlich
Fixation: Metatarsale I am distalen Ende
Widerstand: gegen die Extension (Flexion) im Großzehengrundgelenk.

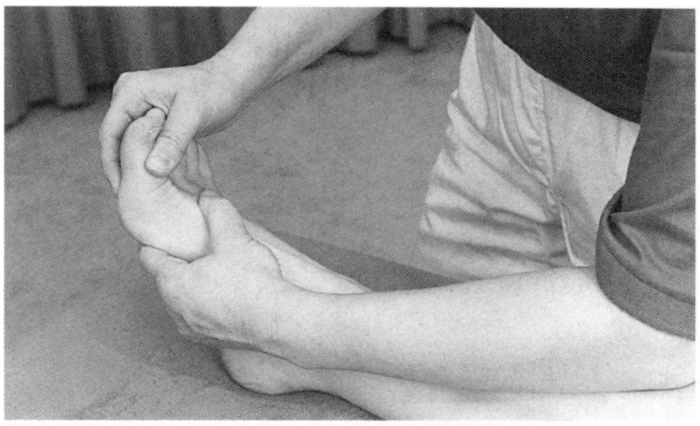

Entsprechend erfolgt die Bewegung für die Flexion im Großzehengrundgelenk und in allen anderen Zehengrundgelenken.

Bewegung: Dorsalextension (Plantarflexion) im oberen Sprunggelenk

Aste: RL,
Beine ausgestreckt
Ther.: am Fußende, dem Pat. zugewandt
Fixation: oberhalb der Sprunggelenkes
Widerstand: gegen die Dorsalextension (Plantarflexion).

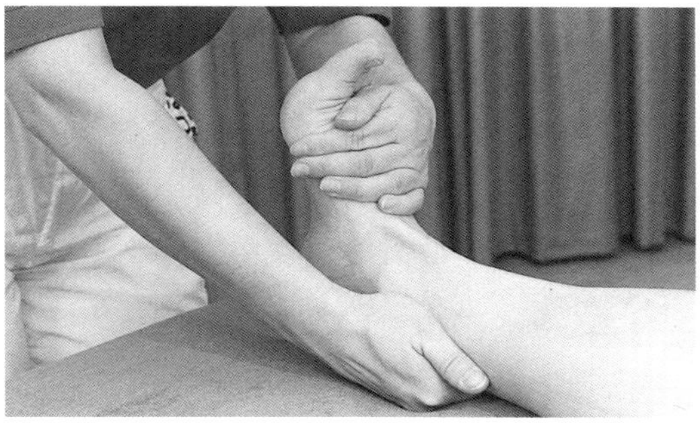

Entsprechend erfolgt die Bewegung gegen die Plantarflexion. Widerstand erfolgt dann an der Fußsohle. Als komplexes Bewegen gegen Widerstand kann die Kombinationsbewegung Inversion – Eversion erfolgen.

Bewegung: Streckung im Kniegelenk

Aste: RL,
Beine ausgestreckt
Ther.: seitlich
Fixation: am gegenüberliegenden Oberschenkel
Widerstand: gegen die Kniestreckung

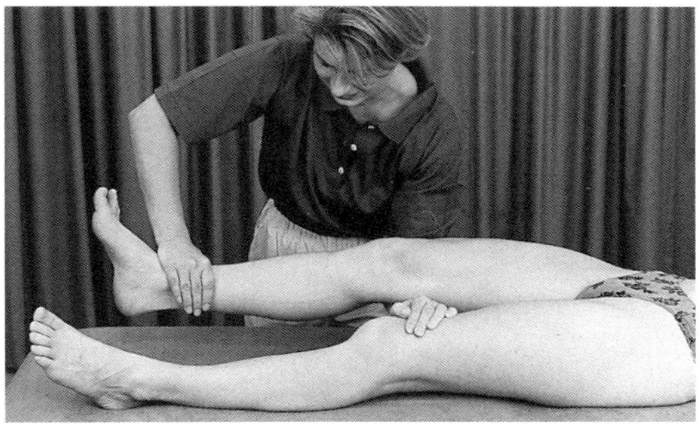

Das Bewegungsausmaß ist begrenzt, eine Vordehnung für den M. quadriceps kann nicht erfolgen.

Resistives Bewegen gegen manuellen Widerstand **Hüftgelenk – Bein**

Bewegung: Flexion im Hüftgelenk

Aste: RL
Ther.: am Fußende, dem Pat. zugewandt
Fixation: nicht erforderlich
Widerstand: von vorne auf Fußrücken und Oberschenkel gegen die Flexion im Hüftgelenk

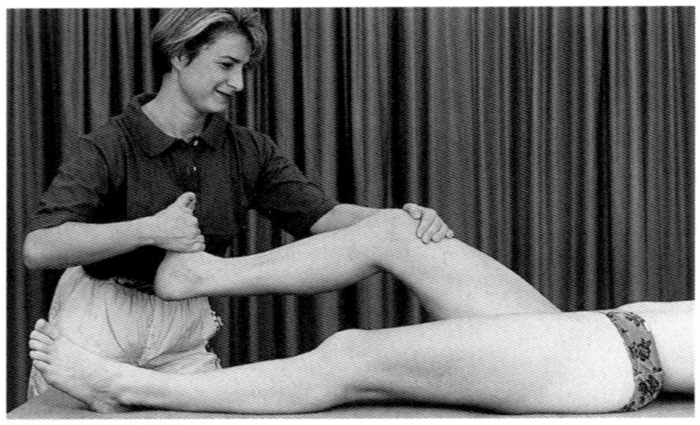

Bewegung: Abduktion/Adduktion im Hüftgelenk

Aste: RL, Beine ausgestreckt
Ther.: seitlich
Fixation: keine
Widerstand: am Oberschenkel und am distalen Ende des Beines für die Abduktion/Adduktion.

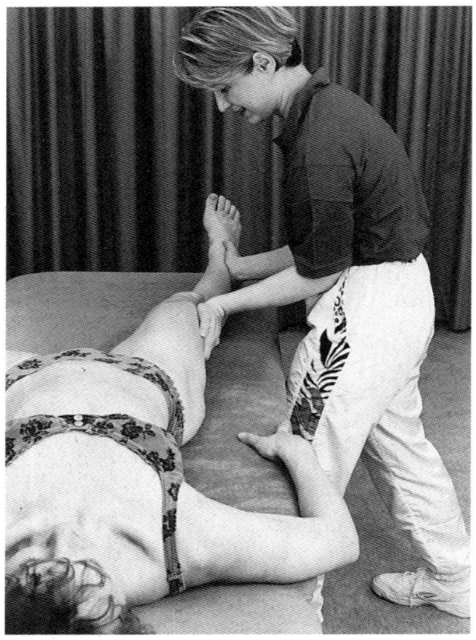

Entsprechend kann die Adduktion durchgeführt werden. Fixation dann auf der gegenüberliegenden Seite.

Bewegung: Flexion, Adduktion, Außenrotation im Hüftgelenk

Aste: RL,
Ther.: steht seitlich am Fußende. Die proximale Hand liegt auf dem Oberschenkel, die distale Hand auf dem Fußrücken.
Widerstand: der Pat. wird aufgefordert, die Fußspitze hochzuziehen und das Bein diagonal anzuheben in Flexion Adduktion/Außenrot.

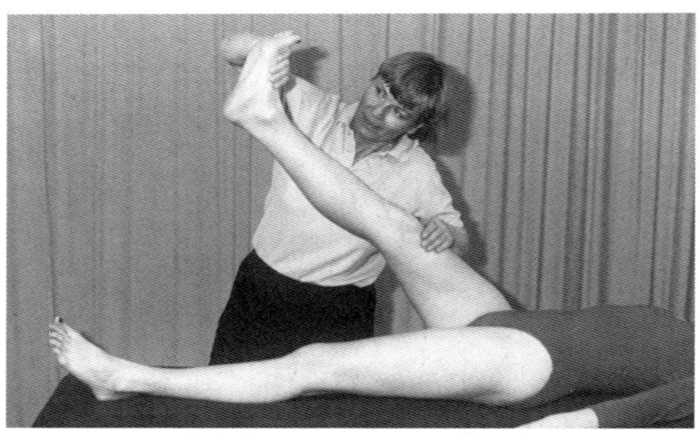

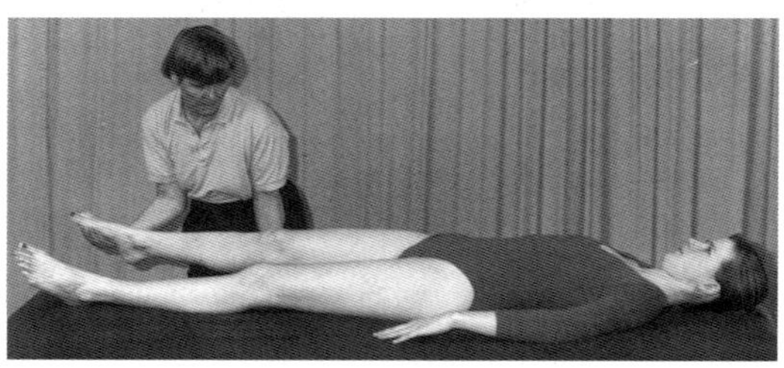

Es handelt sich um eine PNF-Diagonale. Durch Widerstand an der Rückseite des Oberschenkels und an der Fußsohle erfolgt der Rückweg in die Extension, Abduktion, Innenrot.

Resistives Bewegen gegen manuellen Widerstand **Beine**

Bewegung: Beugung (Streckung) im Kniegelenk

Aste: BL
Ther: am Fußende, dem Pat. zugewandt
Fixation: distal am Oberschenkel
Widerstand: gegen die Kniebeugung (Kniestreckung)

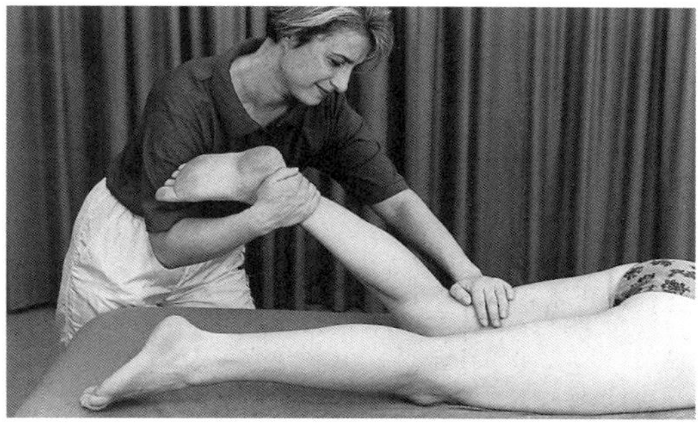

Die Begrenzung wird in der Bremse des M. rectus fem. liegen.

Bewegung: Extension im Hüftgelenk

Aste: BL
Ther.: seitlich
Fixation: Pat. hält selbst das Becken auf der Unterlage
Widerstand: distal am Ober- und Unterschenkel gegen das Abheben des Beines von der Unterlage

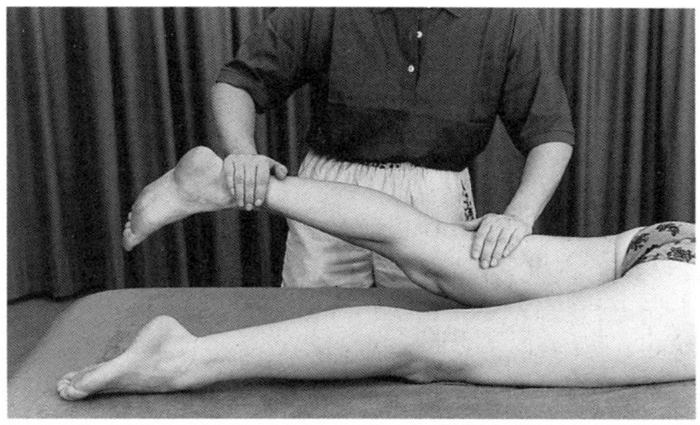

Es ist nur geringer Bewegungsspielraum für die Extension vorhanden. Die Bewegung erfolgt gegen die Schwerkraft.

Achtung vor Überstreckung des Kniegelenkes.

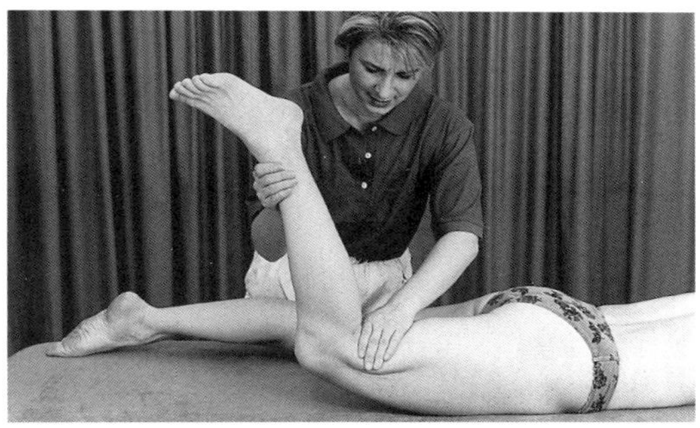

Bei Flexionsstellung im Kniegelenk wird der M. glut. max. isoliert beübt.

Bewegung: Abduktion im Hüftgelenk

Aste: BL, Beine gestreckt
Ther.: steht am Fußende
Fixation: keine
Widerstand: am distalen Ende des Beines für die Abduktion mit Griff von außen und für die Adduktion mit Untergriff von innen.

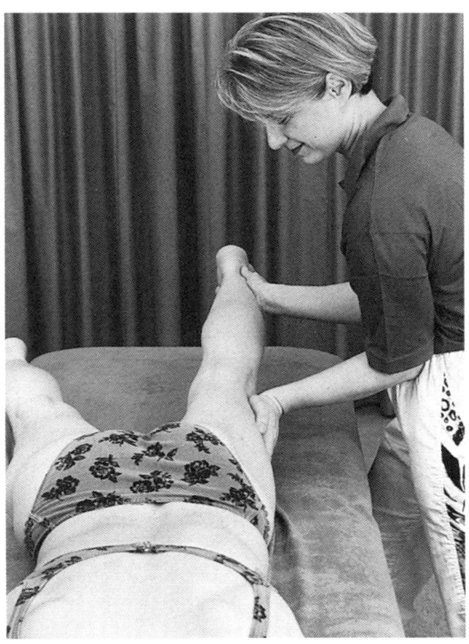

Die Umdrehungsachse steht vertikal, so dass die Bewegung hubfrei ist. Allerdings ist der Reibungswiderstand hoch.

Resistives Bewegen gegen manuellen Widerstand **Beine**

Bewegung: Kniestreckung

Aste: Sitz am Bankrand, Unterschenkel hängt frei
Ther.: kniet vor dem Pat.
Fixation: am Oberschenkel oberhalb des Kniegelenkes
Widerstand: am distalen Ende des Unterschenkels gegen die Kniestreckung.

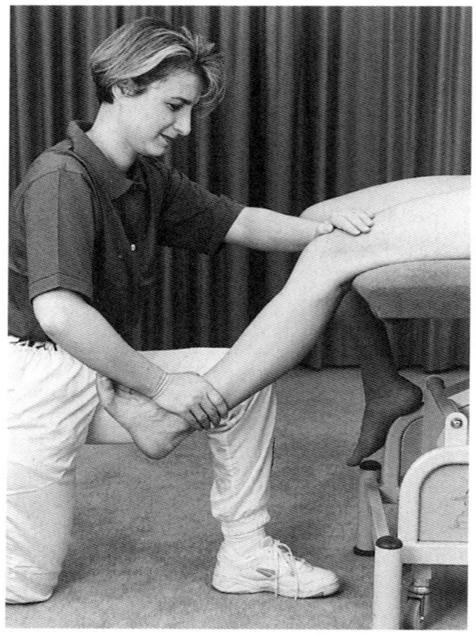

Aufrechte Sitzhaltung einhalten.
Entsprechend kann Widerstand für die Kniebeugung gegeben werden. Ther. greift von hinten am distalen Ende des Unterschenkels, Fixation am Oberschenkel des Pat.
Achtung: offene Kette!

Bewegung: Beugung im Hüftgelenk

Aste: Sitz am Bankrand, Unterschenkel hängt frei
Ther.: seitlich vor dem Pat.
Fixation: keine
Widerstand: gegen die Hüftbeugung am distalen Ende des Oberschenkels und auf Fußrücken.

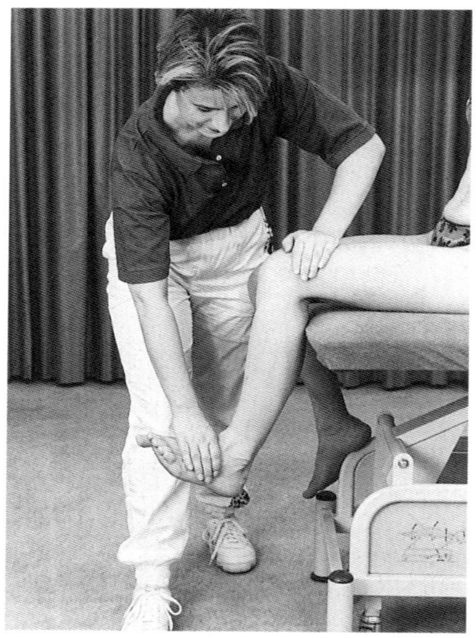

Oberkörper muss stabil bleiben. Pat. kann sich mit den Händen abstützen.

Bewegung: Abduktion im Hüftgelenk

Aste: stabile SL oberes Bein ist gestreckt
Ther.: hinter dem Pat.
Fixation: ggf. am Becken
Widerstand: an Ober- und Unterschenkel gegen die Abduktion.

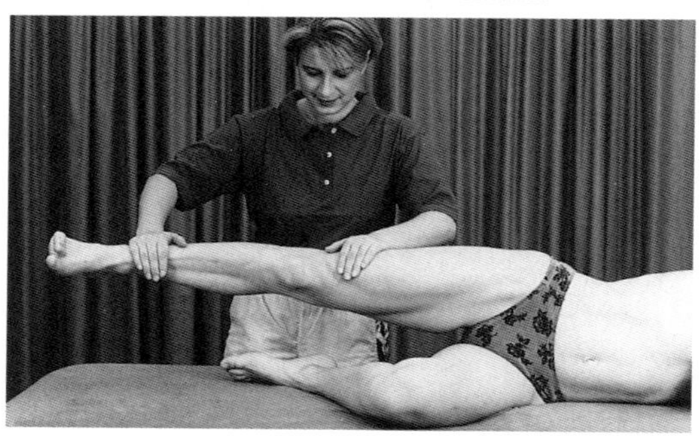

Die Bewegung erfolgt **gegen** die Schwerkraft. Wird entsprechend Widerstand von unten am Oberschenkel für die Adduktion gegeben, so erfolgt diese Bewegung **mit** der Schwerkraft.

Bewegungskontrolle

Resistives Bewegen gegen manuellen Widerstand **Bein und Rumpf**

Bewegung: Abheben des Gesäßes von der Unterlage

Aste: RL, Beine angestellt
Ther.: steht seitlich
Fixation: nicht erforderlich
Widerstand: an den vorderen Darmbeinstacheln. Ther. fordert den Pat. auf, das Becken anzuheben.

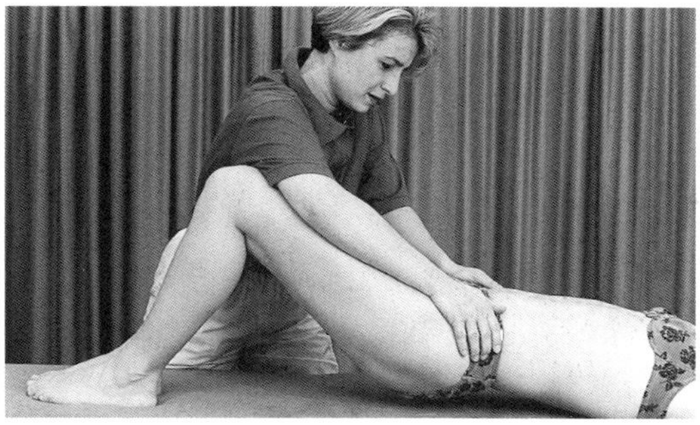

Die Bewegung erfolgt im geschlossenen System, d.h. die Füße sind fixiert und der Rumpf wird bewegt.
Die Hüftstrecker arbeiten gegen die Schwerkraft.

Funktionale Aktivität.

Bewegung: Rumpfrotation

Aste: RL, Beine angestellt, Knie liegen beide auf einer Seite
Ther.: steht auf Höhe der Kniegelenke
Fixation: nicht erforderlich
Widerstand: am distalen Ende der Oberschenkel. Ther. fordert den Pat. auf, die Knie zur Mitte zu bewegen und dann zur anderen Seite.

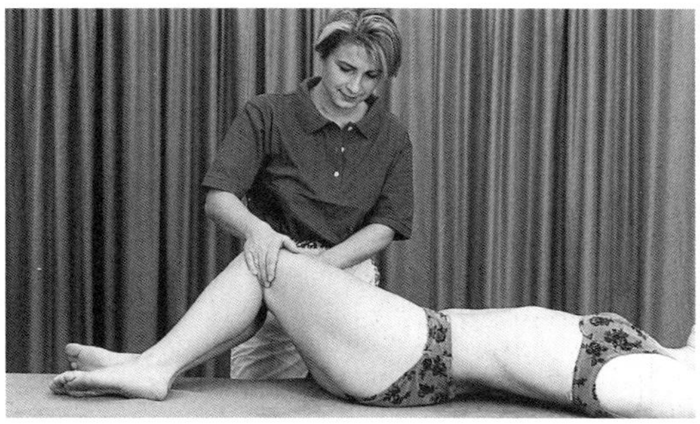

Die Bewegung beansprucht die gesamte Rumpfmuskulatur und entspricht in der PNF der unteren Rumpfrotation.
Die Bewegung erfolgt von einer Seite zur anderen im fließenden Wechsel.

Bewegung: Beugung in beiden Hüft- und Kniegelenken und im Rumpf

Aste: RL, Beine gestreckt
Ther.: am Fußende der Bank
Widerstand: der Ther. umfasst mit je einer Hand einen Fußrücken das Pat. und fordert ihn auf, die Fußspitzen und die Beine hochzuziehen, die Knie werden dabei gebeugt.

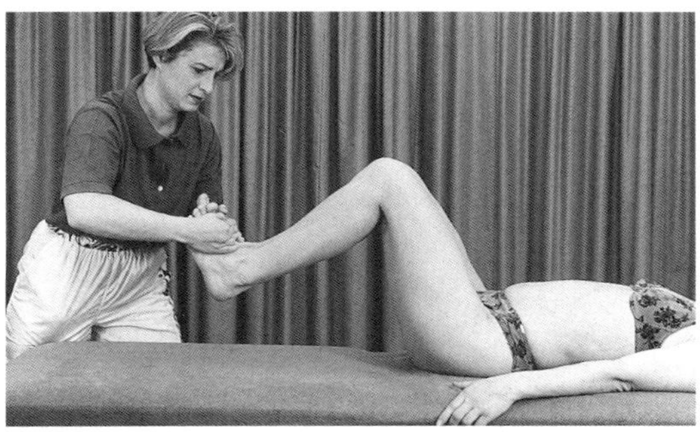

Die Bewegung erfolgt **gegen** die Schwerkraft. Sie richtet sich in erster Linie gegen die Bauchmuskulatur.
Vorsicht: nicht zu viel Widerstand am Anfang.

Aste: Stand. In jeder Hand ist eine Hantel. Die Arme hängen neben dem Körper.

Bewegung:
im Wechsel im Ellenbogen beugen.

Die Bewegung kann auch von beiden Armen gleichzeitig geschehen.
Die Wirbelsäule muss in guter aufrechter, stabiler Haltung bleiben.

Aste: Grätschstand, Oberkörper ist stabilisiert in den Hüftgelenken nach vorne abgesenkt. In einer Hand ist eine Hantel, die andere Hand stützt sich am Oberschenkel ab.

Bewegung:
Flexion im Ellenbogen aus der Retroversion (Vordehnung) heraus.

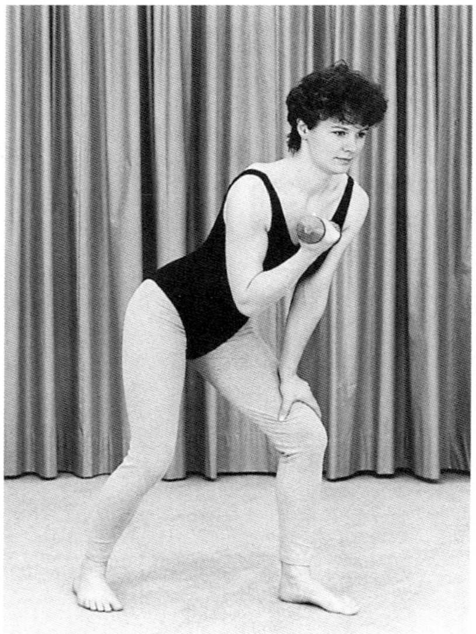

Die Übung richtet sich vor allem an den Biceps brachii. Wiederholungszahl nach Trainingsprinzipien.

Aste: Grätschstand,
in einer Hand ist eine Hantel.
Der Arm ist maximal erhoben und im Ellenbogen gebeugt, die Hantel befindet sich hinter dem Kopf.

Bewegung:
Der Unterarm wird nach oben gestreckt.

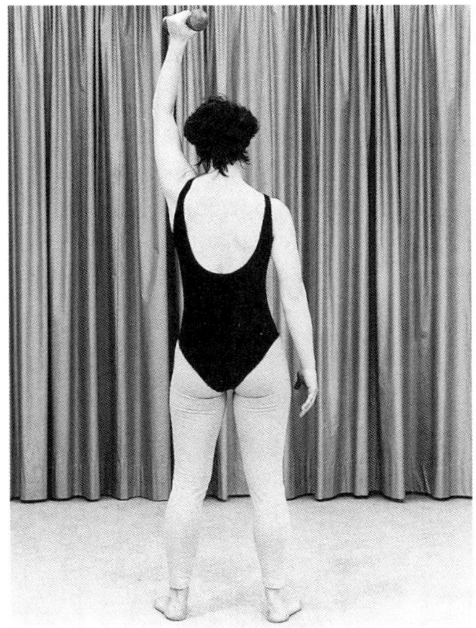

Widerstandsübung für den Triceps brachii, insbes. Caput longum.
Stabile Rumpfhaltung.

Aste: Grätschstand, Oberkörper wird in physiologischer Lordose nach vorne abgesenkt. Die Arme hängen herab.

Bewegung:
In jeder Hand ist eine Hantel.
Die gestreckten Arme bewegen nach seitlich oben.

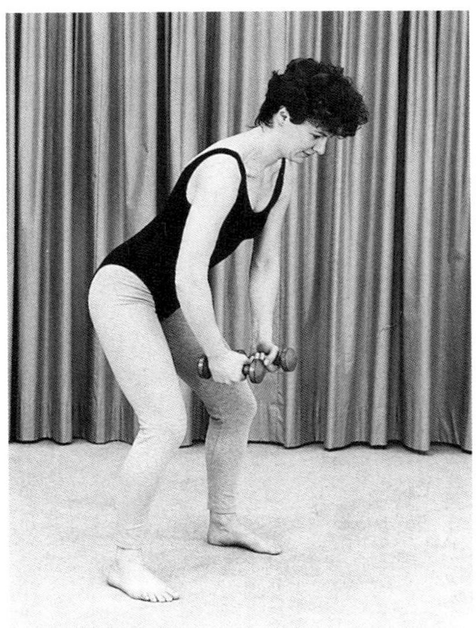

Die Bewegung erfolgt gegen die Schwerkraft, insbes. für die schulterblattanlegende Muskulatur (Rhomboideen).

Aste: RL, um ein Bein ist eine Gewichtsmanschette gelegt.

Bewegung:
Der Pat. hebt das Bein in einer diagonalen Bewegung in die Flexion, Adduktion und Außenrotation an.

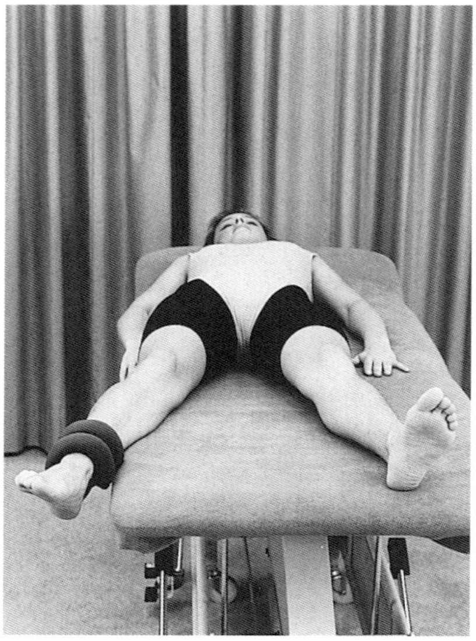

Die Bewegung erfolgt immer gegen die Schwerkraft und den Widerstand der Gewichtsmanschette. Es ist ein Wechsel zwischen konzentrischer und exzentrischer Muskelaktivität.

Aste: SL
Am distalen Ende des oberen Beines ist eine Gewichtsmanschette.

Bewegung:
Der Pat. wird aufgefordert, das obere Bein seitlich abzuspreizen.

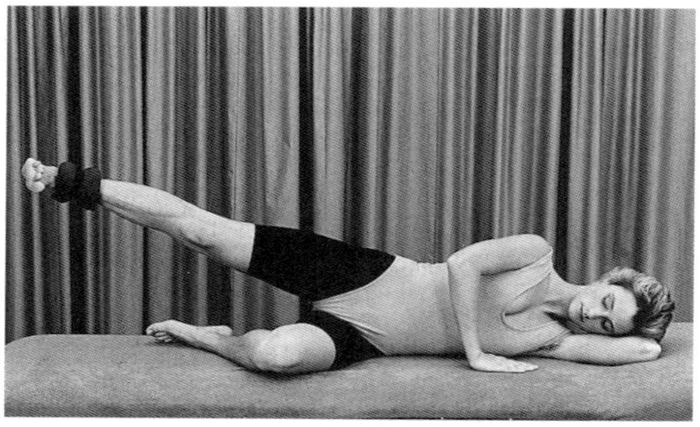

Das Becken muss stabil gehalten werden.
Die Abduktoren arbeiten gegen die Schwerkraft und den Widerstand der Manschette.

Aste: SL, das obere Bein ist gebeugt und auf einem Polster abgelegt.
Am distalen Ende des unteren Beines ist eine Gewichtsmanschette angelegt.

Bewegung:
Der Pat. wird aufgefordert, das untere Bein anzuheben.

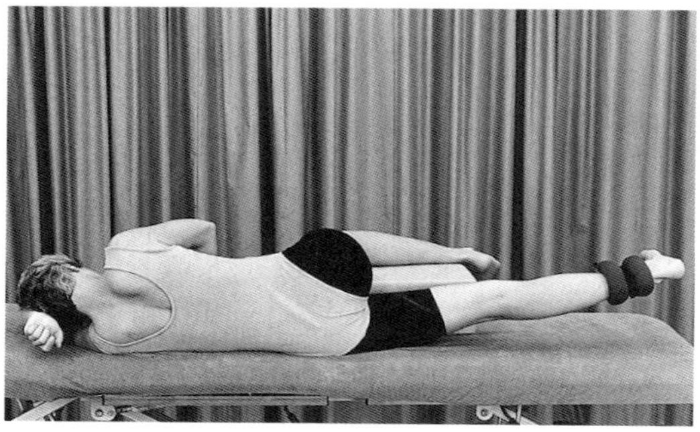

Das Becken muss stabil gehalten werden.
Die Adduktoren arbeiten die ganze Zeit gegen die Schwerkraft und den Widerstand der Gewichtsmanschette.

Bewegungskontrolle

Resistives Bewegen | **Widerstand: Gewichte, Medizinball** | **Beine**

Aste: RL
Der Medizinball liegt am Außenknöchel.

Bewegung:
Der Pat. schiebt den Ball zur Seite weg (Abduktion).

Wenn der Ball am Innenknöchel liegt, wird der Ball zur Körpermitte hin bewegt (Adduktion).

Die Übung richtet sich an die Abduktoren (Adduktoren) des Hüftgelenkes.
Trainingsform: Dauerform intermittierend.
Auch diese Übung erfolgt am besten als Partnerübung.

Aste: Sitz am Bankende, Unterarme aufgestützt, Beine herabhängend

Bewegung:
Der Medizinball ist zwischen den Füßen eingeklemmt, die Unterschenkel werden gestreckt.

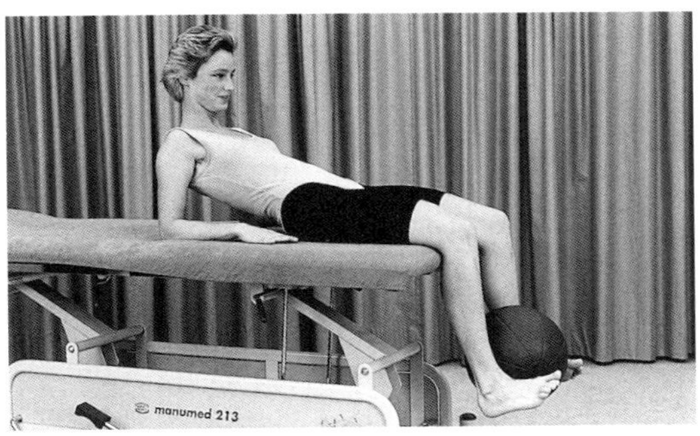

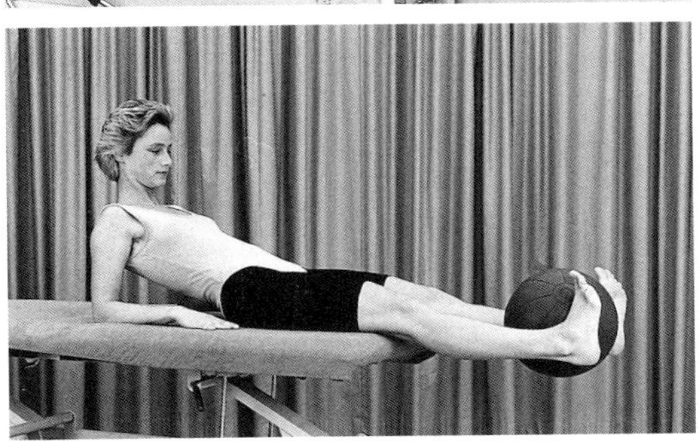

Die Übung richtet sich gegen den Quadrizeps beider Beine.
Er arbeitet ständig gegen die Schwerkraft.

Aste: Schrittstellung, die Partner stehen einander gegenüber, Handflächen gegeneinander gelegt

Bewegung:
im Wechsel Arme bremsend in die Beugung nachgeben lassen

Die Lage der Körper im Raum kann schräg sein, dadurch wird der Widerstand erhöht. Partner müssen sich gut aufeinander einstellen.

Aste: Schrittstellung gegenüber, Hände halten je einen Stab

Bewegung:
Der Stab wird vor- und rückbewegt bzw. nach oben und unten, wobei jeweils der Partner Widerstand für die Bewegung gibt.

Gute Koordination der Partner ist erforderlich. Der Stab wird einmal waagerecht, einmal senkrecht gehalten. Die Übung kann auch so erfolgen, dass die Partner hintereinander stehen. Sie kann auch mit der Fortbewegung kombiniert werden.

Aste: RL, Stütz auf den Unterarmen
Die Fußsohlen der Partner liegen aneinander

Bewegung:
Im Wechsel werden die Beine gebeugt und gestreckt, wobei jeweils der Partner gegen die Streckung Widerstand gibt, die Beugung muss gebremst werden

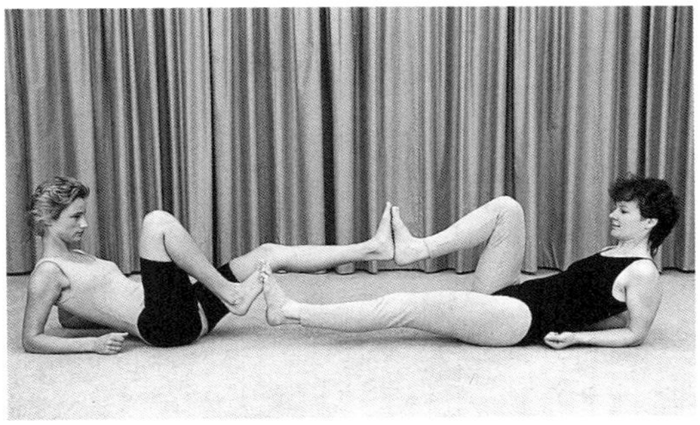

Gutes Einstellen der Partner aufeinander vonnöten.

Aste: RL, Stütz auf den Unterarmen, die Füße sind einander zugewandt. Innenknöchel gegeneinanderlegen

Bewegung:
gegen Widerstand jeweils die Beine nach innen bzw. außen bewegen

Die Übung richtet sich an die Adduktoren.
Werden die Außenknöchel aneinander gelegt, werden die Abduktoren beansprucht.

Aste: BL, die Partner liegen sich gegenüber, die Hände halten einen Stab

Bewegung:
gegen den Widerstand des Partners den Stab vom Boden abheben und zu sich her- bzw. von sich wegschieben.

Intensive Anspannung der Rückenstrecker gegen die Schwerkraft.

Aste: Sitz auf dem Hocker, das Gesicht den Rollenzügen zugewandt, beide Arme sind erhoben in Flexion, Abduktion, Außenrotation, die Hände haben die Griffe gefasst

Bewegung:
Der Pat. wird aufgefordert, die Arme in Extension, Abduktion, etwas Innenrotation zu ziehen.

Komplexes Bewegen, da mehrere Bewegungskomponenten in der Bewegung enthalten sind. Bilaterales Bewegen ist zunächst leichter als unilaterales, deshalb wird damit begonnen.

Dieselbe Bewegung kann auch im Stand (Schrittstellung) durchgeführt werden, wobei der Rumpf aufrecht oder vorgebeugt gehalten werden kann. Dabei ist gute Stabilisation des Rumpfes in kontrollierter Haltung erforderlich.

Aste: Sitz vor den Rollenzügen, ein Arm ist in Flexion erhoben, der andere in Extension

Bewegung:
Die Arme werden wechselseitig bewegt.

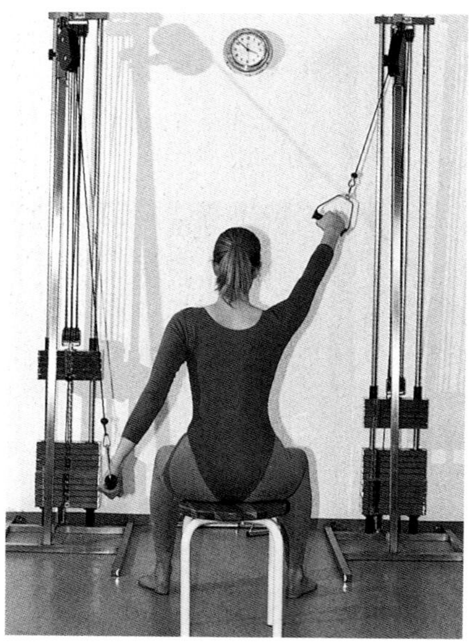

Bilaterales reziprokes Bewegen.
Rumpf wird stabil gehalten.

Aste: Stand vor den Rollenzügen, beide Arme sind vor das Gesicht erhoben und kreuzen sich

Bewegung:
Der Pat. wird aufgefordert die Arme nach unten und außen zu ziehen.

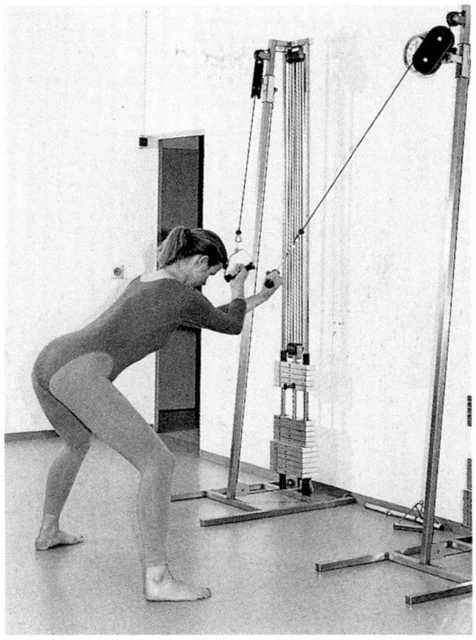

Der Rumpf ist etwas nach vorne geneigt und muss in dieser Stellung gehalten werden können.

Aste: Grätschstellung seitlich zum Rollenzug Oberarm ist am Körper angelegt, die Hand umfasst den Griff

Bewegung:
Der Pat. wird aufgefordert, den Unterarm nach innen zu ziehen.

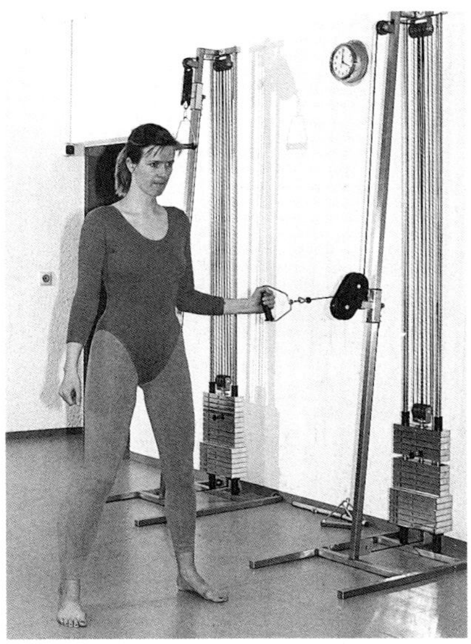

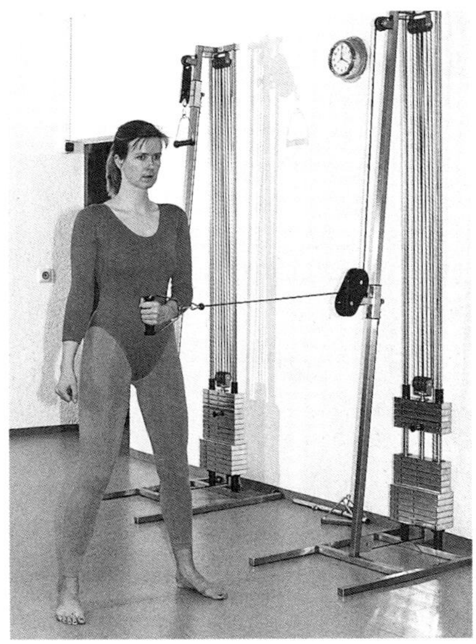

Der Rumpf soll stabil bleiben und nicht in die Bewegung folgen.

Aste: Grätschstand, Rücken den Rollenzügen zugewandt
Die Arme sind erhoben, die Hände umfassen die Schlingen

Bewegung:
Der Pat. wird aufgefordert, beide Arme nach vorne unten zu ziehen,
die Arme nähern sich oder überkreuzen sich dabei.

Der Rumpf kann etwas der Bewegung folgen, so dass sich die Bewegung auf die Bauchmuskeln überträgt.
Die Bewegung ist auch reziprok möglich oder unilateral.

Aste: Grätschstand seitlich zum Rollenzug

Bewegung:
Der erhobene Arm umfasst den Griff und zieht den Rollenzug schräg nach vorne unten in die Extension, Adduktion und etwas Innenrotation.

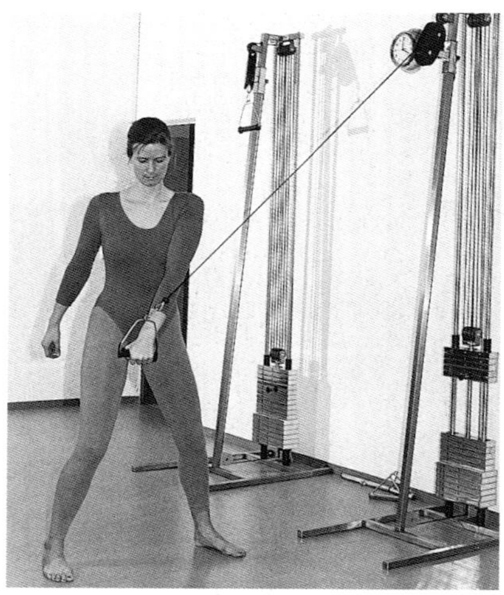

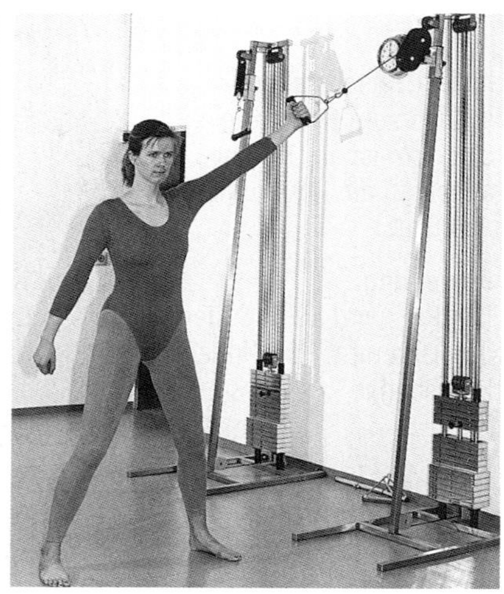

Der Rumpf folgt diagonal, so dass sich die Bewegung auf die Bauchmuskeln überträgt.

Bewegungskontrolle

Aste: Stand, seitlich zum Rollenzug, die Schlinge liegt um den Fuß, der weiter vom Rollenzug entfernt ist

Bewegung:
Der Patient wird aufgefordert, das Bein vom Körper wegzuführen (Abduktion).

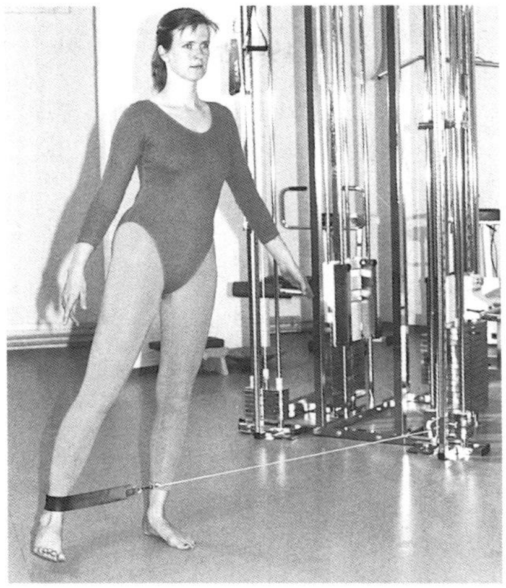

Rumpfkontrolle ist erforderlich, ggf. kann sich der Pat. festhalten.

Aste: Stand seitlich zum Rollenzug, die Schlinge liegt um den Fuß, der näher zum Rollenzug ist

Bewegung:
Der Pat. wird aufgefordert, das Bein nach vorne vor den Körper zu ziehen (Adduktion).

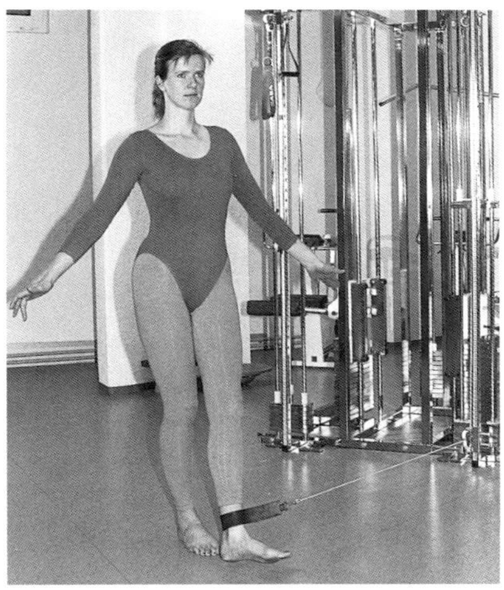

Rumpfkontrolle ist erforderlich, ggf. kann sich der Pat. festhalten.

Gute Rumpfkontrolle ist erforderlich, ggf. kann sich der Pat. festhalten.
Wenn der Pat. vor dem Rollenzug steht, kann entsprechend in die Hüftextension bewegt werden.

Aste: Stand mit dem Rücken zum Rollenzug, die Schlinge liegt um den Fuß

Bewegung:
Der Pat. wird aufgefordert, das Bein nach vorn in die Flexion im Hüftgelenk zu bewegen.

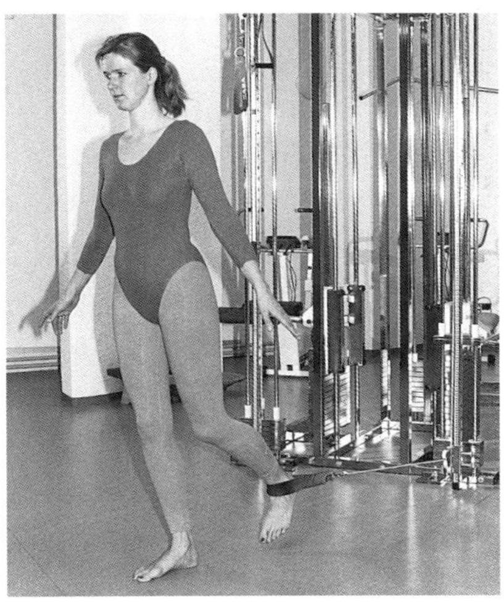

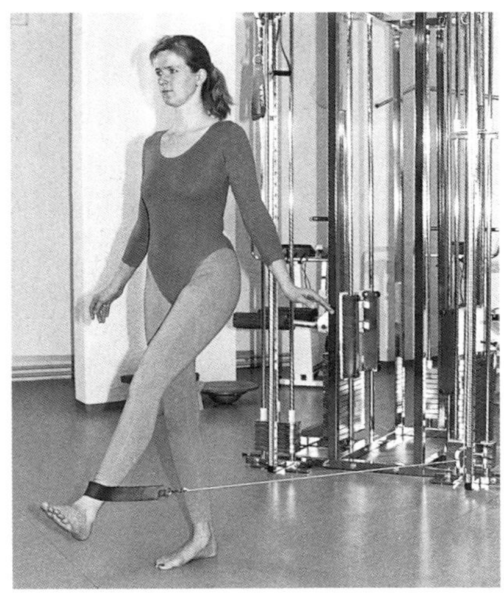

Die Bewegung kann als **komplexes Bewegen** auch im Muster Flexion Adduktion, Außenrotation erfolgen.

Aste: Sitz auf einem Hocker,
beide Arme halten hinter dem Rücken ein Theraband unter Spannung

Bewegung:
Der Pat. wird aufgefordert, beide Hände voneinander wegzubewegen, dabei wird abwechselnd im Ellenbogen gebeugt bzw. gestreckt.

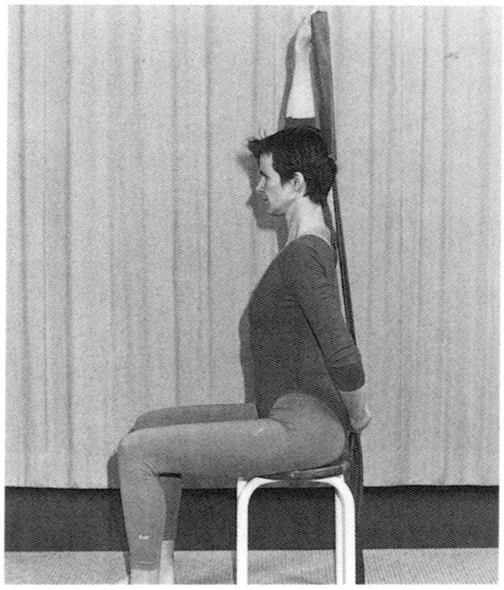

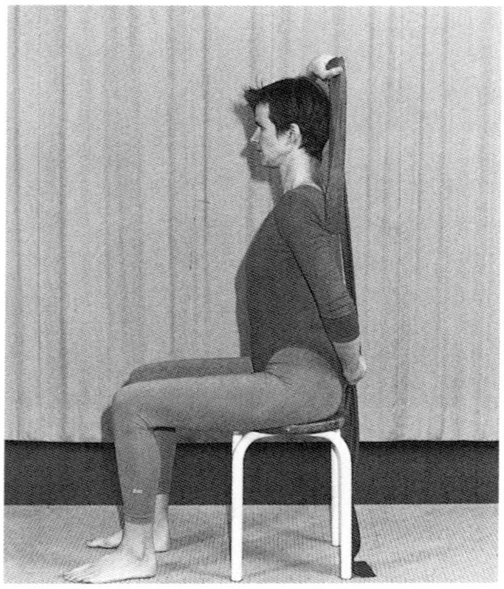

Rumpf soll aufrecht stabilisiert werden. Wiederholungszahl je nach Trainingsprinzipien. Trainingsform: Dauerform, intermittierend.

Aste: Grätschstand
Die erhobenen Arme halten ein Theraband unter Spannung

Bewegung:
Der Pat. wird aufgefordert, den Oberkörper nach vorn abzusenken, ohne dabei die Wirbelsäule zu beugen, die Hände entfernen sich dabei voneinander und spannen das Theraband.

Rumpf bleibt stabil.

Therabänder gibt es in verschiedenen Stärken, so dass für jeden Patienten der angemessene Widerstand gefunden werden kann. Das Theraband wird in der Regel von unten nach oben einmal um den Handrücken herumgeschlagen, das freie Ende hängengelassen.

Aste: Halbkniestand
Das Theraband ist an einem festen Gegenstand nahe am Boden befestigt

Bewegung:
Der Pat. wird aufgefordert, beide Arme gegen den Widerstand des Bandes anzuheben.

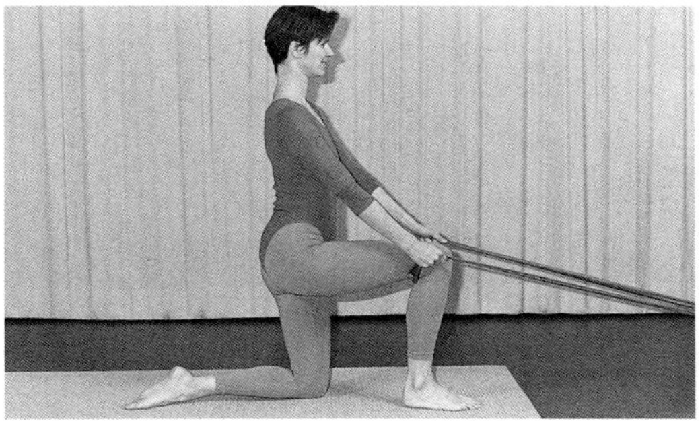

Einfaches Bewegen, wenn die Bewegung in der Sagittalebene stattfindet.
Rumpf bleibt stabil.
Die Muskelarbeit richtet sich vor allem an die Flexoren des Armes und die Rückenstrecker.
Trainingsform:
extensives Dauertraining intermittierend.

Werden die Arme gleichzeitig in Abduktion mit Außenrotation bewegt, erfolgt **komplexes Bewegen** gegen Widerstand.

Aste: Halbkniestand
Das Theraband ist etwa auf Kopfhöhe befestigt

Bewegung:
Die Arme bewegen gegen den Widerstand des Bandes in die Extension, Abduktion, etwas Innenrotation.

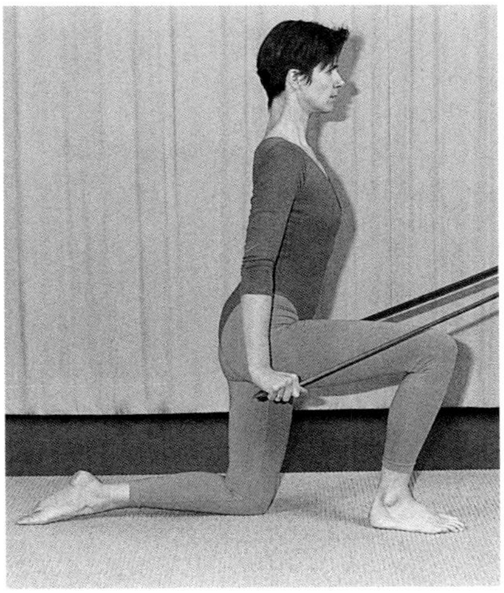

Rumpf aufrecht halten. Immer die Spannung in den Schultern halten. Am Ende der Bewegungsbahn können kleine rhythmische Bewegungen erfolgen.

Aste: RL
Die Fußsohle eines Beines wird in das Theraband gestellt, die beiden Enden des Bandes werden vom Probanden festgehalten bzw. vom Körper fixiert

Bewegung:
Der Pat. wird aufgefordert, das Bein langsam auszustrecken.

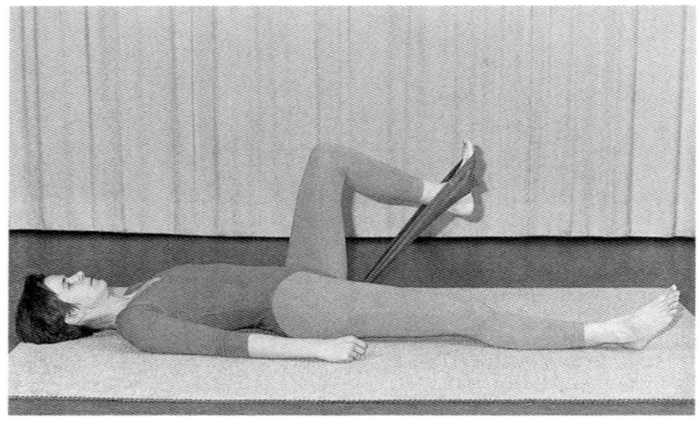

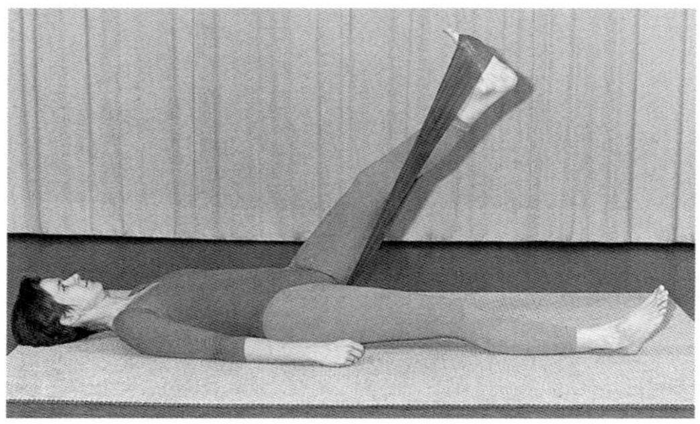

Die Übung beansprucht den Quadrizeps.

Aste: Langsitz
Hände sind aufgestützt
Das Theraband ist um den Fuß gewunden.
Ein Partner hält das Theraband von der Seite.
Der Proband bewegt das Bein nach innen (Adduktion).

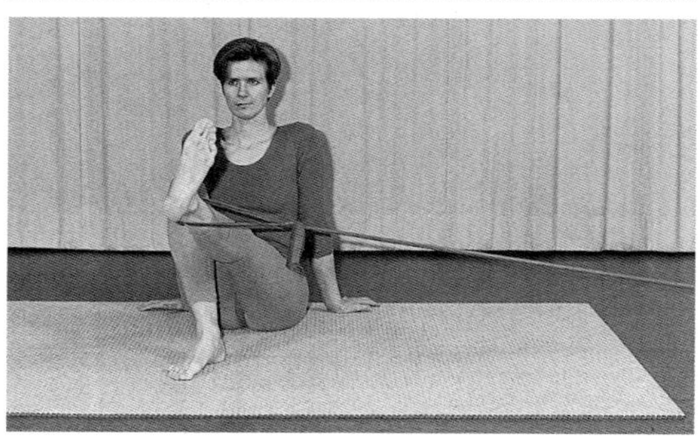

Wenn kein Partner da ist, kann das Band auch an einem feststehenden Gegenstand befestigt werden.
Kommt der Widerstand von der anderen Seite, kann das Bein in Abduktion gebracht werden.

Wird das Bein in Flexion und etwas Außenrotation bewegt, handelt es sich um **komplexes Bewegen** gegen Widerstand.

Aste: Grätschstand
Das Band ist an der Wand etwa auf Hüfthöhe befestigt

Bewegung:
Beide Arme ziehen gegen den Widerstand des Bandes nach schräg hinten oben

Aste: Grätschstand
Das Band ist an der Wand etwa auf Kopfhöhe fixiert

Bewegung:
Beide Arme ziehen gegen den Widerstand des Bandes nach schräg vorne unten.

da die Bewegung diagonal verläuft.
Der Rumpf wird in die Bewegung mit einbezogen, so dass die Rumpfmuskulatur aktiviert wird.

Aste: Schrittstellung
Das Band liegt um den Hinterkopf und ist vor dem Körper auf Kopfhöhe befestigt

Bewegung:
Es wird mit dem Kopf nach hinten gezogen.

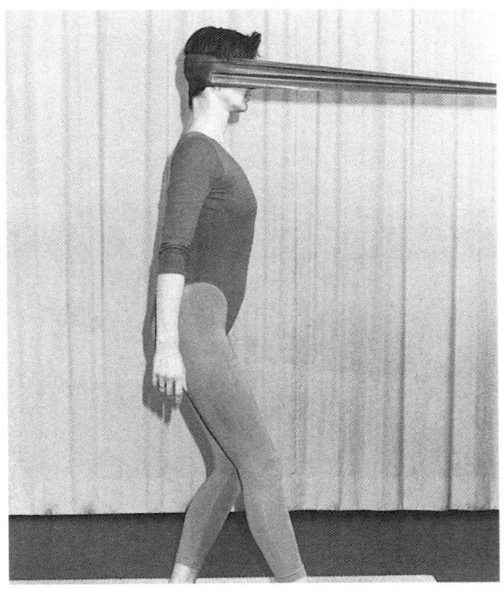

Zu achten ist auf exakte Stellung des Rumpfes und der Halswirbelsäule: Sie soll nicht überstreckt, sondern gerade gehalten werden.

Aste: Schrittstellung
Das Band liegt um die Stirn und ist hinter dem Körper auf Kopfhöhe befestigt

Bewegung:
Der Kopf wird gegen den Widerstand des Bandes nach vorne gezogen.

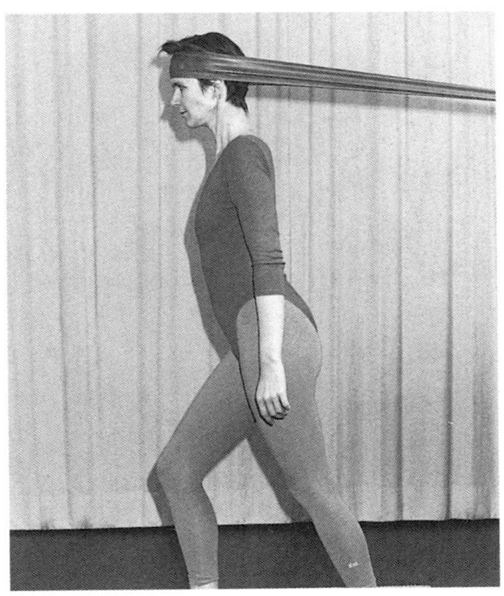

Zu achten ist auf exakte Rumpfhaltung und darauf, daß die Kopfgelenke und die Halswirbelsäule nicht in Extension geraten.
Trainiert werden sollen die Kopfbeuger.

Aste: BL, Hüfte gestreckt, Kniegelenk gebeugt, Schlinge am Unterschenkel und Fuß

Fixation: Gurt über Becken und Oberschenkel Expanderzug am Schlingentisch oberhalb des Kniegelenkes

Bewegung:
Der Unterschenkel streckt sich gegen den Widerstand der Feder.

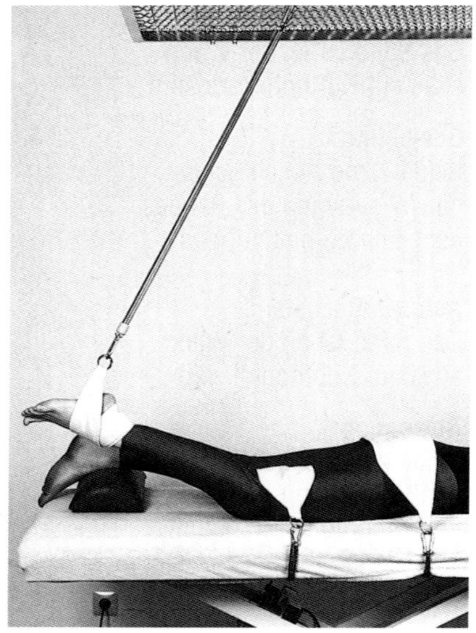

Die Übung richtet sich an den Quadrizeps.

Aste: RL, Beinaufhängung, Lot über dem Hüftgelenk. Expanderzug ist befestigt am Schlingentisch über dem Sprunggelenk

Fixation: nicht erforderlich

Bewegung:
Das Bein wird nach außen in Abduktion gegen den Widerstand der Feder bewegt.

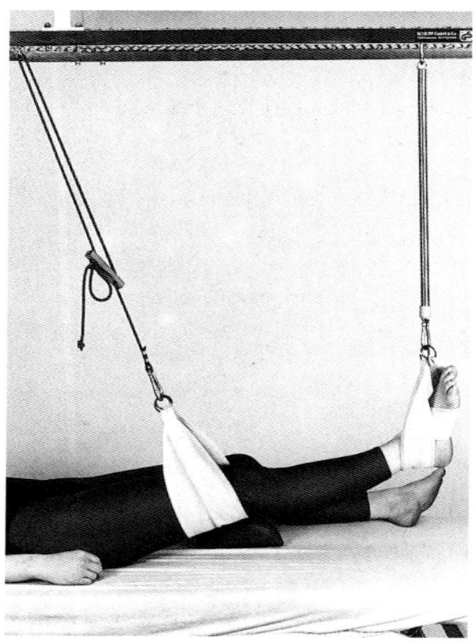

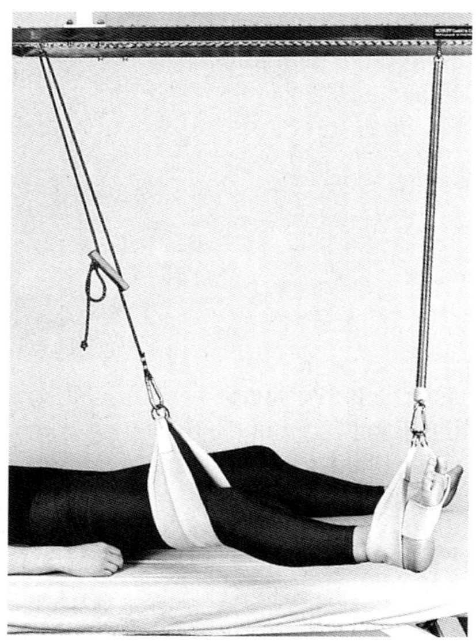

Die Übung richtet sich an die Abduktoren des Hüftgelenkes. Trainingsform: Dauerform intermittierend.

Aste: RL, Beinaufhängung, Lot über dem Hüftgelenk, an der Knieschlinge ist eine Feder, der Fuß hängt tiefer als das Kniegelenk

Fixation: nicht erforderlich

Bewegung:
Das Kniegelenk soll gegen den Widerstand der Feder langsam gestreckt werden.

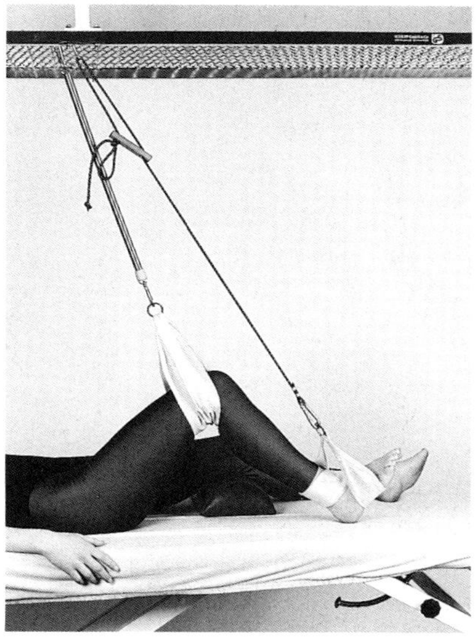

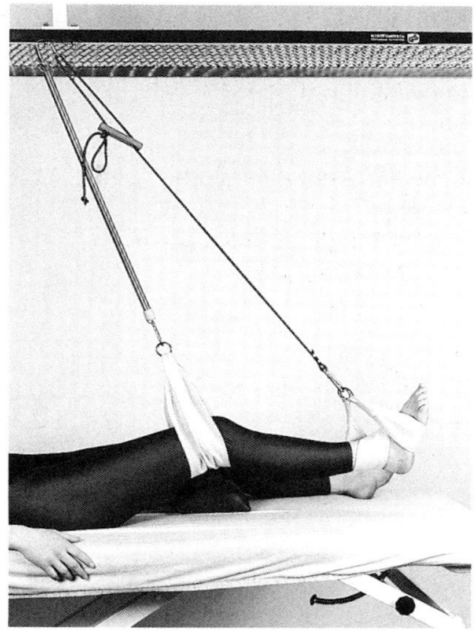

Einfaches Bewegen, da sich die Bewegung ausschließlich an das Kniegelenk richtet.

Aste: RL, Beinaufhängung, Lot für die Feder über dem Hüftgelenk, Fußschlinge wird am Ende des Schlingentisches aufgehängt

Fixation: nicht erforderlich

Bewegung:
Streckung in Knie- und Hüftgelenk gegen den Widerstand der Feder

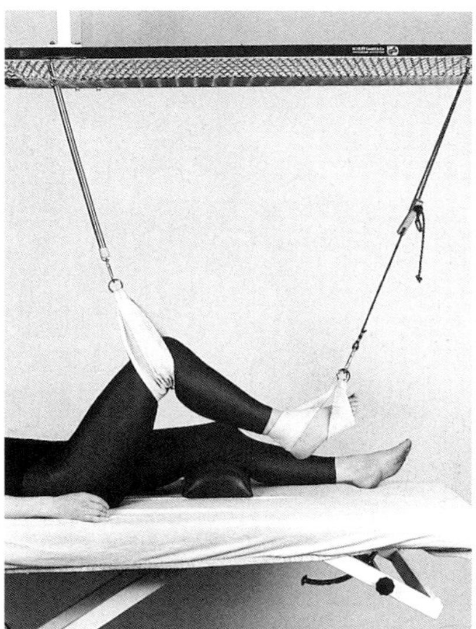

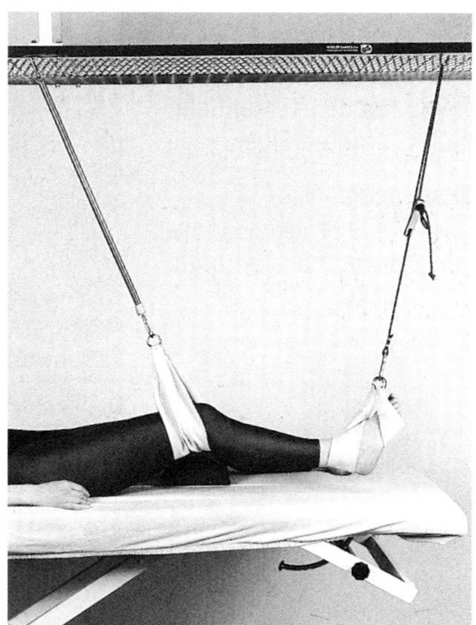

Komplexes Bewegen, da mehrere Gelenke an der Bewegung beteiligt sind. Hauptzielsetzung dieser Übung: Halten der Endstellung im Hüft- und Kniegelenk.

Aste: Stand,
beide Hände halten ein Schwimmbrett.

Bewegung:
Schwimmbrett nach vorne schieben.

Durch die Geschwindigkeit der Bewegung kann der Widerstand dosiert werden.

Aste: Stand,
beide Hände flach auf ein Schwimmbrett legen

Bewegung:
Die Hände drücken langsam die Schwimmbretter unter das Wasser.

Durch die Wasserverdrängung ist der Widerstand durch das Wasser sehr hoch.

Der Widerstand des Wassers kann in Form von Auftriebs- oder Reibungswiderstand genutzt werden. Schwimmhilfen, z.B. Schwimmbretter, Schaumstoffreifen, Bälle können zur Vergrößerung der Fläche benutzt werden.

Aste: Stand,
an den Armen sind
Schwimmflügel befestigt

Bewegung:
Der Patient bewegt die seitlich ausgestreckten Arme im Wasser hin und her

Es ist auch möglich, die Arme im Wasser auf und ab zu bewegen oder zu kreisen.

Der Auftriebskörper muss je nach Wasserhöhe und Kraft des Patienten ausgewählt werden.

Aste: Stand,
ein Fuß ist auf ein Schwimmbrett gestellt

Bewegung:
das Schwimbrett im Wasser auf- und abbewegen

Die Übung erfordert große Geschicklichkeit seitens des Patienten.
Bei Gleichgewichtsproblemen kann sich der Pat. festhalten.

Eine sehr intensive Widerstandsübung, die den ganzen Körper, insbes. die Rumpfmuskulatur und hier die autochthone Rückenmuskulatur, beansprucht, ist das möglichst rasche Gehen im Wasser.

Definition

Es handelt sich um die Fähigkeit, eine Ausgangsstellung zu wechseln und während der gesamten Bewegung die Kontrolle über den Bewegungsübergang zu behalten.
Konzentrisch-dynamische, d. h. überwindende und exzentrisch-dynamische, d. h. bremsende Aktivitäten müssen beherrscht werden und wechseln sich mit isometrischen Muskelaktivitäten ab, da zwischen den Stellungswechseln auch eine Stellung gehalten werden muss.
Zu jedem Bewegungswechsel gehört ein Moment des Haltens.

Aste: RL

▼
Umdrehen aus der RL in die SL
Bein anbeugen, Arm vor das Gesicht ziehen und drehen

Die Bewegung findet um die Längsachse des Körpers statt.
Der Start der Bewegung ist am schwersten, weil die Bauchmuskeln gegen die Schwerkraft aktiviert werden müssen.
Kopf anheben!

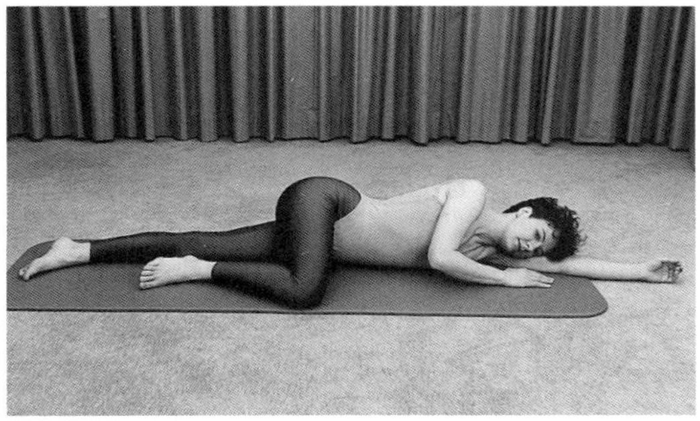

▼
Drehen aus der SL in die BL und wieder zurück

Beim Drehen in die Bauchlage ist bremsende Aktivität der Rückenmuskeln erforderlich.

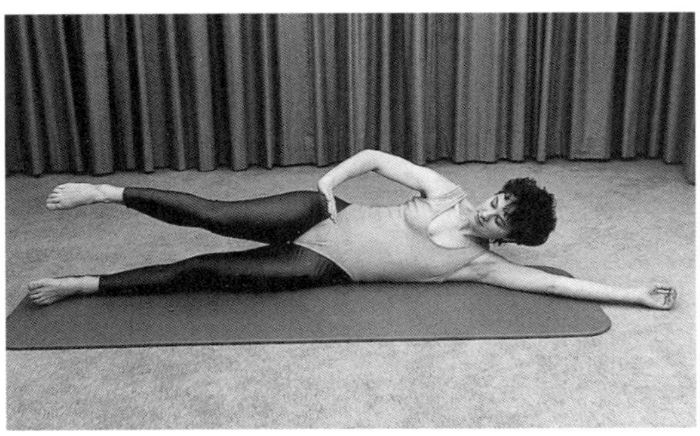

Bei der Rückkehr in die RL ist bremsende Aktivität der Bauchmuskeln erforderlich.

Bewegungsübergänge | **aus der Bauchlage hochkommen zum Vierfüßlerstand**

Aste: BL

▼

Hochkommen zum Vierfüßlerstand

Beide Hände unter die Schultern ziehen, Kopf abheben
Sich auf die Hände hochstützen und gleichzeitig das Gesäß abheben und auf die Knie hochkommen.

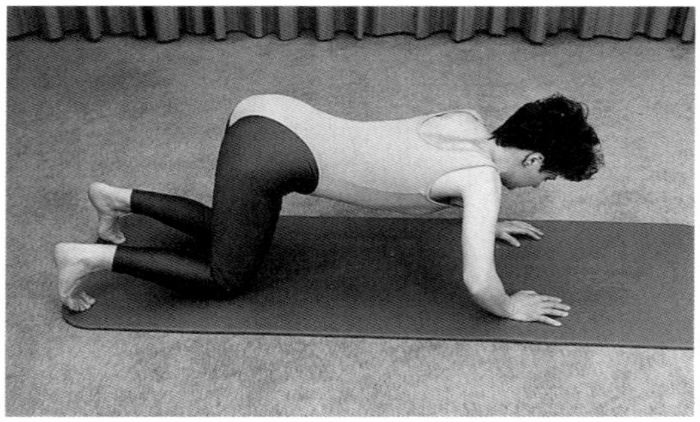

Wenn die Bewegung zu schwierig ist, sich zunächst auf die Unterarme stützen und erst auf die Knie hochkommen und die Hände nachziehen.

Aste: Vierfüßlerstand

Bewegung:
Vorwärts- und rückwärtsschaukeln diagonal oder seitwärts, d.h. Gewichtsverlagerung.

Bevor ein Pat. diese Bewegung machen kann, muss er die Aste halten können (Stabilität).
Er muß die Bewegung an jedem Punkt kontrollieren können (kontrollierte Mobilität).

Bewegungskontrolle

Bewegungsübergänge **vom Vierfüßlerstand zum Kniestand**

Aste: Vierfüßlerstand

Der Vierfüßlerstand erfordert das Stadium der Stabilität, um die Stellung zu halten. Ggf. muss dies mit dem Pat. erst geübt werden.
Das Bewegen zu den Fersen bzw. von ihnen weg erfordert das Stadium der kontrollierten Mobilität.
Die Bewegung muss an jedem Punkt angehalten und umgekehrt werden können.

▼
Zum Fersensitz
mit dem Gesäß in Richtung Fersen bewegen, dann die Hände vom Boden lösen, Oberkörper zum Fersensitz aufrichten

▼
Aufrichten zum Kniestand

Im Kniestand ist die Unterstützungsfläche gering,
deshalb sofort stabilisieren.

Bewegungsübergänge **aus dem Kniestand aufstehen**

Aste: Kniestand

▼

Vom Kniestand zum Einbeinkniestand

Der Einbeinkniestand ist die Vorbereitung zum Aufstehen. Auch hier ist es wichtig, Stabilität zu üben und die Gewichtsverlagerung.

Aste: Kniestand

▼

Hochkommen zum Stand

Ggf. muss sich der Pat. mit den Händen festhalten, z.B. am Ther. oder an einer Sprossenwand.
Er kann sich auch am eigenen Knie abstützen.

Aste: Kniestand

▼

vor einem Stuhl oder Sprossenwand

Der Pat. kann sich an der Stuhllehne festhalten, um besser aufstehen zu können.

Aste: Sitz auf einem Stuhl oder Hocker

Aufstehen vom Stuhl

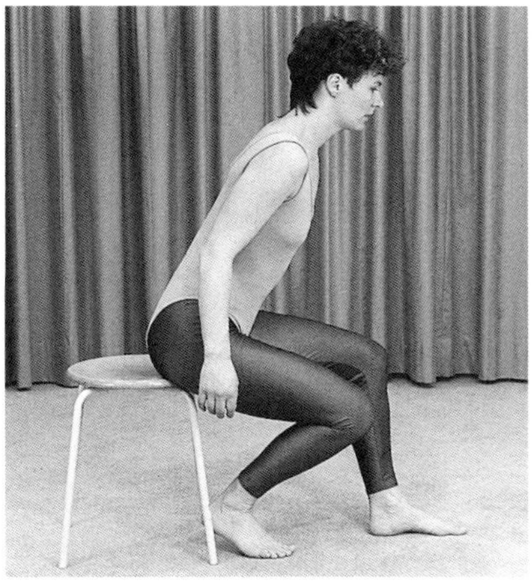

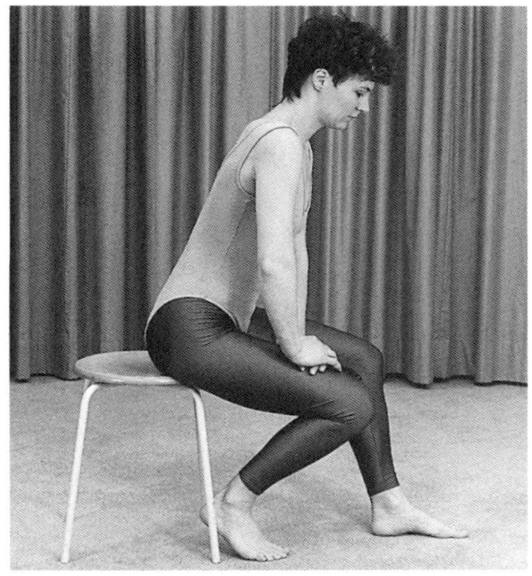

In der ersten Phase muss der Schwerpunkt über die Unterstützungsfläche gebracht werden. Dies geschieht durch Vorverlagern des Oberkörpers. Günstigerweise wird ein Bein etwas zurückgestellt.

Ggf. kann sich der Pat. am eigenen Oberschenkel abstützen.

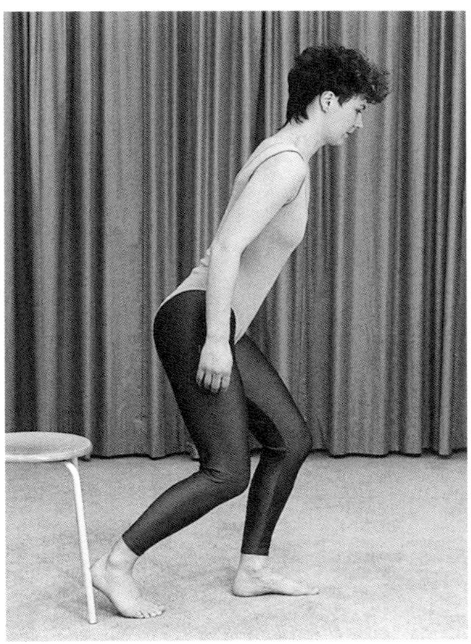

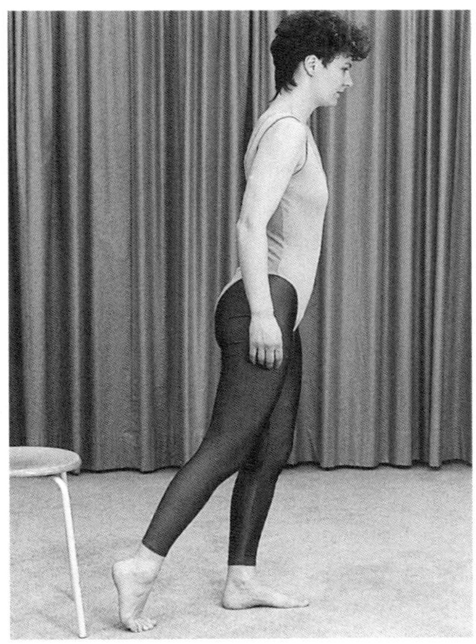

Zurückgestellt wird das Bein, das das Gewicht übernehmen soll.

In der zweiten Phase wird der Oberkörper wieder zurückgenommen, die Hüftgelenke strecken sich.

Das Aufstehen vom Stuhl sollte in diesen zwei Phasen getrennt geübt werden.

Übungsaufgaben ⇒ Bewegungskontrolle

Fragen	Meine Lösung
1. Welche fünf Faktoren brauchen Sie zur Entwicklung muskulärer Leistungsfähigkeit ?	
2. Welche Stärken der Widerstände kennen Sie?	
3. Was dient in erster Linie der Bewegungskontrolle?	
4. Sie arbeiten mit maximalem Widerstand, mit wieviel Repetitionen würden Sie hier üben?	
5. Bei der Ausführung der Bewegung gegen Widerstand müssen einige Punkte berücksichtigt werden. Worauf müssen Sie achten?	
6. Welche Formen des Widerstandes, außer der Schwerkraft, können geschaffen werden?	
7. Welche Formen des Bewegens in Dauerform kennen Sie?	
8. Wie sieht das Bewegen gegen Widerstand in Dauerform aus, wenn Ihr Patient schwache Muskulatur hat und seine Maximalkraft niedrig ist?	
9. Erläutern Sie Gehen im Wasser in intermittierender Dauerform!	

Die Antworten finden Sie auf den Seiten 251–252

Übungsaufgaben ⇒ Bewegungskontrolle

Fragen	Meine Lösung
10. Was verstehen Sie unter anaerober Kapazität?	
11. Beschreiben Sie eine Bewegungsserie der Arme und Beine gleichzeitig gegen Widerstand in ASTE: RL	
12. Was müssen Sie generell beachten bei Bewegen gegen manuellen Widerstand?	
13. Sie wollen im Schultergelenk eine Innen- und Außenrotation in ASTE: SL durchführen. Beachten Sie dabei Therapeutenstellung, Fixation und Widerstand (Erklären Sie!)	
14. Wodurch wird die Beugung im Kniegelenk begrenzt?	
15. Beim Abheben des Gesäßes von der Unterlage bei angestellten Beinen spricht man von der Bewegung im geschlossenen System. Erklären Sie warum!	
16. Beschreiben Sie jeweils eine Übung, korrekte ASTE und Bewegung a) mit Hanteln im Grätschstand b) mit Gewichtsmanschetten im Stand c) mit einem Partner d) mit einem Theraband im Halbkniestand e) im Schlingentisch f) im Wasser	

Die Antworten finden Sie auf den Seiten 251–252

Fragen | **Meine Lösung**

17. Welche Stadien des motorischen Lernens muss ein Patient beherrschen, um im Vierfüßlerstand üben zu können

18. Beschreiben Sie die Phasen „Aufstehen vom Stuhl“

Die Antworten finden Sie auf Seite 252

Geschicklichkeit

Freies Bewegen — **Formen – Voraussetzungen**

Freies Bewegen kann erfolgen:

- ohne Geräte
- mit Kleingeräten
- an feststehenden Geräten
- mit Partner
- mit Gewichten

Voraussetzungen:

Der Proband muss in der Lage sein:

- eine Stellung zu halten = Stabilität
- eine Stellung zu wechseln
- in jeder Stellung anzuhalten oder umzukehren

(beide) = kontrollierte Mobilität

Aste: stabile SL

Bewegung:
oben liegendes Bein ausstrecken, abspreizen und wieder absenken

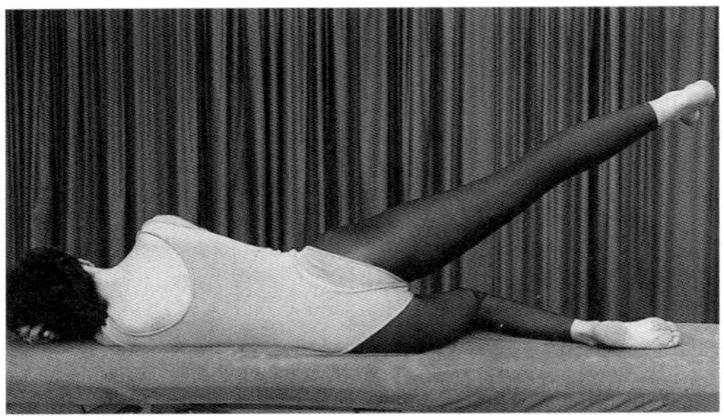

Es erfolgt ein Wechsel von konzentrisch- und exzentrisch-dynamischer Muskelarbeit gegen die Schwerkraft. Es arbeiten nur die kleinen Glutäi, Rumpf muss stabil gehalten werden.

Variante:
beim Absenken des Beines zugleich in Extension und Innenrotation bewegen bzw. in Flexion und Außenrotation.

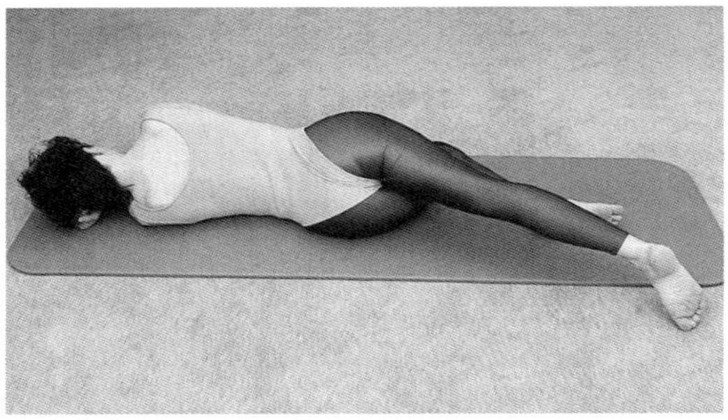

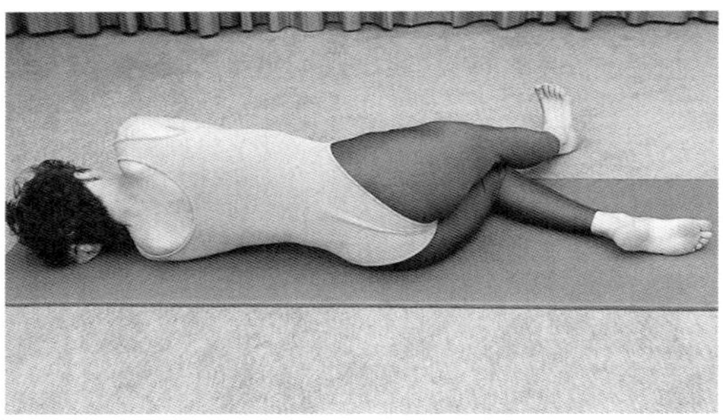

In diesem Falle handelt es sich um **komplexes freies Bewegen**, da mehrere Komponenten an der Bewegung beteiligt sind.

Aste: stabile SL

Bewegung:
oben liegendes Bein etwas abheben und dann beugen und strecken.

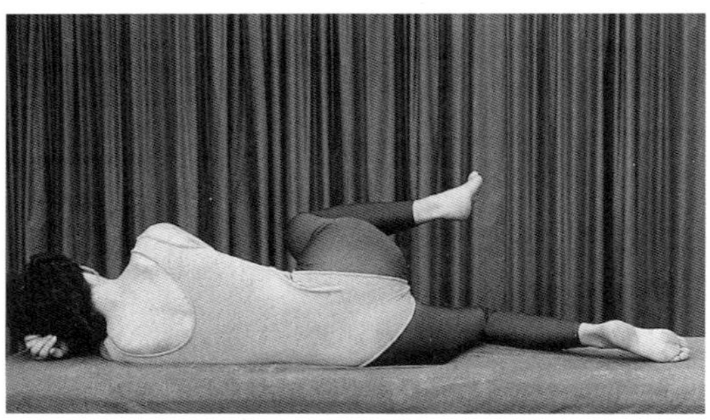

Komplexes freies Bewegen, da mehrere Gelenke in die Bewegung einbezogen sind.
Rumpf muss stabil gehalten werden. Der obere Arm stützt auf der Unterlage ab.

Aste: RL
Arme sind nach hinten ausgestreckt

Bewegung:
rechtes Bein in Hüft- und Kniegelenk anbeugen und gleichzeitig den linken Arm zur gegenüberliegenden Hüfte führen.

Diese Bewegung dient der Bahnung der reziproken Innervation.
Die Bewegung kann im Wechsel von der rechten zur linken Seite erfolgen, bzw. es können alle vier Extremitäten gleichzeiig bewegt werden.

Aste: SL
bewegt werden oben liegender Arm und oben liegendes Bein

Bewegung:
Arm: diagonale Flexion, Adduktion, Außenrotation, Extension, Abduktion, Innenrotation
Bein: Flexion, Adduktion, Außenrotation, Extension, Abduktion, Innenrotation.

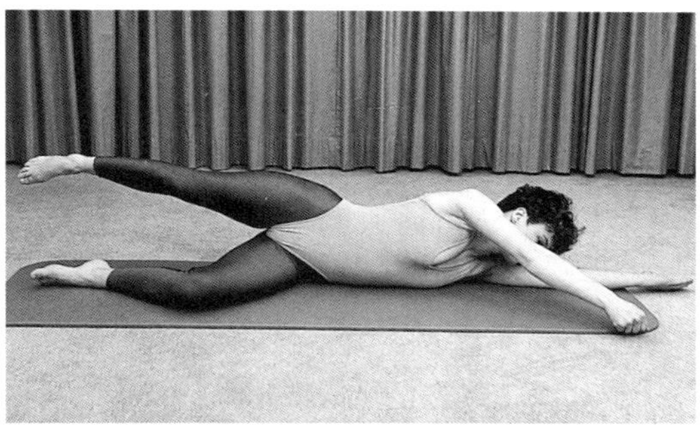

Wenn Arm und Bein derselben Körperhälfte zugleich in die gleiche Richtung bewegen, spricht man von ipsilateralen Bewegungen. Diese Bewegung dient der Vorbereitung des Umdrehens, z.B. von der Rückenlage auf die Seite.
Bei reziproker Bewegung ist sie gangtypisch.

Aste: Vierfüßlerstand

Bewegung:
Bein und Arm der gegenüberliegenden Körperseiten anheben, die Wirbelsäule wird gestreckt – anschließend Arm und Bein anbeugen, die Wirbelsäule wird gebeugt.

Das Gewicht des Armes und Beines wird an die Rückenmuskeln gehängt.

Diese Übung erfordert bereits ein hohes Maß an Geschicklichkeit, die Unterstützungsfläche ist klein.

Aste: Vierfüßlerstand

Bewegung:
Ein Bein seitlich abspreizen, den kontralateralen Arm seitlich hochführen, anschließend unter dem anderen Arm durchlangen und versuchen, das kontralaterale Knie- oder Fußgelenk zu erreichen.

Viele Gelenke sind an der Bewegung beteiligt.

Aste: Stand

Bewegung:
Ein Bein wird in Flexion, Adduktion und Außenrotation mit Kniebeugung bewegt, anschließend in Extension, Abduktion und Innenrotation mit Kniestreckung.

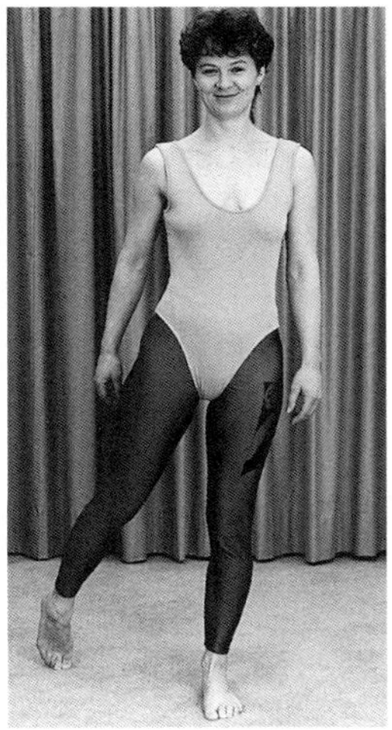

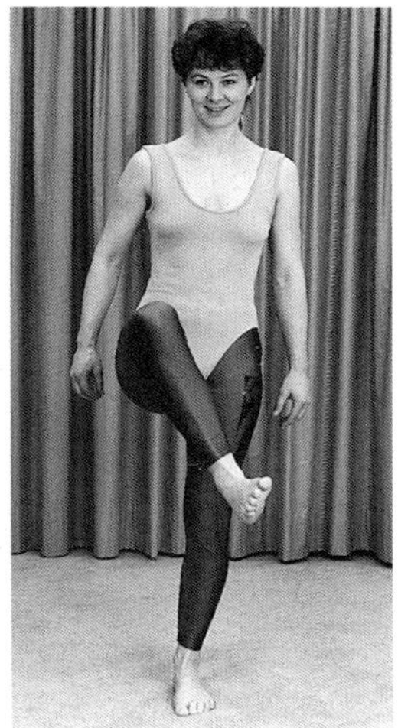

Die Bewegung erfolgt auf einer Diagonalen.
Die Fußspitze kann in die Bewegung mit einbezogen werden: bei Hüft- und Knieflexion Fußspitze hochziehen, bei Hüft- und Kniestreckung Fuß in Plantarflexion bewegen.
Bei dieser Bewegung handelt es sich um eine reflektorische Massensynergie, dennoch ist sie eine hohe Anforderung an die Koordination wegen der kleinen Unterstützungsfläche.

Aste: Stand

Bewegung:
Gegenüberliegender Ellenbogen und Kniegelenk berühren sich, anschließend werden Arm und Bein gestreckt.

Die Übung hat hohen koordinativen Stellenwert.
Erschwernis erfolgt durch Labilisierung der Unterlage, z.B. Weichbodenmatte, Minitrampolin.

Aste: Grätschstand

Bewegung:
einen Arm seitlich hochdrehen, Oberkörper folgen lassen

Komplexes freies Bewegen, da viele Gelenke und Muskeln an der Bewegung beteiligt sind. Der Rumpf folgt mit einer Rotation.

Aste: Stand

Bewegung:
mit dem Oberkörper nach nach vorne beugen und mit der einen Hand den gegenüberliegenden Fuß erreichen

Die Rücken- und Gesäßmuskeln werden gegen die Schwerkraft wechselnd exzentrisch und konzentrisch belastet.
Die Knie sollen nicht vollständig gestreckt sein.

Aste: Grätschstand

Bewegung:
Einen Arm weit nach oben ziehen, den Rumpf miteinbeziehen,
den Arm weit zur anderen Seite hinüberziehen, so dass eine große Seitneigung im Rumpf entsteht.

Der Rumpf wird lateralflexorisch verformt.

Geschicklichkeit

Freies Bewegen	mit Gerät
Gerät als Aufforderung (bzw. Angebot)	Das Gerät wird so behandelt, wie es sich durch seinen Charakter (Eigenschaft) anbietet.
Anregung der menschlichen Phantasie	Man soll der Kreativität der Übenden freien Raum lassen.

> Freies Bewegen mit Geräten ist nur mit leichten Handgeräten möglich, die keinen zusätzlichen Widerstand geben.

Geschicklichkeit

Freies Bewegen **mit Gerät**

Mögliche Geräte:

Bälle: Gymnastikbälle, Schaumstoffbälle verschiedener Größe	Sie bieten sich an zum • Greifen, Werfen, Prellen, Rollen Große aufblasbare Bälle können auch zum Üben auf dem Ball benutzt werden.
Gymnastikstäbe aus Holz	Sie bieten sich an • als Hindernis, zum Rollen auf dem eigenen Körper • als Pendel, zum Balancieren, zum Festhalten
Seile (sog. Springseile)	Sie fordern auf zum • Schwingen und Springen
Keulen	Sie bieten sich an für • Armschwünge und Armkreise
Reifen aus Holz (80 – 100 cm Durchmesser)	Sie bieten sich an zum • Rollen, Schwingen, Durchsteigen, als Hindernis

Auch wenn bestimmte therapeutische Ziele vorgegeben sind, bleibt doch bei der Benutzung von Geräten ein gewisser Spielraum für Phantasie. Die Phantasie führt dazu, dass bestimmte Geräte nicht nur für ganz bestimmte Übungen benutzt werden, sondern umfunktioniert werden. So können Stäbe zu Degen werden und eine Stuhlreihe zu einem Tunnel, durch den man hindurchkriechen muss.
Ein derartiges Umfunktionieren von Geräten bzw. Objekten ist dann Ausdruck von Spontaneität, Kreativität, Aktivität, evtl. erste Kontaktaufnahme zu einem Objekt.

Geschicklichkeit

Freies Bewegen **mit Gerät** **Gymnastikball**

Aste: Sitz
Der Ball ist in einer Hand.

Bewegung:
Er wird hinten und vorne in die andere Hand übergeben. Die Richtung zwischendurch wechseln

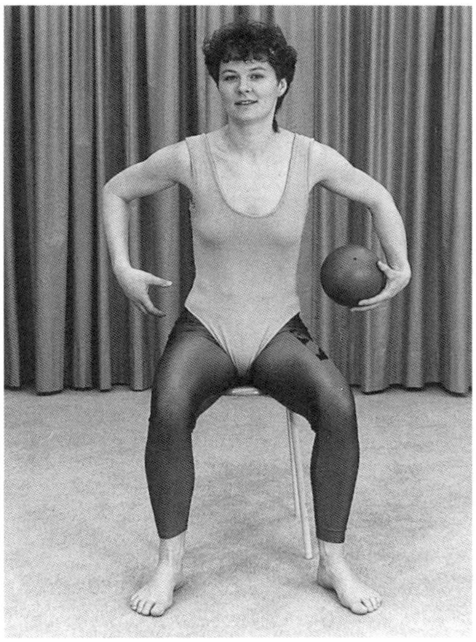

Aste: Sitz,
Ball ist in einer Hand.

Bewegung:
Der Ball wird seitlich in der Frontalebene hochgeführt, oben in die andere Hand übergeben und wieder abgesenkt.

Es werden pro Gerät nur einige Beispiele dargestellt. Dem jeweiligen Anwender stehen, je nach Phantasie, viele Möglichkeiten offen.

Aste: Sitz
Ein Arm ist seitlich um 90° abduziert und gestreckt. Der Ball liegt auf der Handfläche.

Bewegung:
Der Arm wird nun abwechselnd in Innen- und Außenrotation bewegt, dabei darf der Ball nicht herunterfallen.
Ball in die andere Hand wechseln

Die koordinative Anforderung ist hoch.

Aste: Stand

Bewegung:
Der Ball wird jeweils unter dem rechten bzw. linken Bein von innen nach außen oder von außen nach innen durchgegeben.

Geschicklichkeit

Freies Bewegen **mit Gerät** **Gymnastikball**

Aste: Rückenlage, Beine angestellt

Bewegung:
Gesäß abheben und den Ball unter dem Gesäß durchgeben – wechseln

Die Übung erfordert gute Streckung in den Hüftgelenken.
Die Gesäßmuskeln arbeiten im geschlossenen System und gegen die Schwerkraft.

Aste: Seitlage, Beine gestreckt, der Ball ist zwischen den Füßen eingeklemmt, Arme nach oben gestreckt

Bewegung:
Die Beine werden vom Boden abgehoben.

Aus dieser Stellung dreht man sich über den Bauch auf die andere Seite und bleibt dort liegen.

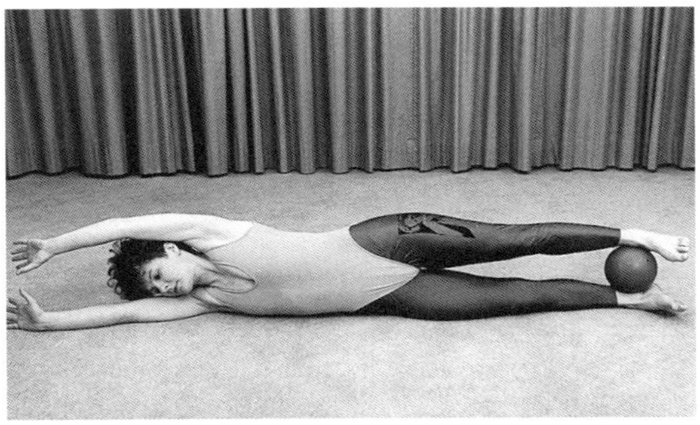

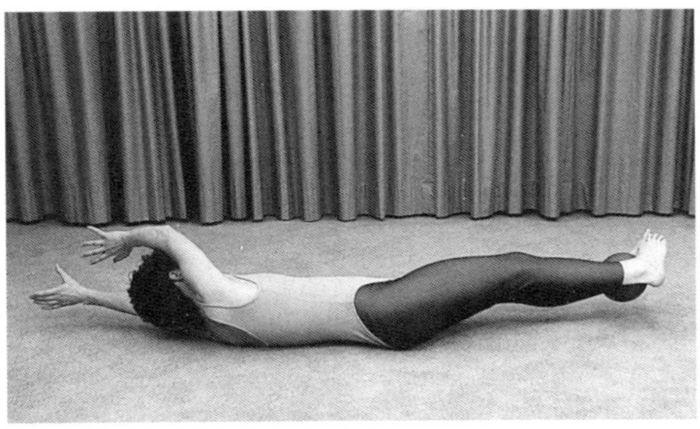

Die Übung stellt eine hohe Anforderung an die Koordination und Geschicklichkeit dar. Sie erfordert auch ein hohes Maß an Rumpfstabilität.

Aste: Sitz auf dem Hocker, der Stab wird mit beiden Händen gehalten.

Bewegung:
Die erhobenen Arme ziehen den Stab hinter den Schultern nach unten und strecken sich dann wieder nach oben.

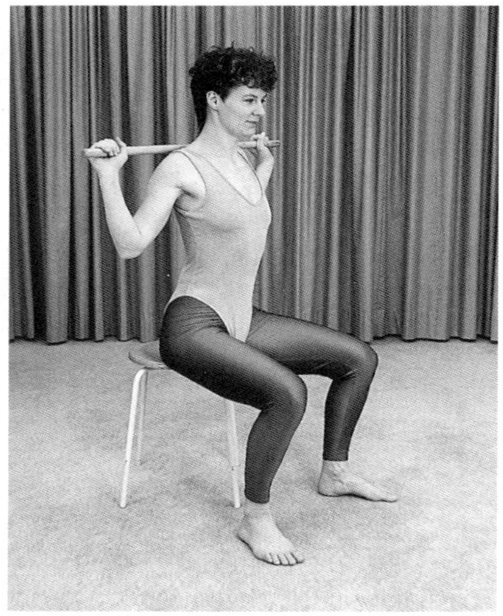

Darauf achten, dass die schulterblattanlegende Muskulatur aktiviert wird.

Aste: Sitz auf dem Hocker, beide Hände halten den Stab.

Bewegung:
Der Stab wird vor dem Körper senkrecht gestellt, wobei einmal die rechte und einmal die linke Hand oben ist.
Aus dieser Aste kann auch mit dem Stab eine Paddelbewegung durchgeführt werden.

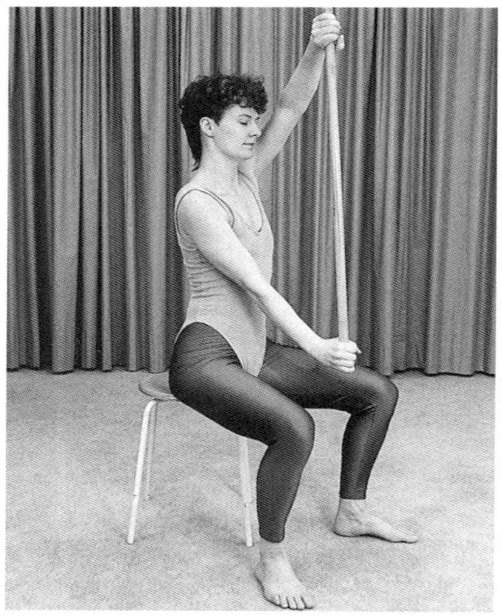

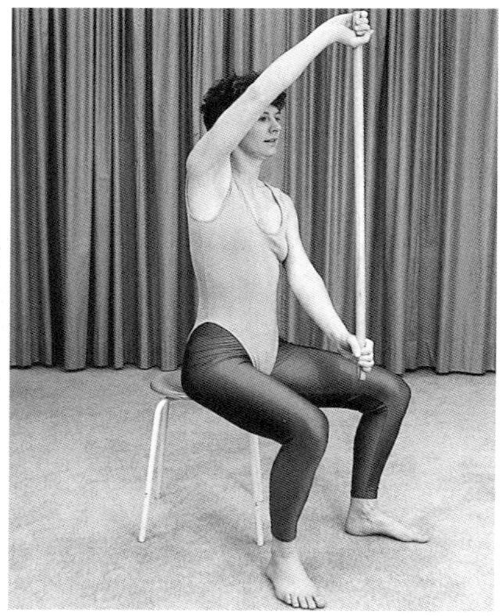

Die Bewegung soll in der vertikal stehenden Frontalebene stattfinden, Rumpf bleibt dabei stabil.

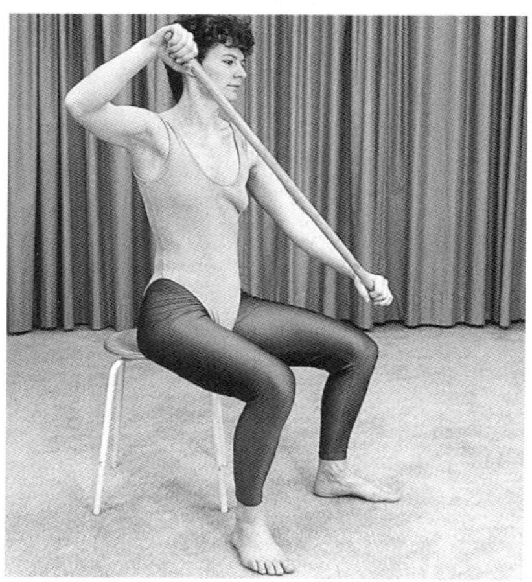

Alle Übungen auf dieser Seite lassen sich auch mit einem Seil oder einem gespannt gehaltenen Handtuch durchführen.

Aste: Rückenlage, Beine gestreckt, Hände halten den Stab in Richtung Zimmerdecke, Kopf ist angehoben, Kinn zur Brust gezogen

Bewegung:
beide Beine anbeugen
Ein Bein schlüpft durch den Stab, während das andere Bein sich außerhalb streckt.

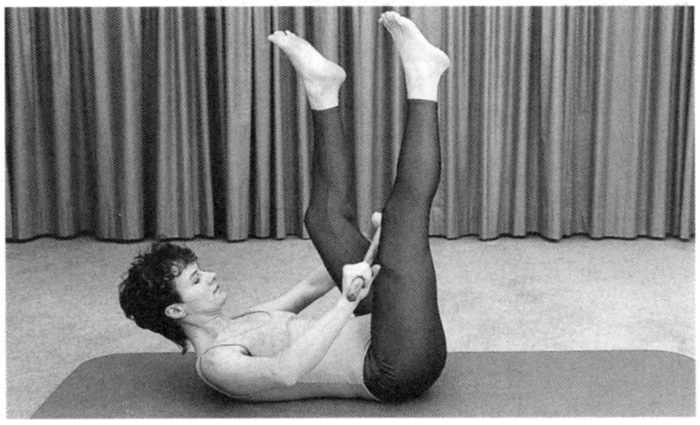

Komplexes freies Bewegen, da mehrere Gelenke in den Bewegungsablauf einbezogen sind.
Auf die Atmung achten.
Fließend wechseln.

Aste: Bauchlage, Arme sind nach vorne gestreckt und halten den Stab

Bewegung:
Beide Arme heben sich vom Boden ab und ziehen den Stab hinter die Schultern.

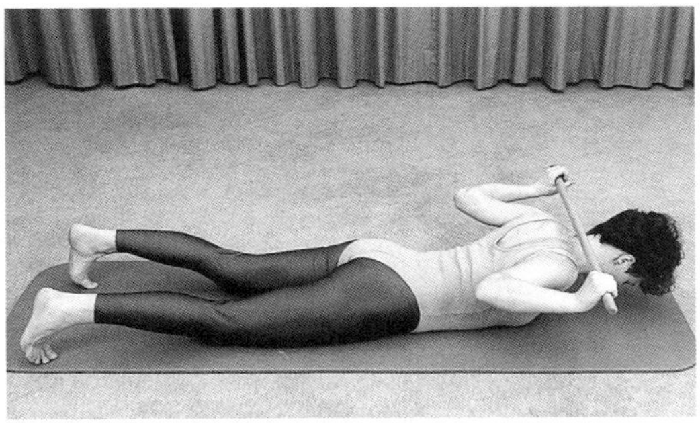

Die Übung aktiviert die Rückenmuskeln und die schulterblattanlegende Muskulatur.
Oberkörper nur wenig von der Unterlage abheben.

Aste: Bauchlage, Arme sind nach vorne gestreckt und halten den Stab

Bewegung:
Der Stab wird vor dem Körper senkrecht aufgestellt, wobei einmal die rechte und einmal die linke Hand oben ist.

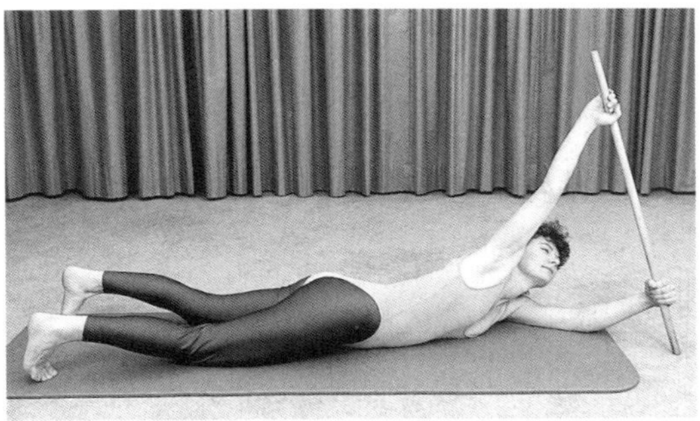

Die Übung richtet sich vor allem an die Rückenmuskulatur.
Der Oberkörper macht die Bewegung mit.

Aste: Stand, der Stab ist vor dem Körper aufgestellt und wird von einer Hand gehalten.

Bewegung:
Ein Bein schwingt von außen über den Stab.

Der Stab wird nur für einen kurzen Augenblick losgelassen und gleich wieder gehalten.
Hohe Anforderung an die Geschicklichkeit.

Aste: Stand

Bewegung:
Das vierfach gefaltete Seil ist in einer Hand. Mit dem Seil wird ein großer Kreis nach hinten oben und nach vorne durchgeführt. Dann wird das Seil in die andere Hand übergeben.

Die Bewegung wird in mehreren Ebenen und in mehreren Gelenken durchgeführt.

Aste: Stand
Das Seil normal in die Hand nehmen und durchspringen.

Die Übung kann in intermittierender und kontinuierlicher Dauerform durchgeführt werden, je nach Belastbarkeit.
Diese Übung ist auch gut geeignet als Osteoporoseprophylaxe.

Geschicklichkeit

Freies Bewegen **mit Gerät** **Seil**

Aste: Sitz
Das Seil liegt auf dem Boden

Bewegung:
mit den Zehen das Seil ergreifen und vom Boden abheben

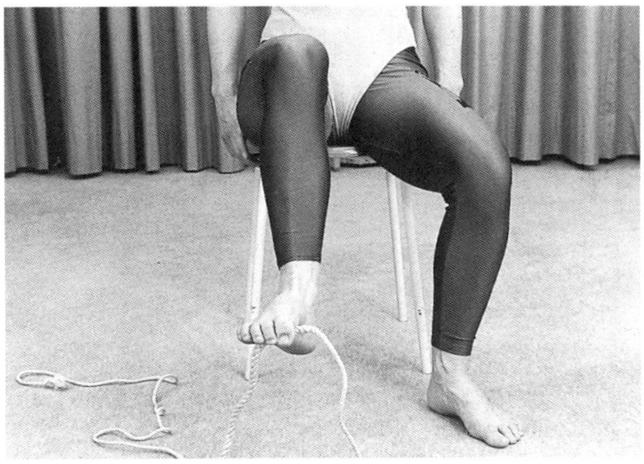

Komplexes freies Bewegen, da mehrere Gelenke in die Bewegung einbezogen sind.
Diese Übung aktiviert die kurze Fußmuskulatur.

Aste: Sitz
Das Seil liegt auf dem Boden.

Bewegung:
Ein Fuß hält das Seil fest, während der andere versucht, das Seil seitlich wegzuziehen

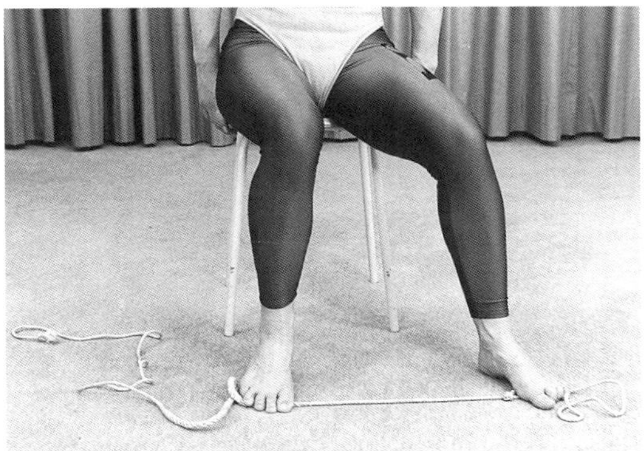

Die Übung aktiviert die Fußmuskulatur, aber auch die Abduktoren im Hüftgelenk.

Aste: Rückenlage

Bewegung:
Die Fußsohle eines Beines wird in das von beiden Händen gehaltene Seil gelegt und das Knie langsam gestreckt.

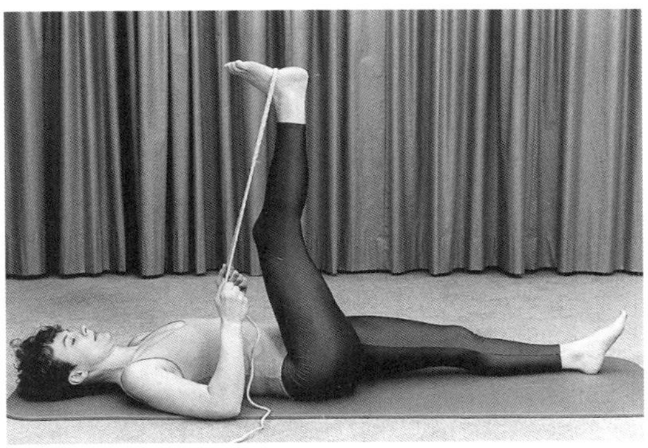

Diese Übung dient in erster Linie der Verlängerung der ischiokruralen Muskulatur.

Aste: Stand
In jeder Hand ist eine Keule.

Bewegung:
Keulen entweder gleichzeitig oder im Wechsel vor- und zurückschwingen

Isoliertes freies Bewegen, wenn die Bewegung nur in einer Ebene stattfindet und klein gehalten wird, ansonsten ist es komplexes freies Bewegen.

Komplexes freies Bewegen, da viele Gelenke an der Ausführung beteiligt sind.
Hohe Anforderung an die Koordination.

Aste: Stand
Beide Arme sind zur Seite erhoben, halten eine Keule

Bewegung:
Die Arme schwingen mit den Keulen seitlich hoch. Die Keulen überkeuzen oben und berühren sich. Die Keulen können auch in Achtertouren vor dem Körper vorbeigeführt werden.

Aste: Stand. In jeder Hand ist eine Keule

Bewegung:
Beide Arme schwingen mit den Keulen seitlich hoch, der Körper dreht sich mit. Die Keulen können am Ende der Bewegung kurz losgelassen und dann wieder aufgefangen werden.

Darauf achten, dass sich der Rumpf streckt. Wenn die Keulen losgelassen werden, ist die Anforderung an die Geschicklichkeit hoch.

Keulen fallen gerne aus der Hand. Deshalb Vorsicht bei nicht gut koordinierten Patienten, damit sie sich nicht verletzen oder sich zu abrupt bücken.

Aste: Stand, der Reifen wird waagerecht vor den Körper gehalten

Bewegung:
Mit einem Bein nach innen durchsteigen, dann das zweite folgen lassen. Den Reifen sodann am Körper entlang ganz nach oben bewegen, bis die Arme ganz gestreckt sind. Danach den Vorgang wiederholen

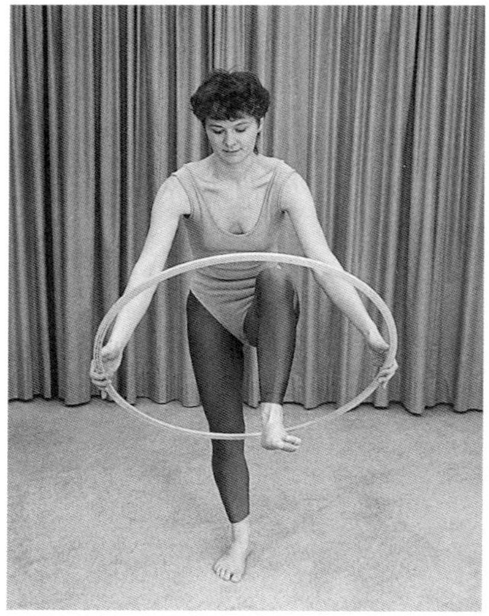

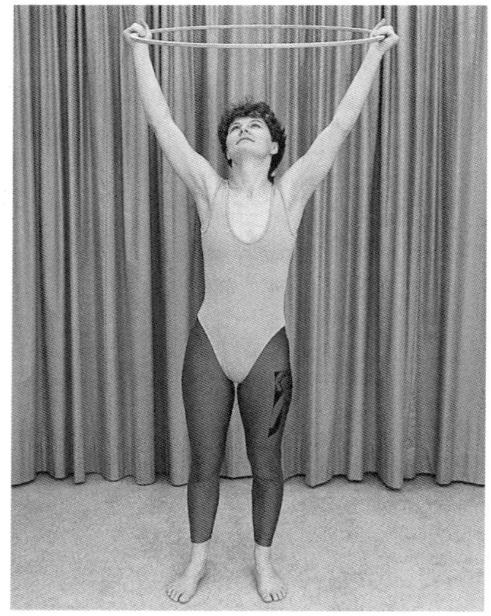

Hohe Beweglichkeit aller Gelenke erforderlich.

Aste: Stand
Der Reifen ist um den Körper auf Höhe der Taille gelegt.

Bewegung:
mit einem Hüftschwung den Reifen ins Kreisen bringen (Hula-Hupp)

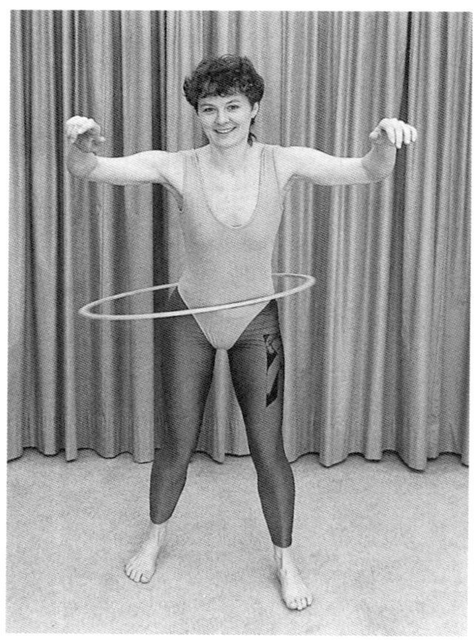

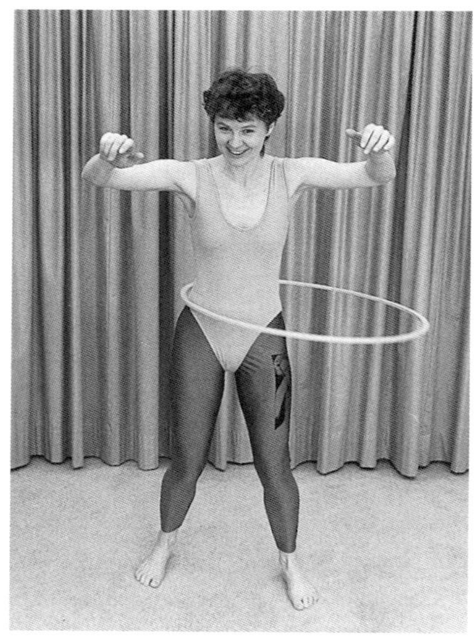

Die Übung erfordert viel Geschicklichkeit.

Der Phantasie sind beim Reifen viele Wege offen: So kann der Reifen ins Rollen und ins Drehen gebracht werden. Auch bei der Gruppentherapie ist er sehr gut geeignet, z.B. um Tunnel zu bauen oder große Kreise mit dem Reifen als Bindeglied zu bilden.

	Geeignete Geräte
Schwebebänke	Sie laden ein zum Daraufsetzen, zum Balancieren, zum Darüberspringen und als Hindernis.
Rundbalken	Sie laden vor allem ein zum Balancieren.
Leitern	Sie laden ein zum Hochklettern.
Sprossenwände	Sie laden ein zum Festhalten und zum Hängen.
Hocker und Stühle	Sie laden ein zum Daraufsetzen, zum Festhalten und zum Bauen von Hindernissen.
Übungsmatten	Bei den Übungsmatten ist zu beachten, dass zu weiches Material beim Bewegen die von der Unterlage erzeugte Gegenkraft vermindert. Dies kann am Anfang ein Gefühl der Unsicherheit vermitteln.
Beschaffenheit des Materials	Zu hartes Material ist nicht brauchbar, insbes. für Patienten, die abgemagert sind oder druckempfindliche Gliedmaßen haben. Zu kaltes und glattes Material mindert die Bewegungsfähigkeit. Darum ist ein mäßig hartes, elastisches Material mit warmer und etwas rauer Oberfläche zu bevorzugen.

Aste: Stand auf der Langbank

Bewegung:
Zunächst nur auf der Langbank entlanggehen, auf Kommando am Ort umdrehen und in die andere Richtung marschieren. Verschiedene Schrittkombinationen üben, z.B. „Storchengang", auf den Zehenspitzen oder Fersen seitwärts gehen und rückwärts gehen mit verschiedenen Schrittkombinationen

Variante:
Zwei Personen stehen sich jeweils am Ende gegenüber und gehen aufeinander zu. Sobald sie sich erreicht haben, müssen sie sich anfassen und aneinander vorbeikommen, ohne die Langbank zu verlassen.

Viele Gelenke sind in die Bewegung einbezogen. Übungen auf der Langbank sollen in erster Linie Geschicklichkeit und Koordination fördern.

Aste: Stand seitlich neben der Langbank

Beide Hände stützen sich auf der Langbank ab.
Mit beiden Beinen über die Langbank auf die andere Seite springen und wieder zurück, bis das Ende der Bank erreicht ist.

Stützreaktion der Arme erforderlich.
Gute Beweglichkeit der Wirbelsäule und Beine erforderlich.

Aste: Stand seitlich neben der Langbank

Bewegung:
im „Schlußsprung" über die Langbank auf die andere Seite springen und wieder wechseln

Gute Sprungkraft der Beine erforderlich.
Nur auszuführen bei ausreichender Sicherheit des Übenden.

Aste: Bauchlage auf der Langbank

Bewegung:
sich mit den Händen auf der Langbank entlangziehen, dabei gute Gesamtkörperspannung aufrechterhalten.

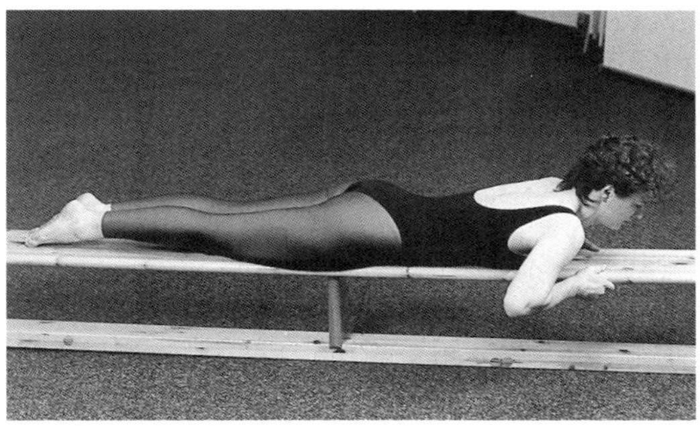

Die Übung schult die körperliche Geschicklichkeit und kräftigt die Muskulatur der Arme.

Je nach Geschicklichkeit der Probanden ist das breite oder das schmale Ende der Langbank oben.
Alle Übungen auf der Langbank erfordern ein gewisses Maß an Sicherheit und Geschicklichkeit des Patienten.

Geschicklichkeit

Freies Bewegen	Sprossenwand	mit Pezziball

Aste: Hang mit dem Rücken zur Sprossenwand

Bewegung:
beide Knie hochziehen und wieder absenken

Nur bei genügend Kraft der Bauch- und Hüftmuskeln ausführbar.

Aste: Hang mit dem Gesicht zur Sprossenwand

Bewegung:
beide Beine zur Seite bewegen, abwechselnd nach re. od. li.

Die Übung ist nur bei kräftigen Personen einsetzbar, da alleine die Aste schon viel Kraft erfordert.

Der Körper befindet sich als Ganzes in einer stabilen Gleichgewichtslage.

Aste: Bauchlage auf einem Pezziball vor der Sprossenwand
Die Hände halten sich auf Schulterhöhe an der Sprossenwand fest

Bewegung:
den Rumpf auf dem Ball einmal auf die rechte und einmal auf die linke Seite drehen

Die Übung erfordert ein hohes Maß an Kraft und körperlicher Geschicklichkeit.

Freies Bewegen **mit Partner** **mit Pezziball**

Aste: Stand
Partner stehen sich gegenüber und klemmen einen Pezziball zwischen sich ein

Bewegung:
Druck gegen den Pezziball geben und sich langsam umdrehen, ohne den Ball zu verlieren. Zum Schluss stehen die Partner mit dem Rücken zueinander.
Aus dieser Stellung langsam in die Hocke gehen und sich wieder aufrichten.

Die Übung stellt eine hohe Anforderung an die Koordination dar.

Wichtig:
Beide Arme stehen in Außenrotation.

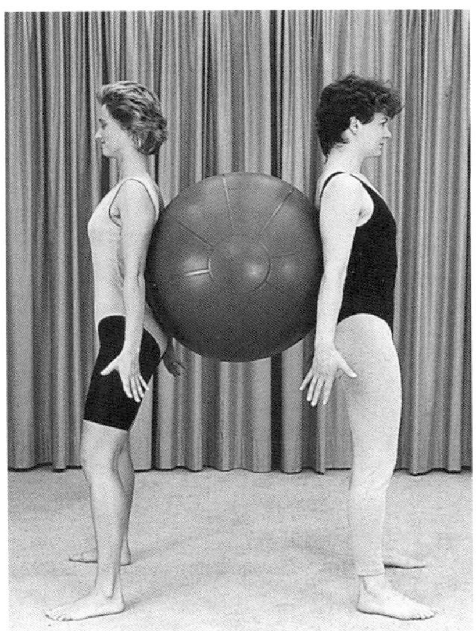

Übungsaufgaben ⇒ Geschicklichkeit

Fragen	Meine Lösung
1. In welcher Lage muss ein Proband sein, um Stabiltät und kontrollierte Mobilität beim freien Bewegen zu haben?	
2. Welche Übung wählen Sie zur Vorbereitung des Umdrehens? Beschreiben Sie die Bewegung	
3. Welche Zielsetzung haben Sie, wenn Sie beim freien Bewegen mit Geräten arbeiten?	
4. Nennen Sie Geräte, die sich für das freie Bewegen gut eignen und jeweils für welchen Zweck	
5. Beschreiben Sie eine Übung in Seitlage mit dem Gymnastikball	
6. Sie haben als Vorgabe die Sprossenwand. Welche Übungen eignen sich an diesem Gerät für das freie Bewegen?	
7. Welche Voraussetzungen muss der Patient haben, damit Sie ihn für freies Bewegen einsetzen können?	

Die Antworten finden Sie auf Seite 253

Funktion des Fußes im aufrechten Stand

- Stützung des Körpers im Stehen, auch auf unebenem und geneigtem Boden
- sichere Basis für den Körper beim Gehen
- sensorische Erfassung der Informationen, die vom Boden auf den Fuß übertragen werden, damit eine angemessene Reaktion möglich ist

Mechanik des Fußes beim Stehen

Selbst beim ruhigen Stehen findet Dynamik statt. Das Körpergewicht wird über die Sprunggelenke auf die Fußsohle übertragen, die die Kräfte auf den Boden verteilt.
Erschütterungen und Bewegungen des Bodens werden von den Sensoren in der Fußsohle und den Gelenken erfasst und lösen kleine Korrekturbewegungen aus.

Körperschwerpunkt (KSP)

Der KSP wandert beim Stehen um einen bestimmten Mittelpunkt herum, der etwas vor dem Os naviculare und in der Mitte zwischen den beiden Füßen liegt.

Belastung der Fußsohle

Über den Tuber calcanei wird das Körpergewicht auf die Fußsohle übertragen.
Die Subkutanschicht ist ein gut entwickeltes Druckkammersystem, das die Belastung durch das Körpergewicht gut auffängt.

Um pathologische Gangmechanismen verstehen zu können, müssen beobachtbare Merkmale des normalen Bewegungsverhaltens in seiner Vielfalt zur Verfügung stehen.
Die Norm des aufrechten Ganges ist geprägt von Alter, Geschlecht, persönlichen Lebensbedingungen wie auch der seelischen Verfassung eines Menschen.

Der Fuß ist insgesamt als Sinnesorgan zu sehen. Durch ihn können wir unser Körpergewicht wahrnehmen und die aufrechte Haltung gewährleisten.

Erforderliche theoretische Vorkenntnisse

CCD-Winkel:
Normwert liegt bei 125°. Mehr als 130° = Coxa valga. Weniger als 110° = Coxa vara

Antetorsionswinkel:
Normwert : 12° Spielraum im Rahmen der Norm 10° bis 30°

Retrotorsion der Tibia:
Normwert: 23°

Winkel zwischen anatomischer und funktioneller Fußlängsachse: 11°

Funktionelle Fußlängsachse
liegt schräg im Fuß (lateraler Aspekt des Kalkaneus – Großzehengrundgelenk). Sie wird in die Vorwärtsrichtung eingestellt.

Eversion: Kombination aus Dorsalflexion – Abduktion – Pronation. Sie entspricht der Stoßdämpfungsphase = Landephase. Der Fuß wird weich.

Inversion: Kombination aus Plantarflexion – Adduktion – Supination. Sie entspricht der Abdruckphase im Gangzyklus. Der Rückfuß wird stabil.

Anatomische Längsachse	Mitte Ferse. Grundgelenk der 2. Zehe
Funktionelle Fußlängsachse	Verbindungslinie des Tuberculum tuberis calcaneare laterale mit der Mitte des Großzehengrundgelenks
DE/PF – Achse	Verbindung medialer und lateraler Malleolus Die Umdrehungsachse geht durch die Trochlea tali und steht senkrecht auf der anatomischen Längsachse des Fußes.
Pronations-/ Supinationsachse	Mitte Ferse, Grundgelenk der 3. Zehe Sie kreuzt die anatomische Längsachse.
Inversions-/ Eversionsachse	verläuft von lateral-posterior-distal nach medial-auterior-proximal: vom Kalkaneus zum Osnaviculare.

Das Gangbild ist sehr individuell. Jeder ist daran zu erkennen. Dennoch gibt es eine für alle Menschen gleiche Grundbewegung und ein Grundtempo. Abweichungen davon fallen dem Betrachter sofort auf.

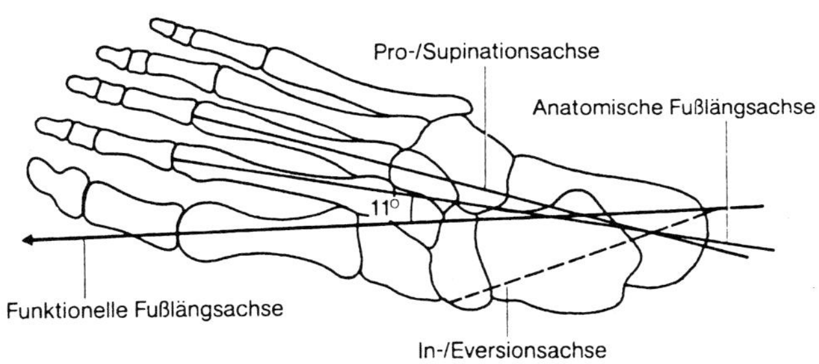

(n. Klein-Vogelbach)

Beurteilung der Statik in allen Ebenen und Bewegungsniveaus

Bewegungsniveau	Bedingungen für eine gute Statik	Abweichungen / Störfaktoren
1. Fuß	physiologische Spannung des Fußlängs- und Quergewölbes gute Gelenkbeweglichkeiten	Senk- oder Plattfüße
2. OSG	gute Gelenkbeweglichkeit	Bewegungseinschränkungen
3. Knie	müssen deblockiert sein der M. quadriceps muss reaktiv anspannen können gute Beweglichkeit	Genu flexum Genu recurvatum
4. Becken	gute Beweglichkeit	Abweichungen von der Nullstellung
5. WS	physiologische Doppel-S-Schwingung	kyphotische oder lordotische Abweichungen
6. Kopf	befindet sich im Lot freie Beweglichkeit	Bewegungseinschränkungen in HWS und oberen Kopfgelenken Translationen

Gehen

Analyse

Achten auf:

Stellung der Abrollachse

Abrollvorgang

a) Spurbreite

b) Schrittlänge

c) Belastungszeit

Kniestellung

Becken: Rotation im Hüftgelenk

Becken: Flexion-Extension im Hüftgelenk

BWS-Zentrum

Armpendel

Kopfhaltung

Körperabschnitte richtig übereinander eingeordnet

Gangtest

Bedingungen für einen Gangtest

ebener Boden

gerade Strecke von 20 – 30 m Länge

Es wird auf kürzestem Weg von A nach B gegangen.

Der Proband ist barfuß, trägt kurze Hosen und ein anliegendes Trikot.

normales Gangtempo einhalten (100 – 120 Schritte pro Minute)

> Zur Ganganalyse, wenn Schuhausgleich, dann Schuhe anbehalten.

Physiologisches Gehen

Ökonomisches Gangtempo 120 Schritte pro Minute (unabhängig von der Konstitution)

Ökonomische Vorlage (5 – 10) 7 – 15 % (abhängig von Konstitution und Geschwindigkeit)

Konstitution Personen mit schmalen Beinen, breitem Oberkörper ⇒ weniger Vorlage (Schwerpunkt hoch – Gefahr des Fallens)

Personen mit breiten Beinen, dünnem Oberkörper ⇒ mehr Vorlage (Schwerpunkt niedrig – Stehaufmännchen)

Geschwindigkeit langsames Gehen ⇒ weniger Vorlage
schnelles Gehen ⇒ mehr Vorlage

Gang des Gesunden Die Gehbewegungen der Beine finden in einem rhythmischen Wechsel statt.

Die Beine befördern den Körper. Sie sind sozusagen der Lokomotor, der Oberkörper ist das Transportgewicht.

Die Unterstützungsfläche verändert sich ständig.

Das Gleichgewicht wird ständig verloren und wiedergefunden.

Der Kopf und die Wirbelsäule sind senkrecht.

Der Kopf leitet den Schritt ein (Schritt: reaktive Gleichgewichtsreaktion auf die Verlagerung des Körperschwerpunktes nach vorne = Schritt als Reaktion).

Reziproke Innervation Kommt das rechte Bein in Flexion, so ist der linke Arm ebenfalls in Flexion und umgekehrt.

Das Zeit- und Längenmaß der Schritte ist beim gesunden Menschen gleich.

Die KLA sollte beim Gehen vertikal bleiben. Damit ist die potenzielle Beweglichkeit der LWS erhalten und der Kopf kann ohne Anstrengung in jede Richtung gedreht werden.

Gangzyklus

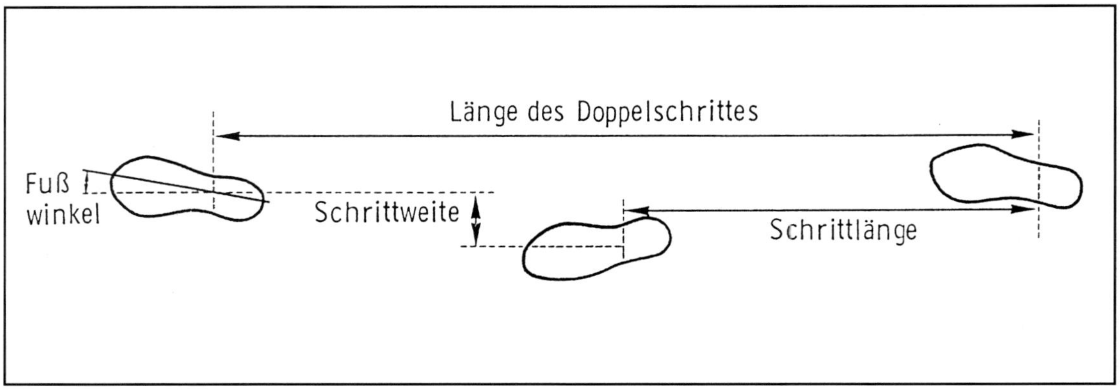

Der Gangzyklus ist die Grundeinheit des Gehaktes

Er umfasst den ganzen Doppelschritt, d.h. den Zeitraum zwischen zwei Fersenauftritten desselben Fußes.

Für den einzelnen Fuß bedeutet dies eine Standphase und eine Schwungphase.

Die Standphase dauert etwa 60 – 64 % des ganzen Zyklus, die Schwungphase ca. 36 – 40 %.

Die absoluten Zeiten sind von der Ganggeschwindigkeit abhängig und variieren etwas.

Die Phasen des Gangzyklus

Erste Doppelbelastung (bipodale Abstützung)

vom Fersenauftritt bis zum Zehenabheben der Gegenseite. Dauer: ca. 10 – 15 %

Einzelbelastung

vom Zehenabheben bis zum Fersenauftritt der Gegenseite, entspricht der Schwungphase der Gegenseite. Dauer: ca. 36 – 40 %

Zweite Doppelbelastung (bipodale Abstützung)

gleiche Dauer wie die erste Doppelbelastung = 10 – 15 %

Schwungphase

vom Zehenabheben bis zum Fersenauftritt der gleichen Seite. Dauer wie Einzelbelastung bei gleichmäßigem Gehen = 36 – 40 %

> Beim Laufen fehlt die bipodale Abstützung völlig.

Gangzyklus	Standbeinphase – Schwungbeinphase
Einteilung der Standbeinphase (STB) In der STB – Phase trägt das Bein die Teilkörperlast	**1. Phase** vom Fersenkontakt bis zur Berührung des Bodens durch den Vorfußballen = 1. Abrollphase **2. Phase** während des vollen Sohlenkontaktes bis zum Abheben der Ferse = 2. Abrollphase **3. Phase** vom Abheben der Ferse bis zum Ablösen der Zehen vom Boden = 3. Abrollphase

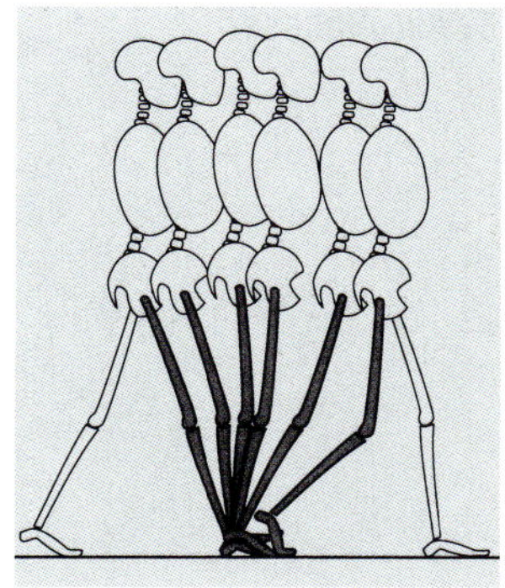

Quelle: Perry

Spielbeinphase (SPB)	**4. Phase** = die Schwungphase • Beschleunigung • Mittelschwung • Bremsen (Verzögerung)

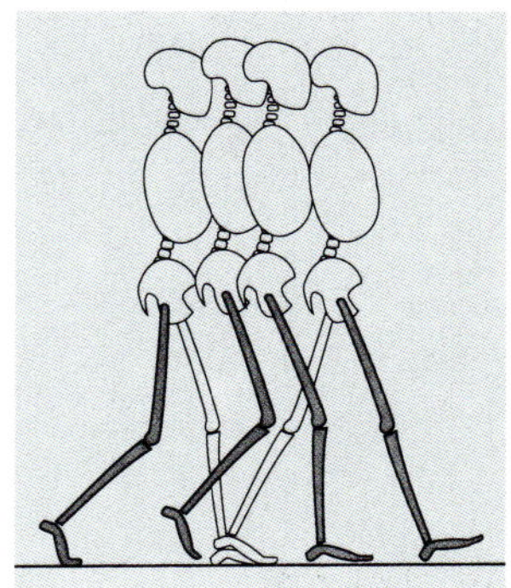

Quelle: Perry

Doppelunterstützung = bipodale Abstützung	**1. Phase rechts** läuft parallel mit 3. Phase links **2. Phase rechts** läuft parallel mit SPB-Phase links **3. Phase rechts** läuft parallel mit 1. Phase links

Gangzyklus	Abrollphasen

1. Abrollphase

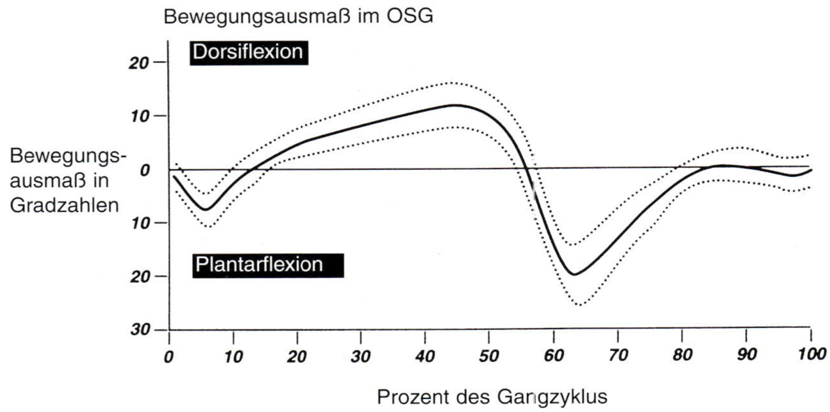

Quelle: Perry

Vor dem Fersenkontakt befindet sich der Fuß in leichter Dorsalextension. Der Kalkaneus berührt den Boden mit dem äußeren Aspekt, d.h. er befindet sich in Varusposition. Nach dem Fersenkontakt erfolgt leichte Plantarflexion bis Sohlenkontakt. Im Augenblick des Sohlenkontaktes kippt der Kalkaneus in Valgusposition, der gesamte Fuß macht eine Eversion, d.h. er wird weich = Stoßdämpfungsphase.

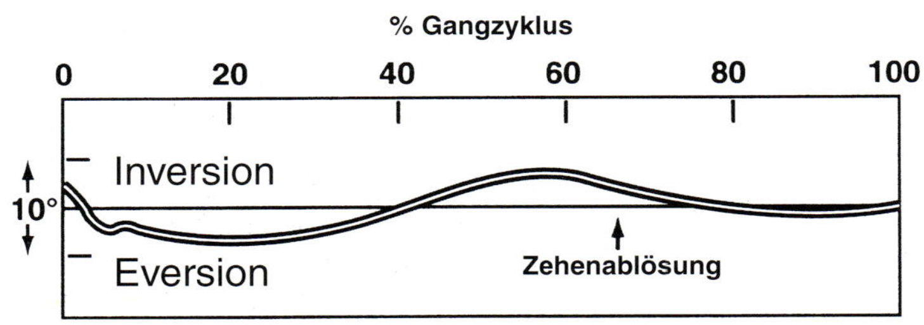

2. Abrollphase

Der Unterschenkel bewegt sich im Sinne einer Dorsalextension im OSG nach vorne, und der KSP wandert über den Fuß nach vorne. Das SPB wird am STB vorbei nach vorne gebracht.

Gewicht über Fuß bringen

3. Abrollphase

Durch das Abheben der Ferse vom Boden erfolgt eine Plantarflexion im OSG. Der Triceps surae bringt gleichzeitig den Kalkaneus nach innen = Varusposition und weiterlaufend eine Supination in den vorderen Fußwurzelgelenken. Der Rückfuß wird stabil. Die Zehen müssen extensorisch nachgeben. Im Großzehengrundgelenk muss eine Extensionstoleranz von 50° vorhanden sein. Da das Großzehengrundgelenk noch Bodenkontakt halten muss, kommt es zu einer Verschraubung von Vorfuß gegen Rückfuß, wobei der Vorfuß im Sinne einer Pronation auf dem Boden gehalten wird. Beim Abstoßen der Zehen vom Boden kommt es zu einer Plantarflexion der Zehen.

Rückfußinversion

Gangzyklus **Standbeinphase**

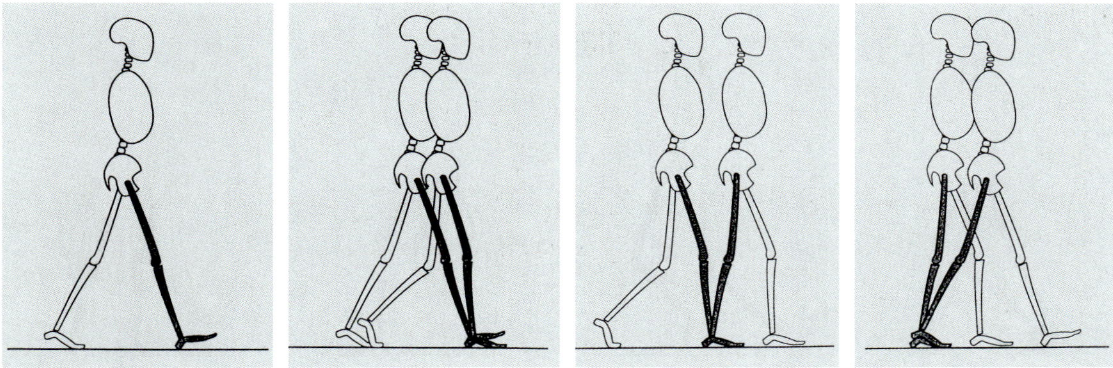

Fersenkontakt Sohlenkontakt Belastungsphase Fersenabhebung

Quelle: Perry

Standbeinphase

Die Standbeinphase geht mit charakteristischen Bewegungen im übrigen Teil des Körpers einher.

Zu Beginn der Standbeinphase ist die Beinlängsachse nach hinten geneigt.
Durch die Spielbeinphase des anderen Beines entsteht im Standhüftgelenk eine Innenrotation bis zum Ausschöpfen des vollen Bewegungsausmaßes. Danach wird die gesamte Standbeinsäule außenrotatorisch weitergedreht, was letztlich die Fersenabhebung auslöst.

Der Trochanterpunkt kommt nach vorne. In der mittleren Standbeinphase ist das Hüftgelenk in Nullposition, die Beinlängsachse steht vertikal. Das Kniegelenk ist gestreckt.
Durch Überstreckung des Standhüftgelenkes (= der Trochanterpunkt kommt nach vorne) erfolgt die automatische Schrittauslösung.
Am Ende der Standbeinphase ist das Kniegelenk leicht gebeugt.

Während der Trochanterpunkt nach vorne wandert, bleibt der Oberkörper vertikal. Dies bedeutet eine Überstreckung im Hüftgelenk. Die Überstreckbarkeit des Hüftgelenks ist die Voraussetzung für eine automatische Schrittauslösung.

Gangzyklus | **Schwungbeinphase**

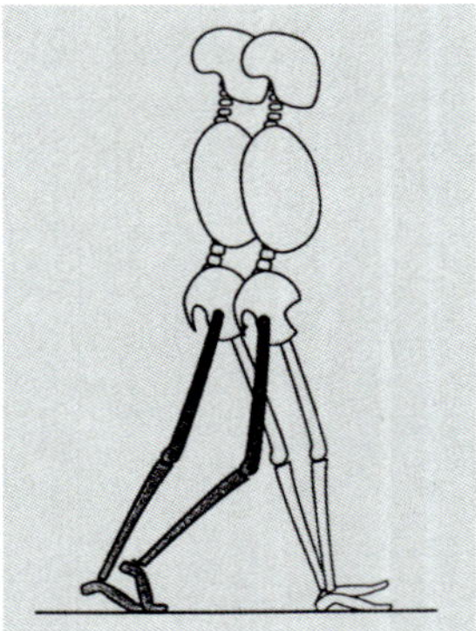

Vorschwungphase

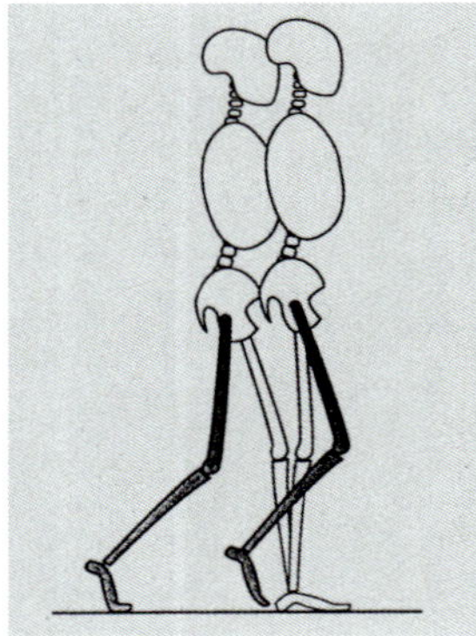

Beginn der Schwungbeinphase

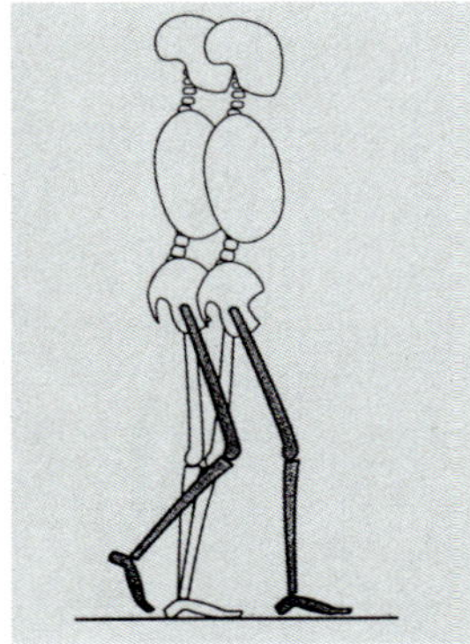

mittlere Schwungbeinphase

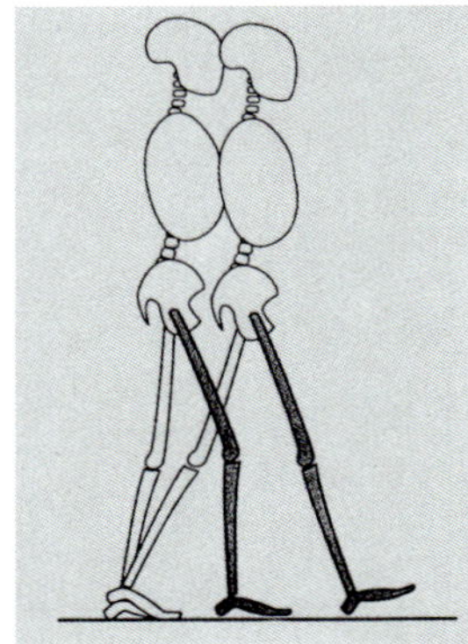

Endphase

Quelle: Perry

Spielbeinphase

Zu Beginn der Spielbeinphase erfolgt eine Beugung im Hüftgelenk. Das Knie wird nach vorne gebracht. Das Becken dreht sich nach vorne (= Innenrotation im Standhüftgelenk).

Der Unterschenkel schwingt nach vorne durch, so dass am Ende der Spielbeinphase das Kniegelenk fast ganz gestreckt ist. Dies ist allerdings kein aktiver Vorgang durch den Quadrizeps, sondern geschieht mehr durch den Schwung. Am Ende der Spielbeinphase bremsen die Ischiokruralen die Kniestreckung.

Im Augenblick des Fersenkontaktes erfolgt im Standhüftgelenk durch exzentrische Muskelarbeit der kleinen Glutaei eine Adduktion.
Dadurch kann das künftige Standbein auf die richtige Länge gebracht werden, so dass die Ferse aufgesetzt werden kann.

Gangzyklus | **Die Rolle von LWS und BWS beim Gehen**

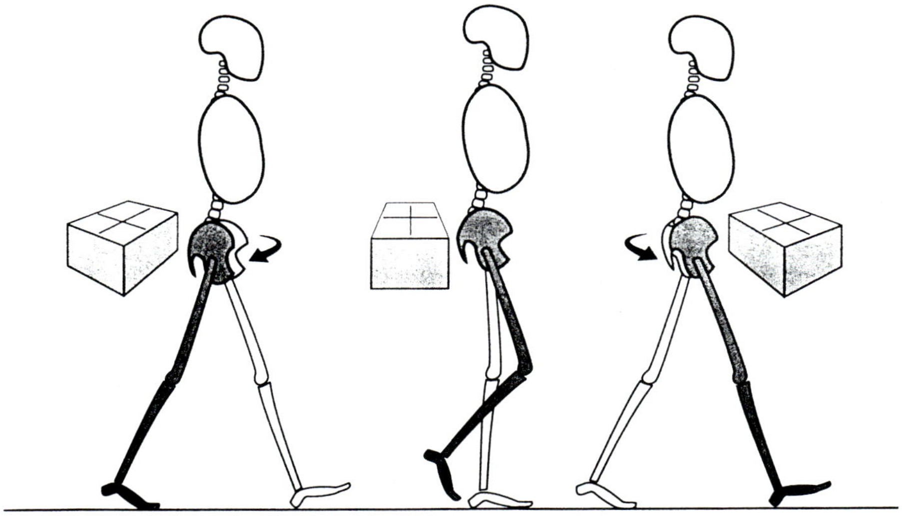

Quelle: Perry

Rolle der LWS

Wenn in der Spielbeinphase das Becken nach vorne gebracht wird, muss eine Gegenbewegung im thorakolumbalen Übergang geschehen.

Im Augenblick des Abhebens des Spielbeines erfolgt reaktiv eine Anspannung des gleichseitigen Quadratus lumborum. Dadurch reagiert die LWS lateralflexorisch. Im Augenblick des Fersenkontaktes erfolgt eine lateralflexorische Verformung zur Gegenseite.

Beachte: diese Verformungen sind gering, jedoch ist eine Störung in der potenziellen Beweglichkeit der LWS sofort erkennbar.

Die flexorischen und extensorischen Verformungen der LWS beim Gehen sind sehr geringgradig, aber Bewegungspotenzial muss vorhanden sein.

Rolle der BWS bzw. des KA Thorax

Die BWS soll bei den rotatorischen Angriffen in der Mitte bleiben.

Sie ist das stabilisierende Zentrum, das alle ankommenden Kräfte auffangen muss.

Durch die reziproke Innervation treffen in der BWS die rotatorischen Gegenbewegungen aufeinander und müssen dynamisch stabilisiert werden.

Definition	Gestörte Harmonie in der Stand- und Spielbeinphase
Ursachen	– Schmerz – Beweglichkeitsverlust der Gelenke – Muskelausfall oder Schwäche – Achsenabweichungen und – Längenunterschiede
Verkürzungshinken Kennzeichen	– unruhiges Gangbild – Belastungsintensität ist auf der kürzeren Seite während der Standbeinphase höher
Schmerzhinken Kennzeichen	– Steifhalten des schmerzenden Beines – Belastungszeit ist verkürzt – Standbeinphase auf dem kranken Bein kürzer – krankes Bein wird weiter vorgesetzt – alle Abrollphasen sind gestört (vor allem 2. Abrollphase) – beim gesunden Bein 1. Abrollphase verkürzt
Fehlende IR der Hüfte Kennzeichen	– Benützen von Rotationsausweichebenen, wie vermehrte Rotation im Kniegelenk – Fuß-Boden (2. Abrollphase fällt schwer) – Malleolengabel (günstig mit 2–3 cm Absatz) – Gehen en bloc
Arthrodese Kennzeichen	– durch Rotation des Beckens wird das Bein mit einem Seitwärtsschwung vorbewegt. – die LWS kompensiert die fehlende Flexion/ Extension durch Kyphosierung und Beckenextension in der Spielbeinphase und Lordosierung und Beckenflexion in der Standbeinphase
Trendelenburg'sches Hinken Kennzeichen	– Schwäche der kleinen Glutaei – Becken kippt auf der Spielbeinseite ab
Dejeurine'sches Hinken (im Einbeinstand) Kennzeichen	– beim Stand auf einem Bein wird die Spielbein-Beckenseite vom Quadratus lumborum hochgezogen (umgekehrter Trendelenburg)
Duchenne'sches Hinken Kennzeichen	– Oberkörper neigt sich über die erkrankte Seite Standbeinseite nach lateral (Neigung des Oberkörpers zu der Seite, auf der die schwache Muskulatur ist)

Unterarmstützen

- Kombination aus Kunststoffleichtmetall
- höhenverstellbar durch Federbügel / Schraube Flügelmutter Druckknopf Handgriff meist aus Holz oder Kunststoff, meist anatomisch oder gerade geformt

Achselstütze

- wird meist eingesetzt bei Patienten, die axial nicht belastet werden dürfen
- bei schwachem Rumpf

(Nachteil: Gefahr der Gefäßabklemmung)

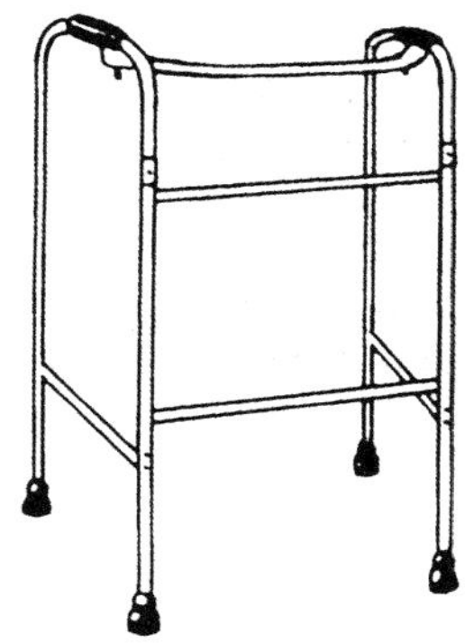

Reziprokes Gehgestell

- oft für ältere Leute
- gibt mehr Sicherheit beim Gehen
- eignet sich gut für die Entlastung beider Beine, weniger für die Entlastung eines Beines

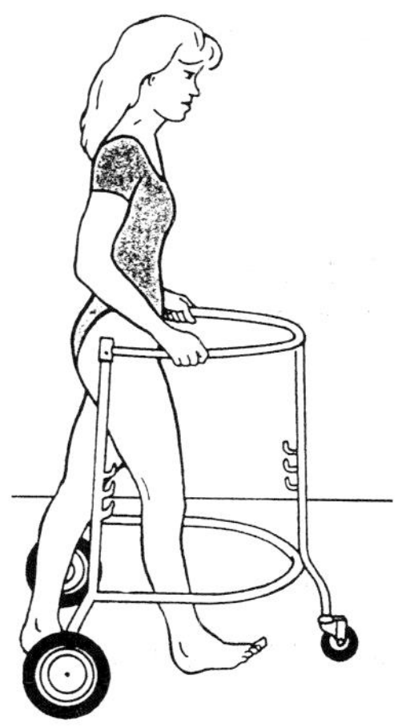

Gehwagen

- eignet sich nicht zur Gehschule
- eher geeignet als Unterstützung für den Kreislauf zur Gewöhnung an die Vertikale nach längerem Liegen

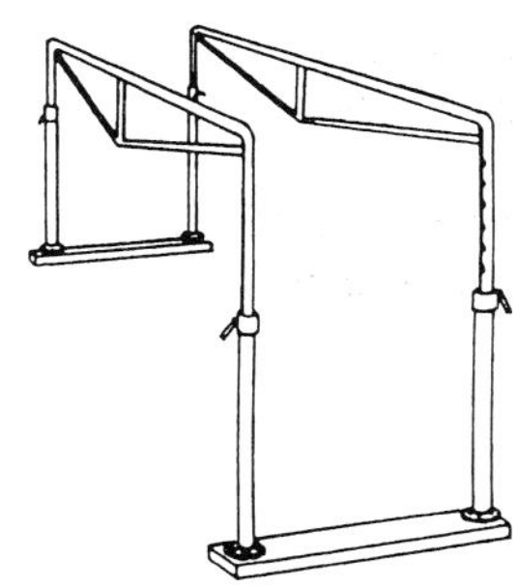

Gehbarren

- bietet die Möglichkeit, die Stützfunktion der Arme und die Gehbewegungen zu üben
- bietet dem Patienten eine solide Stütze
- Gefahr der Umgewöhnung auf die Stützen

Hilfsmittel | **Stufenweise Belastungssteigerung mit Hilfsmitteln**

Hilfsmittel

- Rollstuhl
- Gehwagen
- Achselstützen
- Unterarmstütze
- Stock
- ohne Hilfsmittel

Gangschule mit Unterarmstützen

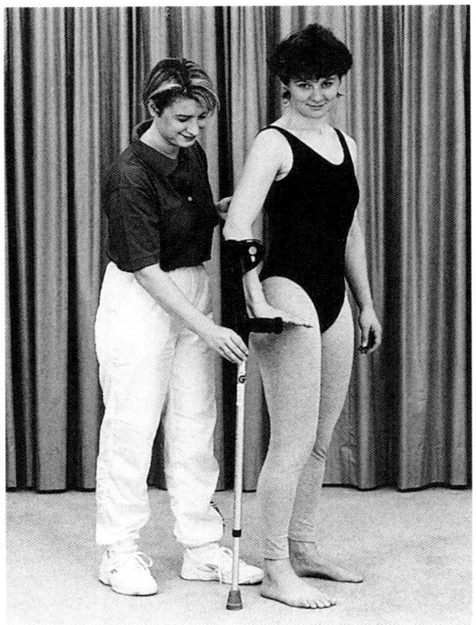

Die Länge der Unterarmstützen wird individuell auf den Patienten eingestellt. Es wird zuerst die Länge eines Schafts bestimmt.

Man lässt den Patienten aufrecht stehen und fordert ihn auf, seinen Ellenbogen leicht zu flektieren und sein Handgelenk in Dorsalextension zu bringen. Die Unterarmstütze wird neben der Hand aufgestellt und der Griff auf Höhe des Handgelenkes eingestellt.

Anschließend werden beide Stöcke so nebeneinander gelegt, dass ihre jeweiligen Enden die Handgriffe so nahe wie möglich am Schaft berühren.

Der Gebrauch der Unterarmstützen – das Gangbild – richtet sich danach, ob **ein** Bein entlastet (unterstützt) werden soll – 3-Punkte-Gang oder **beide** Beine entlastet (unterstützt) werden sollen – 4-Punkte-Gang.

3-Punkte-Gang
Minimalbelastung bis Teilbelastung

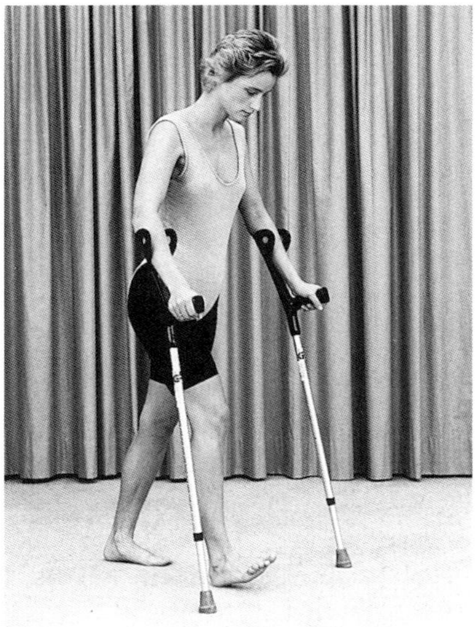

Bodenkontakt ca. 5–15 kg
Teilbelastung ca. 20–30 kg

Beide Stützen vorstellen
- rechtes Bein vorstellen, so dass der Vorfuß zwischen den Stützen steht
- linkes Bein durchziehen

4-Punkte-Gang
Belastung = ½ Körpergewicht

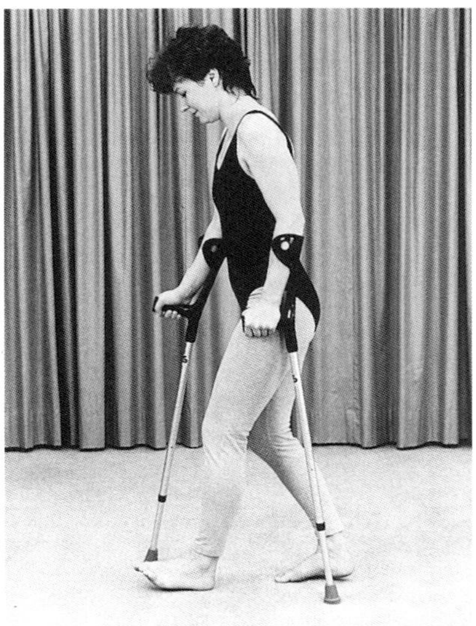

Rechte Unterarmstütze vorsetzen
- linkes Bein vorsetzen
- linke Unterarmstütze vorsetzen
- rechtes Bein vorsetzen

Puffer soll gegenüber von den Zehengrundgelenken der Großzehen aufgesetzt werden – Unterarmstütze soll nicht überschritten werden

2-Punkte-Gang

Bodenkontakt ohne Belastung – Schweben

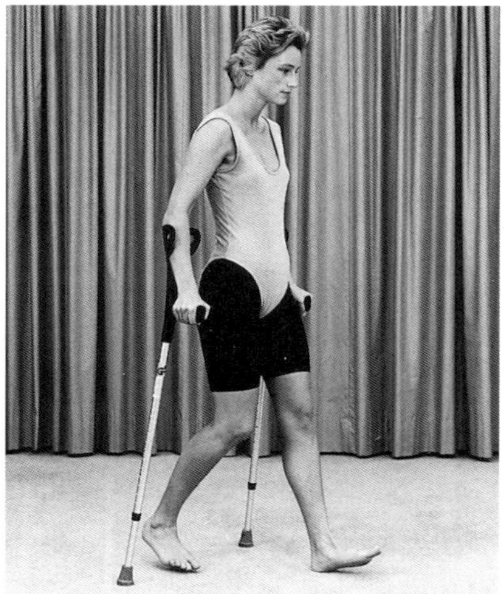

Schwunggang

Beide Stützen werden symmetrisch vorgestellt – betroffenes Bein durch Stützen schwingen – mit dem gesunden Bein vor den Stützen aufkommen.

> Nicht zu weit nach vorne durchschwingen. Gefahr des Übergewichts nach hinten.

Reziproker 2-Punkte-Gang

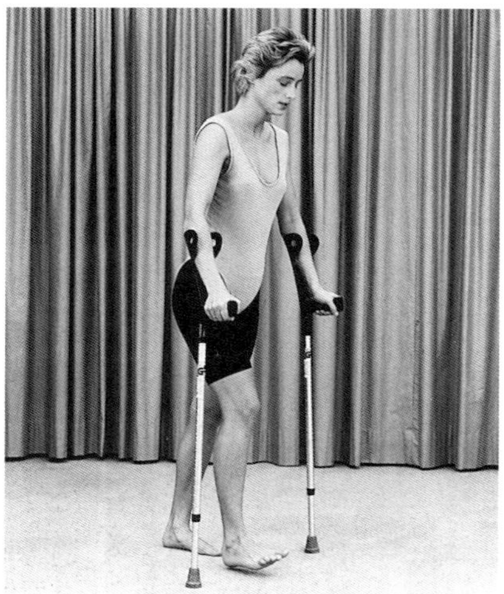

Rechte Stütze und linkes Bein zusammen vorsetzen – linke Stütze und rechtes Bein zusammen vorsetzen.

Gehen mit Rollator

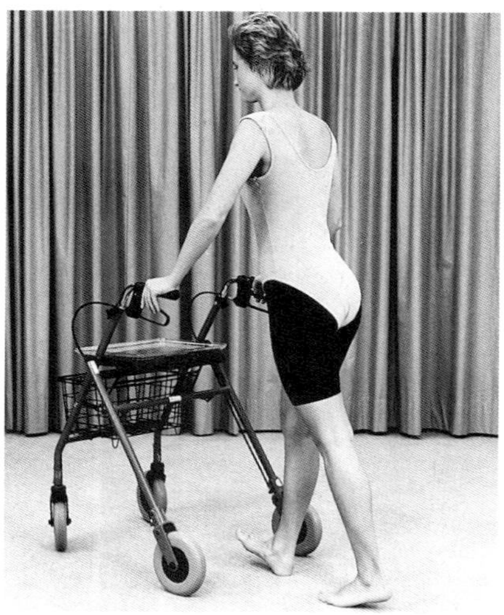

Pat. schiebt den Rollator vor sich her

Vorteil: große Sicherheit. Meistens ist eine Sitzgelegenheit am Rollator, so dass der Pat. dazwischen eine Pause machen kann. Nachteil: der reziproke Armpendel kann nicht entstehen.

Gehen mit Gehgestell
Ther.: steht hinter dem Pat. und stabilisiert das Becken

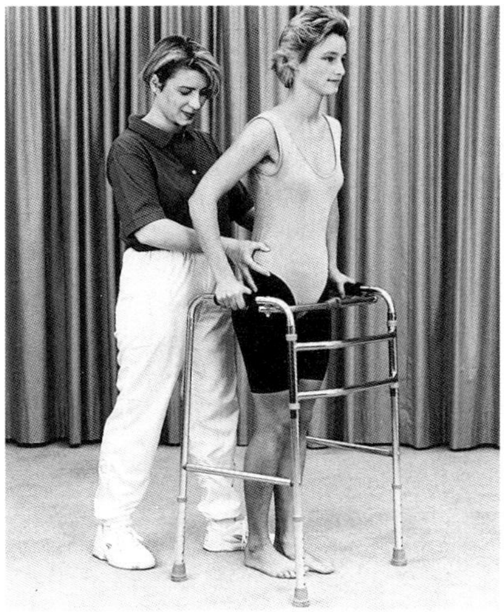

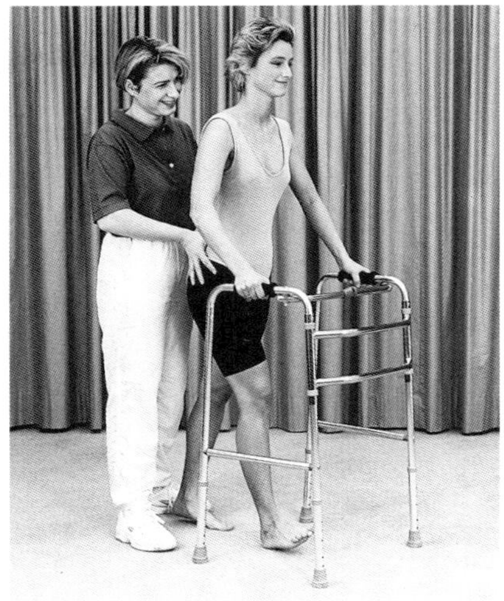

Beide Hände stellen das Gehgestell nach vorne, danach werden 2 Schritte gemacht.
Danach wird das Gehgestell weiter nach vorn gestellt.

Gehen mit reziprokem Gehgestell

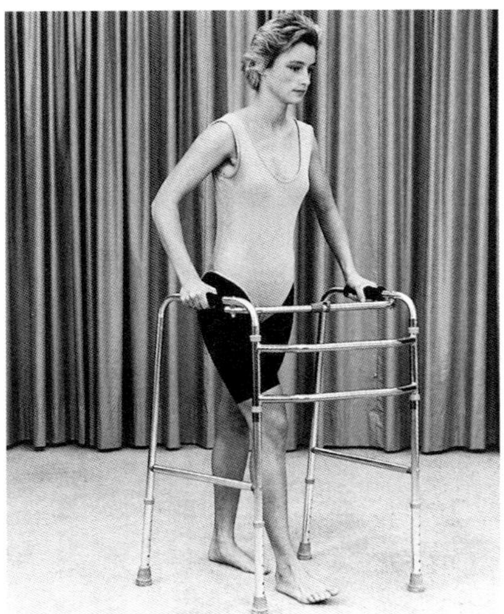

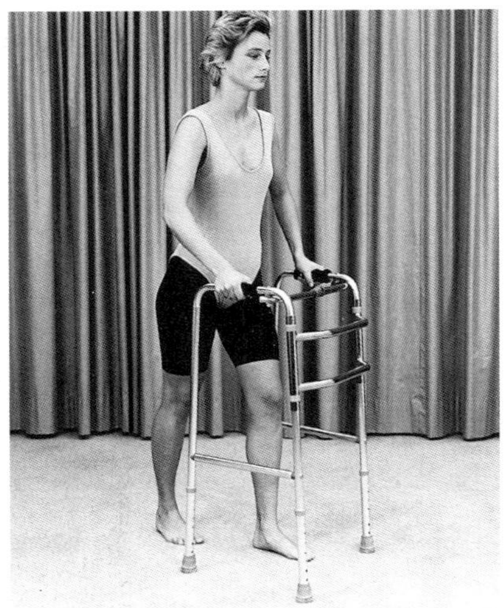

Rechte Seite des Gehgestelles nach vorne stellen, linkes Bein vorstellen, linke Seite des Gehgestelles vorstellen, rechtes Bein vorstellen.
Vorteil: große Sicherheit für den Patienten.
Nachteil: ein fließendes Gehen ist nicht möglich.

Aufstehen vom Stuhl mit Unterarmstützen

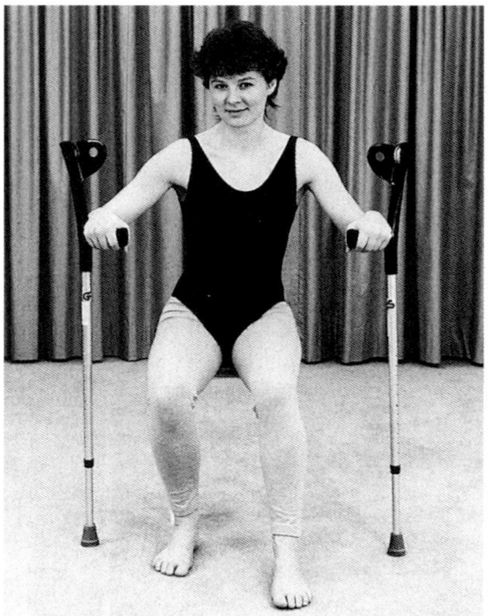

Ein Fuß steht etwas weiter hinten, die Unterarmstützen stehen daneben.
Pat. stützt sich auf die Holme, Oberkörper nach vorne verlagern, sich über die Stützen hochdrücken.

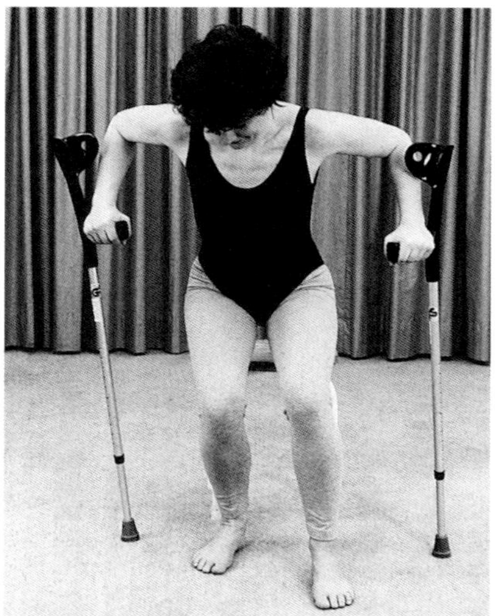

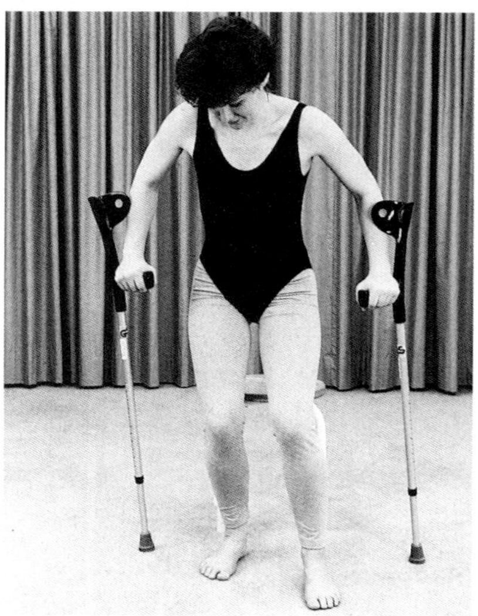

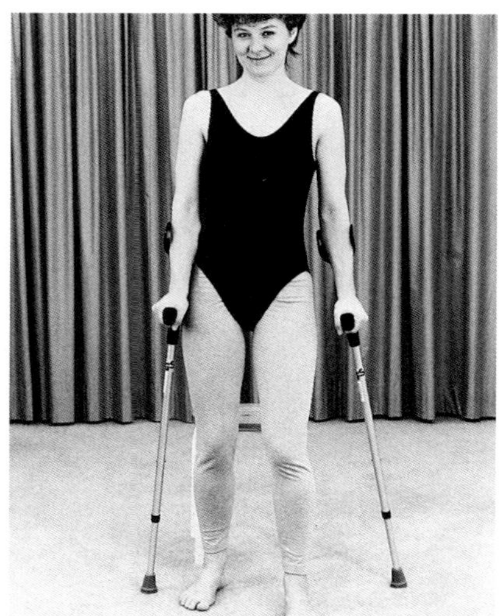

Es wird das Bein weiter zurückgestellt, mit dem sich der Pat. abstoßen soll.

Hilfsmittel | **Gehen mit Stütze**

Gehen mit umgedrehten Gehstützen

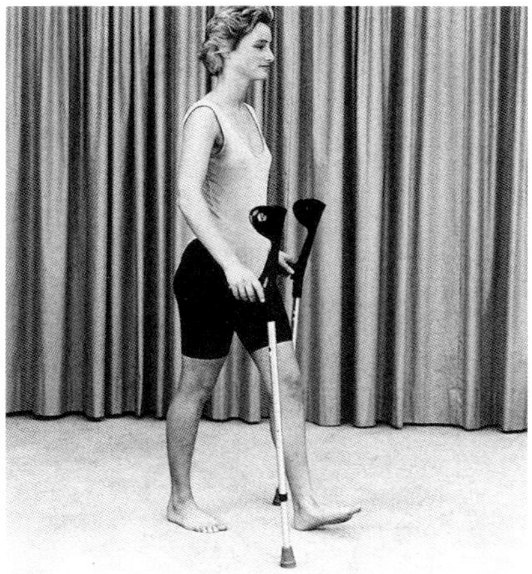

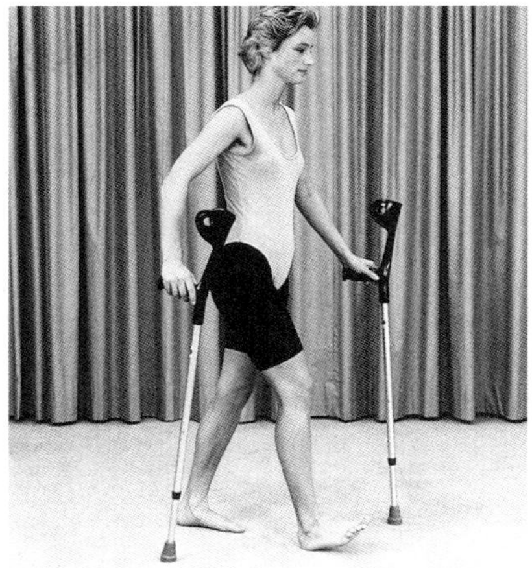

Der Patient benützt die Stützen in erster Linie als „moralische" Unterstützung vor allem zum gänzlichen Entwöhnen von den Gehhilfen und Vermeiden von Angewöhnen von Hinkmechanismen.

Gehen mit nur einer Gehstütze

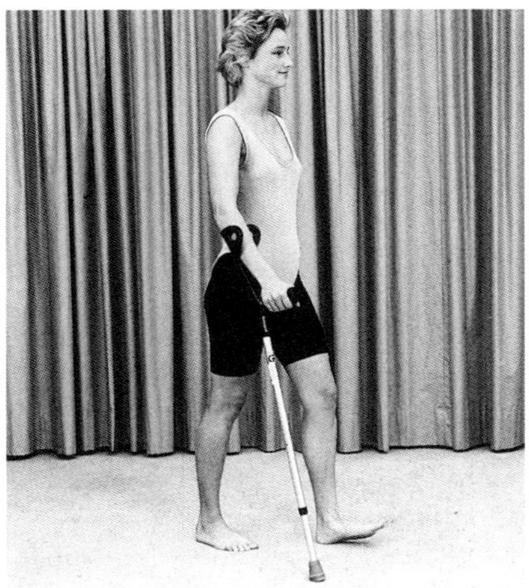

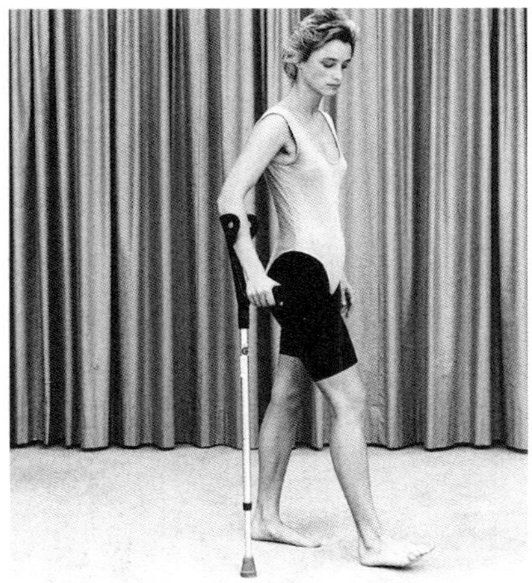

Voraussetzung ist, dass der Patient gerade bleiben kann und sich nicht zu sehr auf den Stock stützt.
Die Benutzung nur noch einen Stockes steht am Ende des Gehens mit Gehhilfen.

Entweder soll der Patient in Zukunft immer den Stock benutzen, oder er kann ihn in absehbarer Zeit ablegen. Zuweilen gehen die Patienten in der eigenen Wohnung frei und benutzen den Stock nur noch bei längeren Spaziergängen.

Gehen im Gehbarren

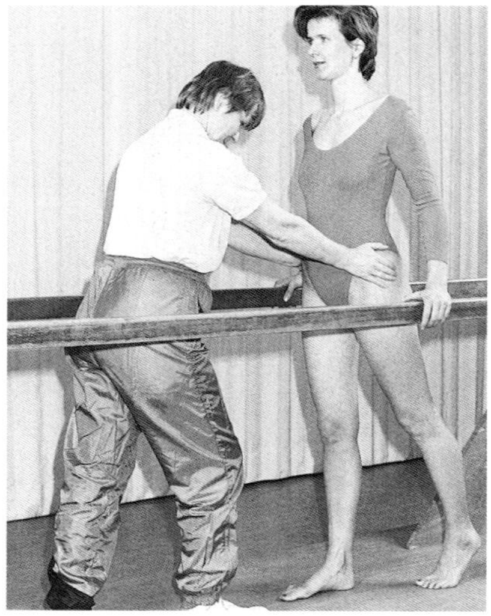

Der Gehbarren ist eine gute Hilfe für das Einüben von Stand- und Schwungbeinphase.

Vorteil: stabile Stütze und lange Greiffläche, so dass das Vorwärtsgehen gut geübt werden kann. Teilkomponenten der Standbein- bzw. Spielbeinphase können selektiv geübt werden.

Üben der Standbeinphase

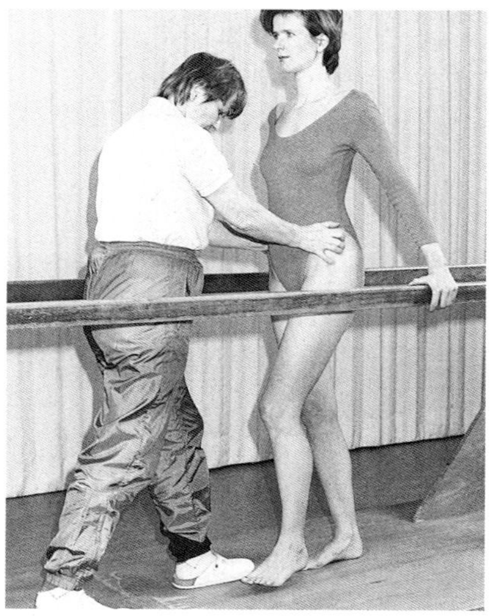

Ther. steht vor dem Pat. und gibt in der Belastungsphase Approximation in Richtung Ferse. Stabilisieren mit wechselnden Widerständen am Becken.

Üben der Spielbeinphase

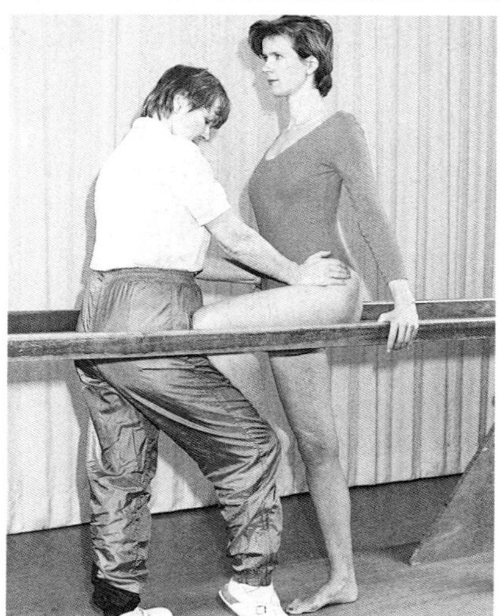

Ther. steht vor dem Pat. Er gibt für das Standbein Approximation. Am Spielbein wird vorne am Becken Kontakt bzw. Widerstand gegeben, damit Becken und Bein nach vorne kommen.

Freies Gehen

Ther. steht hinter dem Pat.

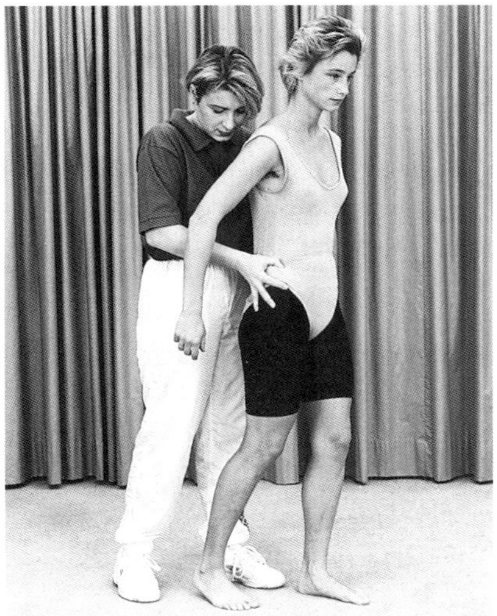

Standbein wird durch Approximation stabilisiert, die Spielbeinphase wird vom Becken aus eingeleitet.

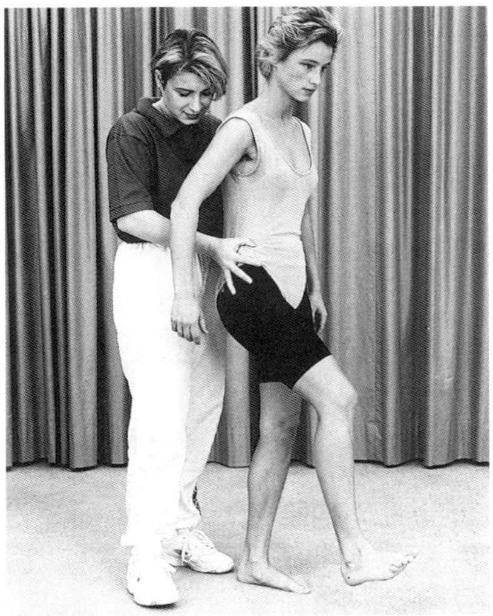

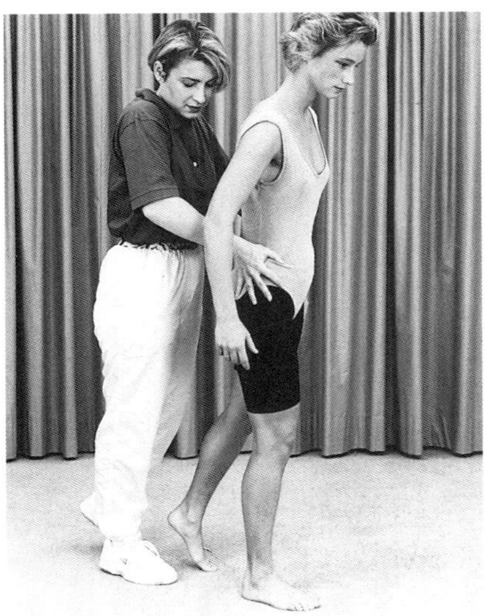

Im Moment des Sohlenkontaktes gibt der Ther. Druck vom Becken aus in Richtung Ferse, um eine Stützreaktion zu fazilitieren.

Treppengehen mit Stützen

Vorgehensweise

Als Faustregel für das Treppengehen:
„Gesund geht's aufwärts, krank geht's abwärts"

Treppengehen im 3-Punkte-Gang mit Geländer

Der Patient hält eine seiner Stützen mit dem Unterarmteil nach vorne selbst in der Hand, die andere Unterarmstütze hilft dem Patienten beim Stützen.

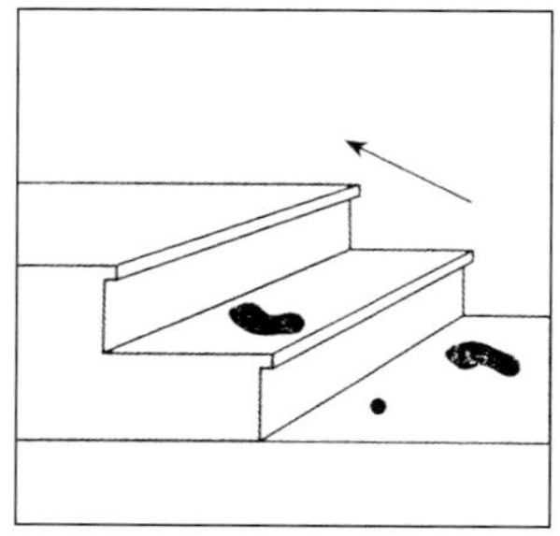

Treppauf

Der Therapeut steht hinter dem Patienten und legt eine Hand unter die Achsel des Patienten, mit der anderen Hand hält der Pat. sich selber am Geländer fest.

1. Gesundes Bein
2. Pat. zieht sich mit seiner freien Hand am Geländer hoch
3. Unterarmstütze und krankes Bein neben das gesunde auf dieselbe Stufe stellen

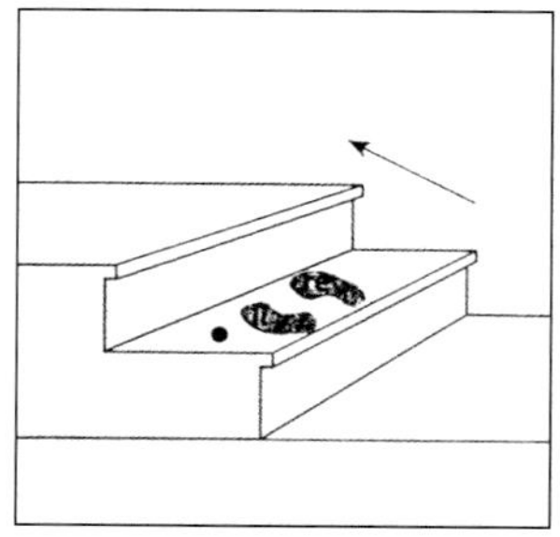

Treppab

Ther. steht vor dem Pat. und legt eine Hand unter die Achsel

1. Unterarmstütze und krankes Bein eine Stufe tiefer stellen
2. Freie Hand des Pat. am Geländer tiefer greifen
3. Gesundes Bein neben das kranke Bein auf dieselbe Stufe stellen

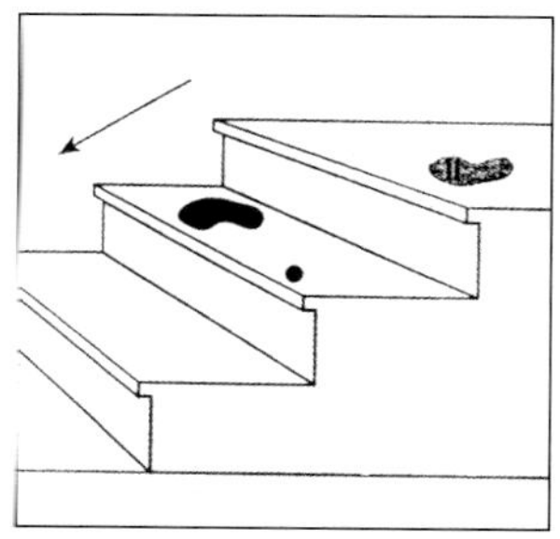

Gehen im 3-Punkte-Gang ohne Geländer

Treppauf

1. gesundes Bein auf die nächst höhere Stufe setzen
2. Krankes Bein und gleichzeitig beide Unterarmstützen auf dieselbe Stufe nachsetzen

Treppab

1. krankes Bein und beide Unterarmstützen eine Stufe tiefer setzen
2. Gesundes Bein wird daneben gestellt

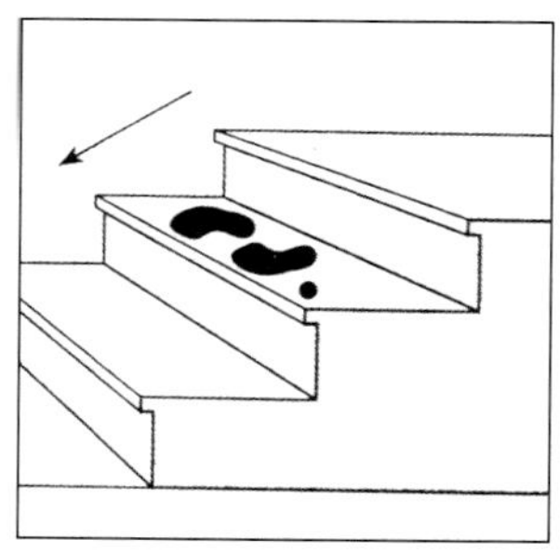

Beim Abwärtsgehen steht der Therapeut schräg vor dem Patienten.

Übungsaufgaben ⇒ Aktive Techniken Gangschule

Fragen | **Meine Lösung**

1. Beschreiben Sie die Bedeutung des Fußes für ein physiologisches Gehen.

2. a. Wie entsteht die Differenz zwischen anatomischer und funktioneller Fußlängsachse?
   b. Wie würde sich ein vergrößerter Antetorsionswinkel äußern müssen (z.B. 30°), wenn die Tibia dieses nicht ausgleichen kann?

3. In welche Phasen wird die Standbeinphase eingeteilt?

4. Welche Bewegungen finden im Fuß statt im Augenblick des Fersen- und dann des vollen Sohlenkontakts?

5. Welche Muskeln müssen das Becken stabilisieren im Augenblick der Zehenablösung?
   Welche Reaktion erwarten Sie in der seitlichen Rumpfmuskulatur im Augenblick der Zehenablösung auf der Spielbeinseite?

Die Antworten finden Sie auf den Seiten 254–255

Fragen	**Meine Lösung**
6. Welchen Hinkmechanismus erwarten Sie:	
a) bei eingeschränkter Hüftextension?	
b) bei Schwäche der kleinen Glutäi?	
7. Welche Bewegungskomponenten im Fuß gehören zur Stoßdämpfungsphase?	
8. Wann entsteht die pronatorische Verschraubung von Vorfuß gegen Rückfuß?	
9. Welchen Ausweichmechanismus erwarten Sie bei eingeschränkter Dorsalextension im Fuß während des Gangablaufs?	
10. Welchen Ausweichmechanismus erwarten Sie bei eingeschränkter Extension im Großzehengrundgelenk?	

Die Antworten finden Sie auf den Seiten 254–255

Fachbegriffe verständlich gemacht

A	
Abduktion	Abspreizen, Wegführen (Arm oder Bein)
Adduktion	Heranführen (Arm oder Bein)
afferent	hinführend
Agonist	Wirker, Wettkämpfer, der Muskel, der am meisten an einer Bewegung beteiligt ist
Amphiarthrose	straffes Gelenk
Ankylose	Verknöcherung
Antagonist	Gegenspieler
ante	vorne
Anteflexion	nach vorne anheben
anterior	vorderer
Approximation	Stauchung, Druck
Arthritis	Gelenkentzündung
Arthrose	Verschleißerkrankung des Gelenkes
Artikulatio	Gelenk
Articulatio condylaris	Kondylengelenk
Articulatio ginglymus	Scharniergelenk
Articulatio sellaris	Sattelgelenk
Articulatio sphaeroidea	Kugelgelenk
Articulatio trochoidea	Drehgelenk
Axon	Nervenausläufer, der Informationen weiter gibt
B	
bilateral	beide Arme oder beide Beine in die gleiche Richtung bewegen
C	
contract	anspannen
D	
Dekubitus	Geschwür, das durch Aufliegen entsteht
Depression	Herabdrücken
Dermatom	Hautbezirk, das einer Rückenmarksetage zugeordnet wird
Diskus	Scheibe, Bandscheibe
distal	fern vom Körperzentrum
Distanz	Abstand, Entfernung
Divergenz	Auseinanderstreben
dorsal	rückenwärts
dynamisch	bewegend
E	
efferent	wegführend
Elevation	Hochheben
Epikondylus	kleines Höckerchen an der Gelenkwalze
Eversion	Fußaußenrand anheben: Kombination von Dorsalextension, Abduktion, Pronation
Extension	Streckung
Extensoren	Strecker
exzentrisch	nachgebend
exzitatorisch	erregend
F	
Fazilitation	Erleichterung, Förderung, Bahnung
Femur	Oberschenkelknochen
Filament	intrazelluläre fadenförmige Struktur
Flexion	Beugung
Flexoren	Beuger
frontal	von vorne gesehen Ausdehnung von rechts nach links

G

Glutaeen	Gesäßmuskeln

H

Homunkulus	Menschlein, sozusagen ein „hypothetischer" Mensch
horizontal	im Raume waagerecht
Humerus	Oberarmknochen
hypermobil	zu sehr beweglich
hypomobil	minderbeweglich

I

inhibitorisch	hemmend
initial	zu Beginn
Initiierung	Beginn
Insuffizienz	mangelnde Wirkung
Inversion	Fußspitze nach innen unten bewegen Kombination von Plantarflexion, Adduktion, Supination
ipsilateral	Arm und Bein von derselben Seite in die gleiche Richtung bewegen
Ischiokruralmuskulatur	Muskeln die das Sitzbein mit dem Unterschenkel verbinden Funktion: Streckung in der Hüfte, Beugung im Kniegelenk
isometrisch	Länge im Muskel bleibt gleich, Spannung steigt
isotonisch	mit gleicher Spannung = Bewegung

K

karpal	zur Handwurzel gehörend
Karpus	Handwurzel
kaudal	schwanzwärts, in Richtung Füße
kinaesthetisch	Wahrnehmung von Entfernung
Kondylus	Gelenkwalze
Kontraktion	Zusammenziehen der Muskelfaser
Kontraktur	Bewegungseinschränkung
kontralateral	Arm und Bein von der gegenüberliegenden Seite
konzentrisch	zusammenziehend
Kortex	Hirnrinde
kranial	kopfwärts
Kubus	Würfel

L

lateral	seitlich liegend
Lateralflexion	Seitneigung
Lokomotion	Fortbewegung
lumbal	zur Lende gehörend

M

major	größer
Malleolus	Knöchel
Mechanorezeptor	Fühler, der mechanische Reize aufnehmen kann
medial	der Mitte zu
Mediastinum	Mittelraum zwischen zwei Pleurahöhlen
minor	kleiner
mobil	beweglich
monosynaptisch	nur über eine Synapse
Motorik	Bewegung
Musculus pectoralis major	großer Brustmuskel Funktion: bringt den Arm vor den Körpe
Musculus quadriceps femoris	vierköpfiger Oberschenkelmuskel, Funktion: Kniestreckung

Musculus rectus femoris	gerader Oberschenkelmuskel, Funktion: Hüftbeugung, Kniestreckung
Musculus tibialis anterior	vorderer Schienbeinmuskel Funktion: hebt den Fuß an
Musculus triceps surae	dreiköpfiger Wadenmuskel Funktion: Kniebeugung, Plantarflexion
Myofilament	kleinstes Muskelfäserchen

N

Neuromuskulär	Nerv-Muskel-Verbindung
Neuron	kleine Einheit des Nervensystems

O

Opposition	Gegenüberstellung
Overflow	Überfließen der Innervation, der Kraft

P

PNF	krankengymnastische Behandlungsmethode auf neurophysiologischer Grundlage: propriozeptive (über Eigenfühler des Körpers) neuromuskuläre Fazilitation (Förderung der Bewegung)
palmar	zur Handfläche hin
Palpation	Berührung, Tastung
paravertebral	neben der Wirbelsäule liegend
Patella	Kniescheibe
Pattern	Muster
Phalanx	Finger- bzw. Zehenglied
plantar	zur Fußsohle hin
Pneumonie	Lungenentzündung
posterior	hinterer
potenziell	möglicherweise vorhanden
prävertebral	vor der Wirbelsäule liegend
Processus styloideus	Griffelfortsatz
profundus	tief liegend
Pronation	Umwendebewegung: Handteller bodenwärts drehen, Fußrand nach außen bewegen
Prophylaxe	Vorbeugung
propriozeptiv	über die Eigenwahrnehmung
Protraktion	nach vorne Bewegen (des Schultergürtels)
proximal	nah am Körperzentrum
Prozessus	Fortsatz

R

radial	speichenwärts
Radius	Speiche
Reposition	Rückstellung
Retraktion	Zurückziehen (des Schultergürtels)
Retroflexion	nach hinten bewegen
Rezeptor	Fühler zum Aufnehmen von Reizen
reziprok	umgekehrt, gegenläufig
Rigidität	Steifigkeit
Rotation	Drehbewegung

S

sagittal	pfeilwärts: von vorne nach hinten
Sarkomer	kleinste Einheit des Muskels

Selektion	Auswahl
sensomotorisch	Verbindung von Wahrnehmung und Bewegung
spinal	auf Rückenmarksebene
stabil	fest
statisch	ohne Bewegung
Stereotyp	ständiges gleichbleibendes Bewegungsverhalten
Stimulation	Reizung
superficialis	oberflächlich liegend
Supination	Umwendebewegung: Handrücken zum Boden drehen, Fußinnenrand nach innen bewegen
Synapse	Überleitungsstelle von einem Neuron zum anderen bzw. zur Muskelfaser mittels chem. Transmittersubstanzen
synergistisch	zusammenwirkend

T

Tarsus	Fußwurzel
thorakal	zum Brustkorb gehörend
Traktion	Zug
transversal	quer
Trochanter	großer Rollhügel am Oberschenkel
Tuberkulum	Knochenhöcker

V

ventral	bauchwärts
verbal	mit Worten
Vertebra	Wirbel
vertebral	zur Wirbelsäule gehörend
vertikal	im Raume senkrecht
visuell	über das Sehen

Fragen von Seite 21–22	Antworten
Frage 1	Psychosozialen Faktoren, der Interaktion zwischen dem Individuum und seiner Umwelt, der ständigen Anpassungsfähigkeit der Muskulatur, von intakten neuralen Subsystemen, die an der Modifizierung der Bewegung beteiligt sind und an den strukturellen Voraussetzungen des Individuums.
Frage 2	Zwischen dem ZNS, dem Bewegungssystem und der Biomechanik.
Frage 3	Motivation.
Frage 4	Kognitive Phase, assoziative Phase, autonome Phase.
Frage 5	Ist ein kontinuierlicher Prozess, der durch kurzfristige Änderungen zu langfristigen Veränderungen führt. Lernen stellt den Prozess dar, über den wir Wissen oder Fähigkeiten erlangen.
Frage 6	1. Den die Energiebereitstellung absichernden Stoffwechselprozessen und 2. den informationsverarbeitenden Prozessen des ZNS.
Frage 7	Das Ausführen der ADL's ist beeinträchtigt, der Patient fühlt sich subjektiv beeinträchtigt.
Frage 8	Querschnitt des Muskels, Verhältnis zwischen Länge und Spannung des Muskels, Rekrutierung motorischer Einheiten, Art der Muskelkontraktion, Verteilung der Fasertypen, Energiereserven und Durchblutung, Motivation des Patienten.
Frage 9	Durch die Bewegungen, die innerhalb der physiologischen Ausmaße erfolgen.
Frage 10	Ausreichende Mobilität für eine richtige Stellung, angemessene Kraft, um die Position zu halten, ausreichende Ausdauer und Koordination.
Frage 11	Beschreibt Übungen, die dazu ausgelegt sind, die Stabilisierung proximaler muskelgeführter Gelenke zu verbessern.
Frage 12	Koordination und Gleichgewicht.
Frage 13	Aktives und passives Bewegen ist kontraindiziert, wenn die Bewegung den Heilungsprozess beeinträchtigt.
Frage 14	Mobilität, Stabilität, kontrollierte Mobilität, statisch-dynamische Kontrolle, Geschicklichkeit.

Fragen von Seite 53–54	Antworten
Frage 1	Sind Körperstellungen, aus denen heraus Bewegungen beginnen
Frage 2	Patienten mit Atembeschwerden bekommen besser Luft, Vorbereitung für den aufrechten Stand (orthostatische Kreislaufregulation)
Frage 3	Starke Belastung für die Arme bzw. für die Muskulatur der oberen Extremitäten, freie Bewegungen der Arme sind gleichzeitig nicht möglich, bes. geeignet für Gewichtsverlagerungen nach re / li bzw. Schritte zur Seite oder über Kreuz, gut geeignet für Gewichtsübernahme auf das vorgestellte Bein
Frage 4	Geht durch die Hüftgelenke, die Mitte der Kniegelenke und trifft auf die Mitte des Fußrückens
Frage 5	Unter dem Drehpunkt = stabile Gleichgewichtslage
Frage 6	Der Körper oder einzelne Körperabschnitte werden in bestimmten Stellungen gelagert. Die Lagerung wird über Zeiträume von Minuten bis Stunden beibehalten.
Frage 7	Die allgemeine Entlastung und Entspannung
Frage 8	Felle, Schaumstoffschienen, aktive Entlastung durch den Patient, Umlagerungen, Wasserkissen
Frage 9	Lagerung über einen längeren Zeitraum (z.B. bei Frakturen, Fehlstellungen etc.)
Frage 10	- Kissen so unter den Kopf legen, dass das seitliche Abknicken der HWS verhindert wird. - kleines Kissen zum Ausgleich der LWS - obenliegender Arm auf einem Würfel abgelegt oder nur vor dem Körper liegend - unteres Bein leicht gebeugt - oberes Bein vor dem Körper ca. 90° Flexion bzw. Unterschenkel auf einem Würfel abgelegt, so hoch dass das Bein nicht in Adduktionsstellung kommt.
Frage 11	Gelenke werden in Funktion gelagert, notwendig bei Dauerlagerung zur Kontrakturprophylaxe der Gelenke
Frage 12	Kein Kissen zwischen die Beine, kein Kissen unter Hüfte oder Knie, kein Kissen unter die LWS

Fragen von Seite 53–54	Antworten
Frage 13	ASTE BL, da durch die Schwerkrafteinwirkung Knie und Hüftposition extensions-flexionsneutral ist.
Frage 14	Zur Verbesserung der Wahrnehmung und Atmung. Dauer ca. 20 Min

Fragen von Seite 115–116	Antworten
Frage 1	Durch den Behandler, ggf. durch den Patienten selbst, Apparate
Frage 2	Richtige Lagerung, Fixation proximal des zu bewegenden Gelenkes, langsame Bewegungsausführung unter leichtem Zug (Traktion), volles Bewegungsausmaß in allen möglichen Bewegungsrichtungen des Gelenkes, Beachtung der jeweiligen Bewegungsachse
Frage 3	Wenn die Kraft, die durch Muskelfunktion auf einen Körperteil ausgeübt wird, für die Erzeugung von Bewegung unzureichend ist.
Frage 4	In diesem Fall wird der Körper gegen die fixierten Hände oder Füße bewegt. Die Muskeln müssen gegen die Schwerkraft aktiviert werden.
Frage 5	Ermöglichen durch fein abgestuftes Nachlassen der Spannung das beabsichtigte Tempo der Bewegung. Sie haben Kontrollfunktion. Die Antagonisten sind beim Beginn der Bewegung angenähert und am Ende der Bewegung verlängert.
Frage 6	Sie werden in unterschiedlichen ASTE geübt. Dadurch werden Extremitäten und Rumpf / Kopf auf unterschiedliche Weise beansprucht.
Frage 7	Ausgangsstellungen und Bewegungsfolgen, Erklärung d. h. es muss für den Patienten gut verständlich sein, Tempo, Dauer
Frage 8	Der KSP ist ein konstruierter Punkt, in dem man sich die Masse des Körpers konzentriert vorstellt. Er ist Angriffspunkt aller auf den Körper wirkenden Kräfte. Er verändert seine Lage je nach Massenverteilung.
Frage 9	Nicht auf den Nagel fassen
Frage 10	Fixationshand greift unter dem Oberschenkel durch auf das andere Bein.
Frage 11	Die Adduktion durch den M. tensor fasciae latae, die Abduktion durch den M. gracilis. Dies sind jeweils physiologische Bremsen.
Frage 12	ASTE: SL, unteres Bein gebeugt, oberes Bein gestreckt, Therapeut: steht hinter dem Pat., Stabilisation: Pat. Selbst am Becken, um es stabil zu halten, Unterstützungsgriff: unterhalb des Beines, oben liegende Hand gibt Führungskontakt

Fragen von Seite 115–116	Antworten
Frage 13	Die Bewegung ist zu Ende, wenn eine Mitbewegung des Beckens beobachtet wird.
Frage 14	Bewegende Hand umfasst von ulnar mit Finger auf dem Handrücken die Hand am Karpus und Metakarpus, die Finger bleiben frei
Frage 15	Der Pat. muß die WS stabilisieren können und eine Ausweichbewegung über den Rumpf muss vermieden werden
Frage 16	Therapeut: steht hinter dem Pat., Fixation: von oben am Akromion, bewegende Hand: unterstützt im Untergriff den Unterarm
Frage 17	Es ist zu beachten, dass sich die Skapula in die Bewegung außenrotatorisch hineindreht.
Frage 18	Elevation – Depression, Protraktion – Retraktion
Frage 19	Da Auftrieb, hydrostatischer Druck und Reibungswiderstand wirken

Fragen von Seite 133	Antworten
Frage 1	Lokale Muskelarbeit: weniger als 1/6 bis 1/7 der gesamten Körpermuskulatur. Allgemeine isometrische Muskelarbeit: mehr als 1/6 bis 1/7 der Gesamtkörpermuskulatur
Frage 2	ASTE: Sitz am Bankende oder aufrechter Stand. Muskelarbeit: Rumpf in den Hüftgelenken nach vorne neigen, wobei die Körperabschnitte Becken, Brustkorb und Kopf lotrecht übereinander eingeordnet sind.
Frage 3	Indem man über einen längeren Zeitraum Agonisten und Antagonisten anspannen lässt. Dadurch kommt es zum Ausschwemmen der schmerzauslösenden Substanz bei der reaktiven Hyperämie.
Frage 4	Eine isometrische Muskelspannung sollte ca. 6 – 8 sec gehalten werden.
Frage 5	Halten gegen Widerstand des Therapeuten, gegen Widerstand von kleinen Geräten, gegen Widerstand des Partners, gegen feststehende Teile der Umgebung
Frage 6	Lenken der Aufmerksamkeit auf bestimmte Körperempfindungen beim Anspannen und Entspannen der Muskeln einzelner Körperabschnitte oder des ganzen Körpers.
Frage 7	Die drei Lernschritte sind beschrieben auf Seite 229
Frage 8	Antwort des Patienten auf Angriffe aus unterschiedlichen Richtungen.

Fragen von Seite 188–190	Antworten
Frage 1	Kraft, Ausdauer, Volumen, Schnelligkeit der Kontraktion und Koordination
Frage 2	Führungswiderstand, leichter bis starker Widerstand, maximaler Widerstand, optimaler Widerstand
Frage 3	Bremsende Aktivität
Frage 4	Mit einer Wiederholungszahl von 1–5
Frage 5	Der Therapeut muß auf Ausgangsstellung, Bewegungsmuster, auf die richtige Stabilisierung und Zug achten
Frage 6	Durch den manuellen Widerstand des Therapeuten, durch den Patienten selbst oder durch einen Partner, durch Gewichte Rollenzüge mit Gewicht, Federn und andere elastische Geräte, verformbare Substanzen, durch den Widerstand des Wassers
Frage 7	Intermittierende Dauerform, kontinuierliche Dauerform, Bewegen von kleinen, mittelgroßen und großen Muskelgruppen
Frage 8	Die Zeit für das Bewegen in Dauerform ist kürzer und die Anzahl der Bewegungswiederholungen ist geringer
Frage 9	Beim Gehen im Wasser kombinieren sich unterstütztes Bewegen und Bewegen gegen Widerstand. Beim langsamen Gehen wirkt die Auftriebskraft einerseits unterstützend, anderseits als Widerstand
Frage 10	Die dynamische Kraftausdauer hängt von der Fähigkeit des Muskels ab, die Energie anaerob bereitzustellen.
Frage 11	Reizintensität: Arme und Beine so schnell wir möglich beugen und hochstrecken, Reizdauer: 30 sec (Pulsfrequenz auf 170 /min), Pausendauer: 40 sec (Pulsfrequenz auf 140/min am Ende der Pause abgesunken), Reizdichte: mittelgroß, da Pause länger als Belastung, Reizumfang: ca. 3 min bei 3 Serien und 2 Pausen
Frage 12	Für alle Bewegungen gilt: gute Fixation des nicht bewegten Körperabschnittes, widerstandgebende Hand soll am distalen Ende des zu bewegenden Körperabschnittes sitzen. Kein Gelenk dazwischen schalten, das nicht an der Bewegung beteiligt werden soll

Fragen von Seite 188–190	Antworten
Frage 13	ASTE: SL , Oberarm des Pat. liegt am Oberkörper an, im Ellenbogen um 90° gebeugt, Therapeut: steht hinter dem Patient, Fixation: an der Schulter, Widerstand: am distalen Ende des Unterarmes gegen die Außen- und Innenrotation
Frage 14	Durch den M. rectus femoris gebremst
Frage 15	Da die Füße fixiert sind und der Rumpf bewegt wird. Die Hüftstrecker arbeiten gegen die Schwerkraft
Frage 16	ASTE: Grätschstand, Oberkörper nach vorne abgesenkt. Die Arme hängen herab. Bewegung: In jeder Hand ist eine Hantel. Die gestreckten Arme bewegen nach seitlich oben b) ASTE: Stand, am distalen Ende des einen Beines ist eine Gewichtsmanschette angelegt. Bewegung: Der Patient zieht das Bein nach vorne in die Hüft- und Knieflexion und streckt es dann wieder nach hinten aus in die Abduktion mit Hüftstreckung c) ASTE: BL, die Partner liegen sich gegenüber, die Hände halten einen Stab. Bewegung: gegen den Widerstand des Partners den Stab vom Boden abheben und zu sich her- bzw. von sich wegschieben d) ASTE: Halbkniestand, das Theraband ist etwa auf Kopfhöhe befestigt. Bewegung: Die Arme bewegen gegen den Widerstand des Bandes in die Extension, Abduktion, etwas Innenrotation e) ASTE: BL, Hüfte gestreckt, Kniegelenk gebeugt, Schlinge am Unterschenkel und Fuß. Fixation: Gurt über Becken und Oberschenkel, Expanderzug am Schlingentisch oberhalb des Kniegelenkes. Bewegung: Der Unterschenkel streckt sich gegen den Widerstand der Feder f) ASTE: Stand im Wasser, beide Hände halten ein Schwimmbrett, Bewegung: Schwimmbrett nach vorne schieben
Frage 17	Stabiltät und kontrollierte Mobilität
Frage 18	In der ersten Phase muss der Schwerpunkt über die Unterstützungsfläche gebracht werden. Dies geschieht durch Vorverlagerung des Oberkörpers. Günstigerweise wird ein Bein etwas zurückgestellt. In der zweiten Phase wird der Oberkörper wieder zurückgenommen, die Hüftgelenke strecken sich. Das Aufstehen vom Stuhl sollte in diesen zwei Phasen getrennt geübt werden.

Fragen von Seite 214	Antworten
Frage 1	Stabilität = eine Stellung zu halten, kontrollierte Mobilität = eine Stellung zu wechseln, bzw. in jeder Stellung anzuhalten oder umzukehren
Frage 2	Bewegung: Arm: Diagonale: Flexion, Adduktion, Außenrotation, Extension, Abduktion und Innenrotation. Bein: Flexion, Adduktion, Außenrotation, Extension, Abduktion und Innenrotation
Frage 3	Gerät als Aufforderung bzw. Angebot, Anregung der menschlichen Phantasie
Frage 4	Bälle -> Sie bieten sich zum Werfen, Greifen, Prellen und Rollen an Gymnastikstäbe -> Bieten sich als Hindernis, zum Rollen, als Pendel, zum Balancieren und zum Festhalten an Seile -> Sie fordern zum Schwingen und Springen auf Keulen -> Sie bieten sich für Armschwünge und Armkreise an Reifen -> Sie bieten sich zum Rollen, Schwingen, Durchsteigen und Hindernis an
Frage 5	ASTE: SL, Beine gestreckt, der Ball ist zwischen den Füßen eingeklemmt, Arme nach oben gestreckt. Die Beine werden vom Boden abgehoben. Aus dieser Stellung dreht man sich über den Bauch auf die andere Seite und bleibt dort liegen.
Frage 6	Sie können sich Übungen von Seite bis Seite auswählen
Frage 7	Übungen auf der Langbank erfordern in erster Linie Geschicklichkeit und Koordination bzw. Sicherheit.

Fragen von Seite 239–240	Antworten
Frage 1	• Stützung des Körpers, Stehen • Sichere Basis beim Gehen • Sensorische Erfassung der Informationen, die vom Boden auf den Fuß übertragen werden.
Frage 2	a. Sie entsteht durch die Differenz zwischen Antetorsion des Oberschenkels (12°) und der Retrotorsion der Tibia (23°). b. In diesem Fall kann die funktionelle Fußlängsachse nicht mehr in die Vorwärtsbewegung eingeordnet werden, sondern wäre um 7° nach innen gerichtet.
Frage 3	1. Phase vom Fersenkontakt bis zur Berührung des Bodens = 1. Abrollphase 2. Phase während vollem Sohlenkontakt bis zum Abheben der Ferse = 2. Abrollphase 3. Phase vom Abheben der Ferse bis zum Ablösen der Zehen vom Boden = 3. Abrollphase
Frage 4	Im Augenblick des Fersenkontakts befindet sich der Fuß in Dorsalflexion, der Kalkaneus in Varusstellung. Beim Sohlenkontakt bewegt sich der Fuß in Plantarflexion, der Kalkaneus kippt in Valgusstellung, der Fuß wird locker = Stoßdämpfungsphase. In den vorderen Fußwurzelgelenken geschieht eine Eversionbewegung.
Frage 5	Auf der Standbeinseite müssen die kleinen Glutäi das Becken stabilisieren. Auf der Spielbeinseite reagiert reflektorisch der M. quadratus lumborum.
Frage 6	a. Bei eingeschränkter Hüftextension kann der Trochanter nicht nach vorne verlagert werden für eine automatische Schrittauslösung, sondern er weicht nach hinten aus. Damit entsteht eine Hüftflexion, der Schritt wird kürzer. Die LWS reagiert mit verstärkter lordotischer Einstellung. b. Bei Schwäche der kleinen Glutäi verlagert man den Oberkörper auf die Standbeinseite im Moment der Zehenablösung auf der Spielbeinseite = Duchenne-Hinken.
Frage 7	Zur Stoßdämpfungsphase gehört die Eversionsbewegung (= Dorsalflexion, Abduktion, Pronation) in den vorderen Fußwurzelgelenken.
Frage 8	Die pronatorische Verschraubung entsteht im Augenblick der Fersenabhebung. Der Rückfuß wird stabil durch Supination mit Plantarflexion durch die Aktivität des M. triceps surae. Der Großzehenballen muss am Boden gehalten werden durch eine pronatorische Gegenbewegung des Vorfußes.

Fragen von Seite 239–240	Antworten
Frage 9	Wenn die Dorsalextension im Fuß eingeschränkt ist, kann der Unterschenkel in der 2. Abrollphase nicht nach vorne gebracht werden. Das Kniegelenk reagiert mit Überstreckung, der Oberkörper wird nach vorne verlagert.
Frage 10	Im Großzehengrundgelenk ist eine Extension von ca. 55° für eine normale Fußabrollung erforderlich. Bei eingeschränkter Extension wird man länger über den Fußaußenrand abrollen und sich erst ganz am Ende mit dem Endglied der Großzehe abstoßen. Das Endglied wird stark flektiert. Eine andere Möglichkeit besteht darin, den ganzen Fuß nach außen wegzudrehen.

Literatur

Ahland, A.: Haltungsschulung durch neuromuskuläre Kraftübertragung. Enke, Stuttgart 1996

Ahonen, J., Lahtinen, T. u.a.: Sportmedizin und Trainingslehre. Schattauer, Stuttgart 1994

Bronner, O.: Die untere Extremität. Pflaum, München 1992

Carriere, Beate: Der große Ball in der Physiotherapie. Springer Verlag 1999

Conradi, E., Brenke, R. (Hrsg.): Bewegungstherapie. Illstein Medical, Wiesbaden 1993

Cordes, J. C., Arnold, W., Zeibig, B.: Physiotherapie. Steinkopff, Darmstadt 1989

Cotta, H., Heipertz, W., Hüter-Becker, A., Rompe, G. (Hrsg.): Krankengymnastik Bd.1 Grundlagen, Techniken. 3. Auflage, Thieme, Stuttgart 1990

Darcy, Ann Umphred (Hrsg.): Neurologische Rehabilitation. Springer Verlag 2000.

Dorn, F., Bader, F.: Physik. Schroedel, Hannover 1977

Frisch, H.: Programmierte Untersuchung des Bewegungsapparates. 6. Auflage, Springer, Berlin 1995

Gardiner, M. D.: Grundlagen der Übungstherapie. 3. Auflage, Thieme; Stuttgart 1979

Gerhardt, J., Rippstein, J.: Gelenk und Bewegung. Huber, Bern 1992

Houben, H.: Didaktik und Praxis der Schulphysik. Bd. 2. Herder, Freiburg 1972

Hüter-Becker, A., Schewe, H., Heipertz, W.(Hrsg.): Physiotherapie. Band 4 Untersuchungs- und Behandlungstechniken. Thieme, Stuttgart 1996

Janda, V.: Manuelle Muskelfunktionsdiagnostik. 3. Auflage, Ullstein Mosby, Wiesbaden 1993

Kassat, G.: Biomechanik für Nicht-Biomechaniker. Alltägliche Biomechanik der Sportpraxis. Fitness Contur, Rödinghausen 1993

Kendall, F. P., Kendall McCreary, E. K.: Muskeln – Funktionen und Test. 2. Auflage, Fischer, Stuttgart 1988

Kisner, C., Colby, L. N.: Vom Griff zur Behandlung. Thieme Verlag 1997

Klein-Vogelbach, S.: Funktionelle Bewegungslehre. Prävention und Rehabilitation Band 1. Nachdruck 4. Auflage, Springer, Berlin 1993

Klinkmann-Eggers, R.: Grifftechnik in der Krankengymnastischen Behandlung. Fischer, Stuttgart 1982

Kolster, B., Ebelt- Paprotny, G. (Hrsg.): Leitfaden Physiotherapie. 2. Auflage, Jungjohann, Ulm 1996

Kuhn, W.: Physik. Bd. 1, Westermann, Braunschweig 1976

Schewe, H.: Die Bewegung des Menschen. Thieme, Stuttgart 1988

Schmidt, R. F. (Hrsg.): Neuro- und Sinnesphysiologie. Springer, Berlin 1993

Schmidt, R. F., Thews, G.: Physiologie des Menschen. 26. Auflage, Springer, Berlin 1995

Schönberg, I.: Skripten aus dem Schulunterricht der Krankengymnastik-Schule Bad Wörishofen

Willimczik, K. (Hrsg.): Biomechanik der Sportarten. Rowohlt, Reinbek 1989

Wirhed, R.: Sport-Anatomie und Bewegungslehre. 2. Auflage, Schattauer, Stuttgart 1994

abgekürzt & aufgelöst

Abd.	Abduktion
Add.	Adduktion
ant.	anterior
AR	Außenrotation
Aste	Ausgangs-stellung
BL	Bauchlage
Depr.	Depression
dist.	distalis
dors.	dorsalis
Elev.	Elevation
Este	Endstellung
Ext.	Extension
Flex.	Flexion
IR	Innenrotation
lat.	lateralis
li.	links
M.	Musculus
med.	medialis
n.	Nervus
post.	posterior
proc.	Processus
prof.	profundus
prox.	proximalis
re.	rechts
RL	Rückenlage
Rot.	Rotation
SL	Seitenlage
sup.	superficialis
ventr.	ventralis

Sachverzeichnis

Sachverzeichnis